实战经济学

可复制的财富自由

任泽平 华炎雪 曹志楠 著

PRACTIC
ECONOMICS
The Path to Wealth Freedom

机械工业出版社
China Machine Press

图书在版编目（CIP）数据

实战经济学：可复制的财富自由 / 任泽平，华炎雪，曹志楠著 . —北京：机械工业出版社，2022.9（2023.1 重印）

ISBN 978-7-111-71573-3

I. ①实…　II. ①任…　②华…　③曹…　III. ①经济学　IV. ① F0

中国版本图书馆 CIP 数据核字（2022）第 167899 号

　　本书是一本人人都能读懂的实战经济学读物，作者主张"人人都能学会经济学""投资是认知的变现"，希望通过普及经济学知识，重塑读者的投资认知，帮助读者实现看懂经济趋势和把握投资机会。

　　本书分为三篇，分别介绍了改变大众认知的经济思想、指导投资的大师经典方法、制胜未来十年的产业机遇，旨在"改变认知，学会方法，抓住机遇"，让普通读者通过"实战经济学"走向财富自由、精神自由之路。

　　本书凝结了经济学家任泽平长期研究和实战的精华，作者是享誉业界的知名经济学家，曾荣获中国证券分析师大满贯冠军，并取得卓越的投资业绩，曾担任高层智囊，创立的"泽平宏观"为专业财经领域领先的头部平台。本书是作者二十年磨一剑的思想结晶，希望为读者开启未来之门。

实战经济学：可复制的财富自由

出版发行：机械工业出版社（北京市西城区百万庄大街 22 号　邮政编码：100037）

责任编辑：顾　煦　　　　　　　　　　　　责任校对：薄萌钰　　王明欣

印　　刷：涿州市京南印刷厂　　　　　　　版　　次：2023 年 1 月第 1 版第 3 次印刷

开　　本：170mm×230mm　1/16　　　　　印　　张：21

书　　号：ISBN 978-7-111-71573-3　　　　定　　价：69.00 元

客服电话：（010）88361066　68326294

领 先 一 步

财富自由是否可以复制？经济和大类资产的运行有没有规律？未来是否可以预测？这是一个极具争议的话题，因为如果你能够成功掌握经济、股市、房地产等的规律，显然你就可以领先一步，获得巨大的财富和成功。对于这个问题，大多数人的第一印象是：不可能！

但事实上，总有些人通过掌握经济和大类资产运行的规律，实现了对经济形势的准确把握，通过资产配置获得超额收益，进而实现了财富自由，甚至富甲天下。比如，国外有价值投资的巴菲特、宏观对冲的索罗斯，国内也有一批优秀的研究人员和投资者。而且经过长期的实践检验，我发现这些成功并不是偶然的，投资的本质就是认知的变现。

我本人专注于这个领域 20 年，从人大、清华，到国务院智囊机构，再到大型金融机构，通过长期的学习和实践，越来越发现实战经济学是一座金矿，是实现财富自由的通天大道，而可复制的背后意味着规律性和可学习。

今天的这本书，旨在介绍把握未来、实现可复制的财富自由的科学方法：实战经济学。这是吸收那些伟大的智慧和思想之后，经过 20 多年的学习、实践和验证，以及先后在顶级机构从事学术研究、公共政策研究和商业研究以及高管管理工作，形成的一套具有可操作性、可检验的分析框架。经过长期的实践，我越来越确信"实战经济学"是挖不完的富矿、投资的光明大道、慢就是快的人生"捷径"。

本书的初心，聚焦于实战经济学，希望把 20 年来研究和实践的精华跟大家分享，希望大家掌握实战经济学的奥义，助力实现人生自由、财富成功和共同富裕。

人生的终极追求是自由，人生自由、财富自由、精神自由。

本书主要从投资者的角度，介绍经济学与投资的关系。经济与我们每个人的资产配置息息相关，但是我们大多数人并不了解投资背后的经济学原理。本书作者拥有经济理论研究、公共政策实践、券商分析与投资实战的多重经验，可以从一个理论和实践相结合的视角，解释经济与投资的关系，让大多数人都能学会，都能掌握。在本书开篇，作者先剖析了当下各种主流的投资方法，以及它们背后的经济学原理，之后从宏观经济角度探讨货币、汇率、房地产、资本市场间的联动关系。为读者真正读懂经济与投资打开了新视野。最后，作者还基于自己多年产业研究的成果与经验，探讨了未来产业的各种机会。

一、认知改变，黄金万两

在介绍本书之前，先讲一个残酷的现实：为什么很多人不富有？

首先是认知问题。即使很多人看到财富自由的科学方法，他们不是忙着思考和学习，而是忙着抬杠。在公众舆论环境中，道理有时既不掌握在少数人手里，也不掌握在多数人手里，而是掌握在"杠精"手里。所以，才经常有人感叹，"我明白所有的道理，但仍然过不好这一生。"

认知改变，黄金万两。因此，实现财富自由，首先要从改变自己的认知开始。无论是金融投资成功还是商业投资成功，很大程度上是认知的成功。那些富有远见和洞见的认知，帮你抓住投资、商业和人生的机遇，从而使你与众不同。

我的认知改变，需要感谢很多良师益友，他们在人生不同阶段，给了我巨大的启发和帮助。

人生是一趟心灵的伟大旅程：嗷嗷待哺的婴儿、满面红光的学童、哀歌的恋人、长胡子的士兵、身经百战的将军、戴眼镜的政治家、返璞归真的贤者。发上等愿，享下等福，择高处立，向宽处行。

一路走来，感谢师友，在中国人民大学、清华大学读书的时候幸运地遇到了很多名师硕儒，系统地学习了经济金融经典著作。在国务院发展研究中心工作的时候遇到了很多师长，参与重大文件和改革方案起草，数百人量化绩效考核曾排第四。下海第一站加盟了券商黄埔军校国泰君安，遇到了优秀的团队，勇夺中国证券分析师大满贯冠军，创造历史。在方正证券、东吴证券等遇到了优秀的同事和市场的师友们。与伟大格局观者同行，感恩遇到的每个人和每件事。

阅读经典就像是与大师同行和对话，我还要感谢那些贡献了伟大智慧的人物和经典：亚当·斯密的《国富论》、凯恩斯的《就业、利息和货币通论》、巴菲特的《致股东的信》、索罗斯的《金融炼金术》、达利欧的《债务危机》、基辛格的《世界秩序》、亨廷顿的《文明的冲突与世界秩序的重建》、孔子的《论语》、老子的《道德经》、王阳明的《传习录》、先秦经典著作《周易》、司马光的《资治通鉴》、罗素的《西方的智慧》、克鲁格曼的《国际经济学》、特维德的《逃不开的经济周期》、斯诺登等的《现代宏观经济学》、布鲁等人的《经济思想史》、罗斯金等的《政治科学》，等等。

阅读这些大师经典，就好像跟几千年来人类最伟大的人物对话，令人如痴如醉，流连忘返，如切如磋，如琢如磨。感谢他们给我们留下了宝贵的智慧财富，如果没有这些大师经典，人类社会将如万古长夜。

读书是对自己最好的投资，心怀感恩，学习，受业。于我而言，读书是最大的乐趣，遨游千年，神交先哲，这是多么大的精神愉悦！

二、把握未来、财富自由的钥匙：实战经济学

经过二十多年的学习实践，以及先后在顶级机构从事学术研究、公共政策研究和商业研究，以及投资实践，本着科学的精神、建设性的态度、实事求是的诚意，经过长期不断的探索、实验和检验，我越来越确信找到了把握未来、实现财富自由的钥匙：实战经济学。

我逐渐形成了一套分析框架并应用于实践，与学院派的坐而论道不同，我称之为"实战经济学"。

"实战经济学"要求必须坚持科学探索精神，必须建立框架，必须观点鲜明，必须观点可以被市场检验，在实践中不断完善和迭代。在投资实战中，实战经济学必须在长期能够带来胜率和收益。坚决摒弃那些模棱两可、含含糊糊、大而化之、不求甚解的观点和态度，我认为这样的观点和态度是缺少诚意和勇气的表现，难以不断进化。现代科学的启蒙正是来自实证精神，可检验，可证伪，可迭代，可进化。

在"实战经济学"的探索旅程中,先后出版了几本专著与译著,有的荣获大奖,有的成为同品类销冠,成为畅销且长销的著作:《宏观经济结构研究》(2012年,三联书店,入选"当代经济学文库")、《从奇迹到成熟:韩国转型经验》(译著,2015年,人民出版社)、《大势研判:经济、政策与资本市场》(2016年,中信出版社)、《房地产周期》(2017年,人民出版社)、《新周期:中国宏观经济理论与实战》(2018年,中信出版社)、《全球贸易摩擦与大国兴衰》(2019年,人民出版社)、《新基建:全球大变局下的中国经济新引擎》(2020年,中信出版社,荣获中组部第五届全国党员教育培训教材展示交流活动创新教材奖)。

实战经济学必须理论与实践相结合,必须观点鲜明且可以被检验、可操作,不断提高胜率、不断进化,知行合一。我们进行了大量探索,得出一系列的研究成果,除了2014年的"5000点不是梦",还包括:

- 提出"房地产长期看人口,中期看土地,短期看金融"(见本书第六章"房地产周期"),成为业内广为采用的标准分析框架。

- 改进了经济周期和投资时钟分析,在2017年提出"新周期",引发业内大论战,在2019年市场流行"离场论"的悲观观点时,提出"否极泰来",均最终被市场验证,带来丰厚投资回报。

- 2020年初倡导"新基建",推荐新能源、新一代信息技术等板块,一开始引发广泛争议,最终成为社会共识和公共政策,并成为当时资本市场和产业界最主要的投资机会。

- 提出"股市是货币的晴雨表",以及"买三大硬通货,可以抗通胀"等观点,也流传颇广。

　　财富自由是否可以复制？经济和大类资产的运行有没有规律？未来是否可以预测？经过长年的研究和实践，答案越来越清晰：运用实战经济学的原理可以实现财富自由，实战经济学就是：掌握科学的方法，准确预测未来，执行对应投资，善始善终，最终实现可复制的财富自由。

　　至今逢年过节，有一些久未联系的投资人给我邮寄茅台，可能因为我在 2014 年顶着舆论压力预测股市"5000 点不是梦"，在 2015 年预警风险"海拔已高风大慢走"，这些预测使不少投资人实现了两年十多倍甚至几十倍的收益。

　　前段时间，一位朋友给我发微信："泽平学长好！我身边的一位好朋友，她看了您的《大势研判》，赚了一套房。想请您吃饭。"

　　授人以鱼，不如授人以渔。按照实战经济学的方法，我先后识拔和培养了几十位优秀的投研人才，他们先后成长为券商经济学家、投资经理和研究员。人是可以不断进化的，进化的最好方式是不断学习，士别三日当刮目相看，非复吴下阿蒙。

　　我一向反对将知识焦虑化、碎片化、胶囊化、表面化，真正的学习之旅，是快乐的、富有成就感的、内心充实宁静的、可以实战的。

　　我以自己的亲身经历为证，实战经济学完全可以乐在其中，就像找到了一个挖不完的富矿！找到了人生的坦途和光明大道！找到了慢就是快的"捷径"！实战经济学的旅行就好像一条风光秀丽的风景线，太让人着迷了，忍不住想分享给大家，一起来挖矿，实现共同富裕。吾生也有涯，而知也无涯。

　　这是本书的初心，聚焦实战经济学，希望把 20 年来研究和实践的精华跟大家分享，希望大家掌握实战经济学的奥义。

三、通过实战经济学实现财富自由，关键是掌握科学专业的方法和知行合一

再回到开头的问题：经济和资本市场运行有没有规律？未来是否可以预测？在一定条件下，当然可以，比如"种瓜得瓜，种豆得豆"，一棵小树可能会长成参天大树，这些都是可以预测的。概率论和统计学上讲的因果关系、相关关系、格兰杰因果检验等都是现代科学的探索规律和预测方法。数学上经济建模经常采用的"前提假设—推演—结论"，也是根据客观规律总结的预测方法。

经济周期和投资时钟分析是预测经济趋势和投资机会的重要方法（见本书第五章"改良的投资时钟：周期轮动和大类资产配置"）。

既然规律可以掌握，未来可以预测，那么，财富自由可以复制吗？这涉及知行合一、事上磨炼的问题。

举例来说，我们知道，从经验上长期来看，股市投资往往只有少数人能成功，大多数人成了"韭菜"。背后的原因是什么？其实，股市投资是反人性的，但人是社会性动物，大多数人有从众心理，会产生羊群效应。很多人之所以买某只股票，是因为听说隔壁的张三也买了，或者听李四说这只股票有重大利好消息。很多散户蜂拥而入股市，是因为听说牛市来了，股市天天涨。

在股市亏钱的最好办法是不做研究，没有科学的方法和独立的思考，然后又道听途说了很多消息。

巴菲特讲，在别人贪婪时恐惧，在别人恐惧时贪婪，这里的"别人"就是"多数人"。在现实社会中，多数人，总是在别人恐惧的时候更恐慌，在别人贪婪的时候更贪婪，最后不可避免地成了"韭菜"。风险是涨上去的，机会是跌下来的。但是，多数人喜欢上涨，不喜欢

下跌。

事实上，股市总是在绝望中重生，在争议中上涨，在狂欢中崩盘。周期在本质上反应的是人性，人们达成共识的时点，往往就是周期反转、牛熊转换的拐点。这些道理是相通的。

中国很多传统智慧跟实战经济学是相通的，物极必反，否极泰来，过犹不及。《道德经》中的"反者道之动"，以及"复，其见天地之心乎?"的思想其实就蕴含着周期、人性、社会运转的"道"。

几千年来，技术不断革新，而人性像山岳一样古老。有人说鱼的记忆只有七秒，但从资本市场来看，人的记忆往往也只有三四年，当人们忘记了过去的教训，认为"这次不一样"时，便有了经济周期、股市牛熊的轮回。

从心理学上讲，人是社会性动物，而投资偏偏是反人性的。从众是最容易的，但这也是最容易导致亏损的原因。而与众不同、前瞻性是最难的，承受舆论和心理压力，但将获得时间和真理的丰厚回报。想想上天真的很公平，那些随波逐流的人往往是社会阻力最小的方向，却注定是输家，那些独立客观的人往往在重大拐点饱受社会争议，却成为最终的赢家。每念及此，内心释然。

从逻辑上讲，要区分"一致预期"和"边际预期"，一致预期都已反应在股价里，边际预期是未反应在股价里的超预期因素，因此决定股价走势的不是一致预期，而是边际预期。我们看到很多成名分析师、经济学家、投资人往往为声名所累，不敢提出前瞻性的"边际预期"观点，不敢在关键时刻做少数派，以为躲在"一致预期"里是最安全的，其实则是最不安全的，这就是"成名的诅咒"。

我将无我，才能见自己、见天地、见众生。

这就是为什么我们的观点经常与众不同，在一开始备受争议、最后被验证成为共识，比如 2014 年在股市只有 2000 点时预测"5000点不是梦"；2015 年在股市即将达到 5000 点时预警"我理性了，市场疯了"；2020 年倡导"新基建""新能源"和"放开三孩"；2021年初提出"通胀预期"。这些观点在一开始都显得与众不同，经受了大量的舆论压力，但最终都被验证是正确的。

大家记住，从实战经济学和投资的角度，有争议的才是有价值的，成为共识的不仅没有价值还特别危险。

由此可见，投资根本上除了掌握科学专业的知识，还有就是心性修炼。在炮火中挺进，在烟花中撤退。带着怜悯之心收下带血的筹码，在音乐响起的时候离开万众狂欢的盛典。

相比于著名经济学家、国务院智囊履历、中国证券分析大满贯冠军、5000 点先生、名校博士等头衔，我一直追求实战经济学，希望成为一名经济科学家。可能我成名较早，在经济学家里也财务自由比较早，因此我对获得智慧、探索未知的乐趣远超过对名利的追逐。

需要强调的是，我相信这个世界没有所谓的"预言帝"，更没有"股神"，只有更专业、努力和敬畏，才有可能对的概率比错的概率大。我们必须始终保持对市场的敬畏、对未知的谦虚、对未来的探索、对专业的坚守，不断学习，不断实践，不断进化。

投资的方法很多，没有高低贵贱，条条大路通罗马。巴菲特是价值投资专家，以自己骄人的长期投资业绩证明了学院派所谓的有效市场理论是无效的，市场上充斥着非理性、动物精神和荷尔蒙，但巴菲特在宏观对冲领域是外行，索罗斯、达利欧则是做宏观对冲的高手。索罗斯在 1992 年狙击英镑、1997 年做空泰铢的案例中，展示了他对宏观经济、公共政策和市场行为的精准理解与大胆行动（见本书第九章"大师的经典投资方法"）。即使是大师级人物，也只是赚自己能力圈范围内的钱。

那么，回到财富自由是否可以复制这个问题，答案是当然可以。财富自由经过努力训练和实践，是可以复制的。实战经济学提供了科学的可操作的方法。

但是很遗憾，现在流行的财商教育行业发展水平，还相当地业余和混乱，停留在偏方治大病的阶段。相当一部分人宁愿听江湖郎中的偏方，也不听大医院正规医师科学家的。现在的财经教育行业良莠不齐，至少，作为财经教育者，怎么也应该在实践中证明自己的能力，比如有没有做出过长期成功的预测？有没有长期成功的投资经历？很遗憾，那些业余的偏方竟然也颇能迷惑一批人，甚至趋之若鹜。这说明正规财商教育有很大发展空间，我们专业人士也应承担起相应的社会责任。只有让正能量出来，负能量才能下去。

所以，我们推出专著与"泽平宏观"会员计划，系统讲解经济、股市、房市、资产配置、黄金、基金、保险等专业课程，并且理论联系实践，将实战经济学应用于日常实战。2014年我们创建了国内专业财经头部平台"泽平宏观"，拥有3000多万的订阅量。由于公开舆论环境的复杂性，难以开展高理性高智力活动，更多前瞻性实战性观点将仅限于"泽平宏观"会员专享。

"泽平宏观"会员计划有何不同？当别人模棱两可的时候，我们坚持观点鲜明；当别人讲故事的时候，我们坚持缜密的逻辑和证据；当别人泛泛而谈的时候，我们坚持对经济形势的研判和资产配置的实战；当别人随波逐流的时候，我们坚持独立客观专业；当别人把投资成功当成运气的时候，我们坚持把科学的方法当成信仰，以不断提高胜率！跟大家分享的观点和方法，不是在书斋里想出来的，是在市场上千锤百炼得来的。简言之，我们追求科学专业的实战经济学。

人若无名，专心练剑；人若有名，留心慈善。一个人的价值取决于对社会和他人的价值。感恩时代，贡献社会，知识和财富最终回馈给社会才有价值。实战经济学是第一步。我和携程董事局主席梁建章先生、黄文政教授等一起捐赠发起了公益机构"育娲人口"，致力于中国人口问题研究，为民生鼓呼，也希望大家多关注。

|目录|

| 绪　论 |

看懂宏观趋势，把握投资机会

第一章

未来是否可以预测[⊖]

正如季有春夏秋冬、人有生老病死一样，周期是客观存在的，虽然每次长度和深度不完全相同，但经济总是从繁荣到衰退周而复始地发生着，每个人都身处其中。"历史不会重演，但总押着同样的韵脚"。我们有可能采用归纳法、演绎法，在一定概率下推断未来。

未来是否可以预测？这个谜一样的问题长期充满争议，有时就好像我们在谈论占星术。但当我们开始探索经济周期和人性本质的世界时，这显然有助于我们理解甚至掌握事物发展的规律，让决策更加正

⊖ 本部分节选自为周金涛先生专著写的序言，虽然与周先生素未谋面，但受人所托，为其遗作作序，也表达我对专业治学和探索精神的敬意。

确。这个世界没有水晶球，但是少数人确实通过努力拥有了洞悉事物规律和人性本质的能力，从而与众不同。

增长与波动是宏观经济研究的两大主要命题，也是经济形势分析最基础的框架体系，潜在增速决定了经济运行的均衡趋势，经济周期决定了经济运行的波动态势。

研究经济周期有两大目的：宏观调控和资产配置。宏观调控的核心是分析经济形势并实施反周期操作，通过采用财政政策、货币政策等进行削峰填谷式的操作，熨平波动，促进经济平稳运行。在反思大萧条时，诞生了凯恩斯主义，而伯南克在研究大萧条时声称找到了避免大萧条的办法，2008 年以后美联储采取量化宽松政策进行货币再膨胀，开启了美国历史上最长的经济复苏。美林投资时钟是资产配置领域的经典方法，通过对经济增长和通胀两个指标的分析，将经济周期分为衰退、复苏、过热、滞胀四个阶段，并依次推荐持有债券、股票、大宗商品、现金。美国、中国等国的历史数据验证了投资时钟的有效性。

现代经典经济周期理论归纳出了几大典型商业周期：短波的农业周期（又称蛛网周期）揭示的是农业对价格的生产反馈周期，为期 1 年左右；中短波的库存周期（又称基钦周期）揭示的是工商业部门的存货调整周期，为期 3 年左右；中长波的设备投资周期（又称朱格拉周期）揭示的是产业在生产设备和基础设施的循环投资活动，为期 10 年左右；长波的建筑周期（又称库兹涅茨周期）主要是住房建设活动导致的，为期 30 年左右；超长波的创新周期（又称康德拉季耶夫周期）是由创新活动的集聚发生及退潮所致，为期 60 年左右。周期类型见表 1-1。

表 1-1 周期类型

类型	常用名称	学术名称	长度	原因
经济周期	农业周期	蛛网周期	1～12个月	生产对价格的反应时滞
	库存周期	基钦周期	2～4年	增长与通胀预期
	设备投资周期	朱格拉周期	6～11年	经济景气、设备寿命
	建筑周期	库兹涅茨周期	20～40年	人口、移民
	创新周期	康德拉季耶夫周期	50～70年	创新的集聚发生及退潮
政治周期			4～5年	选举、政府换届
社会周期				社会历史循环

资料来源：泽平宏观

经济周期运行包括驱动因素和放大机制。初始的驱动因素包括太阳活动、过度投资、有效需求不足、创新、政策冲击等，放大机制包括乘数加速数、抵押品信贷、货币加速器（即商业银行的顺周期行为）、情绪等。

在经济周期研究领域，可谓群星璀璨，百家争鸣，涌现出了各种流派和理论。

凯恩斯强调有效需求，认为私人投资是整个周期过程中的易变和不稳定因素。凯恩斯反对古典理论关于产品和就业市场出清的假设，认为由于工资和价格存在刚性，市场很难自我实现均衡，因此必须借助政府"有形的手"进行干预。

熊彼特强调创新和企业家精神，一种创新通过扩散，刺激大规模的投资，引起了经济繁荣，一旦投资机会消失，便转入了衰退。由于创新的引进不是连续平稳的，而是时高时低的，这样就产生了经济周期。更重要的是，熊彼特综合了前人的论点，提出经济周期是由多种周期力量叠加而成的：即为期60年左右的"康德拉季耶夫周期"、为期10年左右的"朱格拉周期"，以及为期3年左右的"基钦周期"。这是最早系统地论述的经济周期。

达利欧强调债务周期，认为经济像机器一样运行，大多数的经济活动主要是由以下三大力量驱动：生产率增长趋势线、长期债务周期，以及短期债务周期。围绕趋势的主要波动是由于信用的扩张和收缩——即信用周期。短期债务周期，又称商业周期，主要是通过央行政策来控制，当通胀过高以及/或者增长过快时，央行实行紧缩政策，当相反条件存在时，则实行宽松政策。长期债务周期，产生于债务的增速快于收入和货币的增速时，直到债务偿付成本过高时才结束。去杠杆是一个减少债务负担的过程。去杠杆的过程一般会通过以下组合方式来进行：①债务减免；②紧缩、减少支出；③财富再分配；④债务货币化。萧条是去杠杆化下的经济紧缩阶段，萧条通常通过中央银行印刷货币以使大量债务货币化来结束。好的去杠杆应是在温和通胀下的去杠杆，而不是恶性通胀去杠杆或通缩去杠杆。

索罗斯、巴菲特、席勒等人重视人性因素。虽然时代变迁，但人性像山岳一样古老。人们在诸多领域存在集体非理性，在经济繁荣时过于乐观和自信，认为好日子会一直持续下去，自己做出正确决策的能力高人一筹；而在经济衰退时人们则又陷入悲观，认为经济低迷将一直持续下去，怀疑自己的决策能力。人类社会这种集体的非理性、羊群式的从众心理、把短期趋势看成长期未来的现象从未消失过，这明显驱动和放大了经济波动。所以，在经济运行、股票市场、房地产市场、汇率市场等人类参与的社会领域，均广泛存在明显的羊群效应，而其结果必然是"在绝望中重生，在犹豫中上涨，在疯狂中崩溃"的周而复始。巴菲特说过，"在别人恐惧时我贪婪，在别人贪婪时我恐惧"，寻找低于内在价值的好公司好股票，"Buy and hold"。索罗斯的反身性理论认为，人对世界的认识是存在局限的，当"投资偏见"在互动中不断强化并产生群体影响时就会推动市场朝单一方向发展，最终必然会遭遇反转。

　　周金涛先生是国内经济周期研究的开拓者和优秀代表，并且将理论用于实际预测，敢于给出明确的观点，取得了优秀的成绩，留下了"人生发财靠康波""人生就是一场康波"的经典名言。周金涛根据周期嵌套理论对 2016 年大宗商品行情的精准预测，对 2018 年流动性危机的前瞻性判断、对"2019 年是下一次人生机会"的万众瞩目遗言，等等，都一一得到了验证。他认为："这是用康德拉季耶夫理论进行人生规划。在 60 年运动中，会套着三个房地产周期，20 年波动一次，一个房地产周期套着两个固定资产投资周期，10 年波动一次。一个固定资产投资周期套着三个库存周期。所以，你的人生就是一次康波，三次房地产周期，九次固定资产投资周期和十八次库存周期，人的一生就是这样的过程。""周期终将幻灭，但在此之前我们仍将经历一次康波，虽然轮回才是永恒，但周期的奥义是对过程的追逐，所以，周期研究的核心是对过程的描述，如果不是对过程的珍视，对周期的一知半解只能永世沉沦。""周期品的魅力就在于，你明知道它有来临的时候，但真正来临的时候依然让你心潮澎湃。"透过这些文字，让人感受到他坚定的信念和豁达的性格。

　　我在 2014 年预测"5000 点不是梦"之后，和周金涛先生都在 2015 年下半年判断中国经济将见底，提出"经济 L 型"。当时周金涛看多商品，提出 2016 年"大宗商品将出现年度级别的反弹"，我看多房地产，提出"房地产周期长期看人口，中期看土地，短期看金融"。周金涛先生对周期、商品、市场策略等领域的研究框架和心得日趋成熟，我们成为同行的良师益友。

可惜天妒英才。生命和研究的意义是什么？我们来过，爱过，恨过，然后像风一样逝去。无所从来，亦无所去。舍离一切执着，心无所住。幸运的是，由周金涛先生的同事和弟子整理出版了其生前研究成果，留下了宝贵财富。

面对未来，我们对世界也包括对人类自身的认知都是十分有限的，何况更难的是知行合一和执行力。有人把简单的事情做到极致，收获了一个时代；有人号称算无遗策，以大师自居，却始终作壁上观。人生是一趟心灵的伟大旅程，是无尽的探索。

人生有七个阶段：嗷嗷待哺的婴儿，满面红光的学童，哀歌的恋人，长胡子的士兵，身经百战的将军，戴眼镜的政治家，返璞归真的贤者。终极意义是什么？心即理，知行合一，事上磨炼，致良知。

我们每个人对世界的看法，其实都是各自内心修炼的影子。你相信什么，就看见什么。

第二章

左右中国经济的十大规律

做投资、做企业、做事有没有捷径？如果有的话，就是掌握规律，按照规律办事。

从事了 20 年的宏观经济研究，先后在公共政策部门、金融机构等工作，结合长期以来的观察、实践以及国内外研究成果，概括出中国经济的十大规律，才疏学浅，难免有遗珠之憾，野人献曝，与你分享。看懂宏观趋势，把握投资机会，选择优于努力。

第一大规律，长期的经济增长模型取决于资本、劳动和技术三大要素，这是世界各国兴衰的第一性原理。中国经济过去高速增长受益于三大红利：改革开放红利、全球化红利和人口红利，全球化带来了资本和技术，1962～1976年婴儿潮带来了劳动力，改革开放则通过制度变革将这三大要素，以及其他两大红利结合起来，释放了14亿人创造财富的巨大潜力。现在这三大要素和三大红利的内涵均已发生变化，政策和战略正在做出调整，推动中国经济从高速增长转向高质量发展。作者原来的国务院发展研究中心团队在2010年提出"增长阶段转换"，作者"下海"以后在2014年提出"新5%比旧8%好""经济L型"，在2017年提出"新周期"等观点。

第二大规律，地方GDP锦标赛引发县域竞争，实现了政府和企业的激励相容，各地区呈万马奔腾、你追我赶的势头。GDP增长快的地区，地方干部升迁得快，因此地方政府大力招商引资，改善营商环境，积极为企业服务，政府和企业心往一块想，劲往一起使。这是国际学术领域总结的中国经济发动机的一大秘密。

第三大规律，基础设施是典型的公共产品，具有强外部性，容易由于搭便车和公地悲剧现象导致供给不足进而制约经济增长，因此当期由政府提供，长期再通过经济增长和税收增长受益。中国是超前大规模基础设施建设的受益者，这展现了新型举国体制的优势。过去40年，公路、桥梁、高铁、机场等大规模超前建设，大幅降低了企业物流成本，提升了物流效率，是中国快速崛起成为"世界工厂""世界制造中心"的法宝。3G、4G的超前建设，带来了互联网经济爆发式增长，移动支付、新零售、共享经济等蓬勃兴起，中美引领了过去20年全球互联网经济的大发展。现在中国正在新能源、5G、充电桩、数据中心、人工智能、特高压等新基建领域进行超前布局，培育新经济、新技术、新产业。作者在2020年初倡导"新基建"，专著《新基建》荣获第五届全国党员教育培训教材展示交流活动创新教材奖⊖。

第四大规律，企业家精神是最重要的生产要素之一，企业家承担了创新创业的巨大风险。中国不断推动资本、劳动、土地、数据信息、技术等要素市场化，并加大产权保护力度，企业家将上述生产要素组合起来参与市场竞争。中国涌现出一批具有"企业家精神"的企业家，成为时代的弄潮儿。

第五大规律，中国经济高速增长带来了巨大的财富机会，成为全球创造财富最好的沃土。中国拥有全球最大的统一市场，过去40年以年均9%以上的实际GDP增长，名义经济增速达到12%，这就是宏观上的投资回报率，远超世界上同期任何国家。40年前，中国人给世界留下的印象是一穷二白；40年后，中国成为全球奢侈品消费的第一大国。国民经济虽然有几百个行业，几千家上市公司，但是化繁为简，可以分为三大类："辛苦不赚钱""赚辛苦钱""赚钱不辛苦"，从投资的角度，选择优于努力，"赚钱不辛苦"的行业经常诞生大牛股。

第六大规律，经济周期是市场经济环境下的客观存在和规律，由库存调整、产能调整、创新集聚发生及其退潮、人性等因素嵌套而成，经济总是从复苏、过热、滞胀、衰退，再到复苏周而复始，宏观调控时松时紧进行逆周期调节，目的是防止经济大起大落。中国经济短周期的库存周期为3～4年一轮，中周期的产能周期为7～10年一轮，长周期的创新周期为40～50年一轮。作者曾出版过《房地产周期》《新周期》两部专著进行阐述。

第七大规律，投资时钟是国际上基于经济周期的从上到下的主

⊖ 该评奖由中央组织部党员教育中心、中央宣传部出版局、国家图书馆联合举办。

流大类资产配置框架，在美国、中国等经济体都基本适用。该框架以产出缺口和通胀两个指标，可以将经济周期划分为衰退、复苏、过热和滞胀四个阶段，将资产类别划分为债券、股票、大宗商品和现金四类。在经济周期依次沿"衰退—复苏—过热—滞胀"循环轮转时，债市、股市、大宗商品、现金的收益依次领跑大势。投资者可以通过识别基本面和货币政策的重要拐点，在周期阶段变换中把握趋势获利。作者在泽平宏观会员课程里进行了详细分析，感兴趣的读者可将其作为延伸学习材料。

第八大规律，股市是货币的晴雨表。教科书上经常讲"股市是经济的晴雨表"，但是在现实中的大部分时期并不适用，根据我们长期的实证检验，股市与货币具有强正相关性，因此我们提出了"股市是货币的晴雨表"，在业内流传广泛。简单讲，在经济衰退末期复苏初期、货币处于宽松状态的时候，股市往往有比较好的收益表现；在经济过热、货币收紧的时候，反而股市表现较差。这种现象可以根据 DDM 模型进行解释，股价是企业盈利除以无风险利率和风险偏好。这是实战经济学与学院派的不同之处。作者在 2014 年基于经济周期、投资时钟和"股市是货币的晴雨表"，预测"5000 点不是梦"，主要逻辑是无风险利率下降和风险偏好提升。

第九大规律，房地产长期看人口，中期看土地，短期看金融。人口是需求，土地是供给，金融是杠杆。在人口流入、土地供给不足的地区，如果赶上金融宽松，往往容易出现房价上涨，反之则下跌。我们应跟着人口流动去买房，从国际经验看，人口在长期向都市圈、城市群和区域中心城市集聚，房地产市场将变得日益分化。2021 年中国城镇化率已经达到 64.7%，未来 70% 以上城市的房子可能存在过剩风险，只有 20%～30% 的城市房子存在投资价值。大道至简。我们提出的这一标准分析框架已被广泛采用。基于这一分析框架，2015年在房价大涨前夜做出了正确预测，并被评为年度十大经典预测。在长期，三大硬通货抗通胀，跑赢印钞机。

第十大规律，房地产是周期之母。房地产是国民经济第一大支柱行业，带动的上下游产业链高达 50 多个行业，通过上下游影响企业投资。地方政府也依赖土地财政，房地产通过土地财政影响政府投资。房地产还是居民最主要的资产配置，通过财富效应影响居民消费和信心。房地产稳，则经济稳。正所谓"十次危机九次地产"，全球历次大的金融危机大部分都是由房地产泡沫崩盘所致，其他资产难以产生如此巨大的冲击。根据美国、日本、德国、新加坡等经济体的国际经验，房地产的长效机制是城市群战略、人地挂钩、金融稳定和房地产税。还有最后十年时间窗口。

第三章

把握未来机会的十大预言

　　顺势而为才是真正的大智慧。天下大势，浩浩荡荡。我们每个人都是时代的产物，每个人的"漫长"一生不过是历史长河中的一个片段。人经常会沉溺于埋首具体事务而迷失方向，偶尔需要从忙碌交织的琐事中超脱出来，眺望一下星空，在历史的长河中审视当下的自己。本章提出中国经济的十大预言，希望对大家看清大势有所帮助。

　　第一大预言，全球正处于大周期末期，旧秩序开始瓦解，新秩序正在重建，经济、金融、地缘、思潮等动荡加大，贫富差距、民粹主义、逆全球化、强人政治、地缘冲突、修昔底德陷阱、国际秩序重建等现象涌现。

要理解当下中美贸易摩擦、俄乌冲突、逆全球化等局势的本质及未来，就要理解经济社会大周期背后的运行规律。

经济社会大周期的基本运行规律是：

一国经济最重要的就是要具备"生产性"，"生产性"决定竞争力，历史上的经济霸权国家大多经历了从"生产性"到"非生产性"的转变，这就使得霸权国家及其主导的国际秩序有了生命周期性质，从而无法逃脱由盛到衰的宿命。

霸权国家最初作为先进的科技创新和生产制造中心，然后逐步把产业以资本输出的方式转移到后发国家中，自己越来越成为依赖金融、过度消费、过度举债的食利者（比如 2008 年美国房地产金融部门引发的次贷危机、2010 年欧洲主权债务危机，以及 2012 年银行业危机），并由此建立了一系列有利于在位者的金融、军事等国际秩序。

这个过程从经济上看是有利可图的，但从竞争力、安全和政治上看却会导致霸权基础的衰落，当这种背离达到不可持续的地步时，必将导致全球经济政治格局的重新洗牌，这种新旧秩序的调整将带来内外部的阵痛、摩擦和动荡。过去一百年，我们经历了三次经济社会大周期的阶段性拐点，并引发了三次思想大论战、经济大变革与国际秩序重构。表面上是财富与权力在国际国内的重新分配，深层次则是增长与分配、效率与公平的钟摆周而复始。

经济基础决定上层建筑，在经济社会大周期的不同阶段，不同社会思潮登上历史舞台，理论最终是为了解释和解决当时所面临的最重要命题：① 1929 年大萧条被称为宏观研究的"圣杯"，是宏观经济思想的第一次大论战、大分野，凯恩斯主义、政府干预、民粹主义等登上历史舞台。这一阶段属于大周期初期。② 20 世纪 70 年代的"滞胀"是宏观经济思想的第二次大论战、大分野，新自由主义兴起，市场化、全球化成为主流。这一阶段属于大周期从初期到达顶部。中国的改革开放赶上了大周期的主升浪，市场化、全球化成为主流思潮，中国依靠改革开放开启快速追赶。③ 2008 年国际金融危机是宏观经济思想的第三次大论战、大分野，凯恩斯主义、民粹主义、逆全球化等重回历史舞台。经济社会大周期回摆至百年前。2008 年以来属于大周期末期，旧秩序面临挑战，新秩序正在开启。

我们处在百年大周期的轮回的拐点，贫富分化、民粹主义、逆全球化、强人政治、地缘冲突、修昔底德陷阱、国际秩序重建等现象均是当前经济社会大周期阶段的必然现象，这对经济、政治、军事、思潮、资产、财富、生产、生活都将产生深远影响。

按照历史经验，全球经济格局的变化随后必将迟早引发全球秩序的重新洗牌，区别只是这种调整是以战争还是以和平的形式进行。一流国家在世界事务中的相对地位总是不断变化，这是军事斗争的结果，更是经济发展与竞争的结果，各国国力增长速度、技术突破、组织形式变革等"生产性"因素均将带来世界大国的兴衰变化。

21 世纪全球格局正在走向多极化，美国如果要继续单方面主导国际秩序将越来越困难，这种变化首先是从经济格局开始的，现在政治和军事格局也开始调整。种种迹象表明，我们可能正处在大周期末期，旧周期即将结束旧秩序开始解体。美国向全球投射影响力的实力开始衰落，旧的势力范围收缩，这留下了巨大的权力真空，各个新势力崛起，在旧秩序的废墟上博弈，建立以自己为核心的区域秩序乃至国际秩序，经济、金融、地缘、思潮等动荡加大。对此，作者在专著《全球贸易摩擦与大国兴衰》与文章《俄乌局势的本质及未来演变》

中进行了阐述。

第二大预言，中美贸易摩擦的本质是战略遏制，具有长期性和严峻性，中国必须清醒认识到发展仍是未来十年的首要目标，推动新一轮改革开放，与美国保持竞争合作、斗而不破的平衡关系，不要轻易陷入地缘冲突泥潭。

中美经贸关系发生了深刻改变，随着中国经济崛起，中美产业分工从互补走向竞争，以及中美在文化、价值观、意识形态、国家治理上的差异愈加凸显，美国政界对中国的看法发生重大转变，鹰派言论不断抬头。部分美方人士无视事实，认为中国经济崛起挑战美国经济霸权，中国进军高科技挑战美国高科技垄断地位，中国重商主义挑战美国贸易规则，中国"一带一路"倡议挑战美国地缘政治，中国发展模式挑战美国意识形态和西方文明。

自2008年以来，美国进行了重大战略调整，奥巴马时期提出"战略东移""重返亚洲"，试图通过《跨太平洋伙伴关系协定》（TPP）等手段遏制中国，最终由于美国忙于应对国际金融危机残局和特朗普政府退出而虎头蛇尾。

自2018年以来，中美贸易摩擦频发，并不断升级至科技、金融、地缘、意识形态等领域，虽然打打停停，多次谈判并签署贸易协定，但显然贸易协定并非美方的底牌和诉求，美方试图通过贸易战收取关税利益并让制造业回流美国，通过科技战遏制中国创新活力，通过金融战获得更多打击中国经济的手段，通过地缘政治手段搞乱中国及周边国家和地区的和平稳定的发展环境，通过舆论战混淆是非欺骗世界人民。最根本也是最本质的是遏制中国复兴、维护美国霸权，这就是美国的底牌。

　　2021 年拜登上台以后，虽然大幅更改了特朗普时期的政策，尤其是修复与盟友的关系，但在遏制中国上延续了特朗普的战略思路。

　　根据经济社会大周期规律，美国面临的真正问题不是中国，而是如何解决自身的"生产性"下降、过度消费、贫富差距太大、民粹主义、特里芬难题等问题。20 世纪 80 年代美国成功遏制日本崛起、维持经济霸权的主要原因，不是美日贸易战，而是里根供给侧改革和沃尔克遏制通胀，成功地修复了美国的"生产性"和竞争力。

　　中国面临的真正问题也不是美国，而是自身如何进一步建设高水平的市场经济、开放体制、高质量发展和创新发展，贸易摩擦本质上是改革层面的竞争。更深层次来看，中国需要制定新的政策，即面对未来经济社会大周期形势演化趋势以及世界秩序重建，确定一种对我有利的长远战略定位，类似当年英国的大陆均势政策、美国的孤立主义，以及中国当年的对内改革开放、对外韬光养晦。中国对内的政策十分清晰，即以更大决心、更大勇气推动新一轮改革开放，坚定不移。对外方面，中国最重要的外交关系是中美关系，中美关系的本质是新兴崛起大国与在位霸权国家的关系模式问题。

　　在新旧周期和秩序的转型动荡时期，中国需要保持战略定力，在大国博弈中权衡均势，争取战略主动和机遇。中国需要在美国回归到本国利益优先思维的大背景下，树立并传播对全世界人民具有广泛吸引力的美好愿景和先进文明；在美国回归贸易保护主义的大背景下，以更加开放大气的姿态走向世界，坚定支持全球化；在美国四面开战的大背景下，全面深入地建立与东南亚、欧洲、日韩、中亚等国家和地区的自由贸易体系以实现合作共赢，坚定支持世界和平发展事业；在美国陷入依赖货币刺激的大背景下，坚定推动供给侧结构性改革和高质量发展，加大在科技创新、高端制造、新基建、教育等生产性领域的投入，同时适当调节收入分配，让经济发展成果惠及更多的人。

历史是有周期规律的，凡是不断吸收外部文明成果，不断学习进步，增强"生产性"的国家，就会不断强大；凡是故步自封，失去改革动力，"生产性"下降，阻碍时代进步的国家，不管多强大，都必将走向衰败。时间将给出最终答案。

第三大预言，中国发展战略正在进行重大调整，应对世界百年未有之大变局，推动从高速增长转向高质量发展。中国经济过去的高速增长受益于三大红利：改革开放红利、全球化红利和人口红利。现在三大红利变成三大挑战：改革开放进入深水区、逆全球化和人口老龄化少子化。中国发展战略正在做出重大调整，推动中国经济从高速增长转向高质量发展。2015 年底中央经济工作会议上提出供给侧结构性改革：去产能、去库存、去杠杆、降成本、补短板。2017 年 10 月，党的十九大报告提出三大攻坚战：防范化解重大风险、精准脱贫、污染防治。《中共中央关于制定国民经济和社会发展第十四个五年规划和 2035 年远景目标的建议》提出推动形成以国内大循环为主体、国内国际双循环相互促进的新发展格局；推进注册制改革，建设多层次资本市场；依靠创新推动实体经济高质量发展；扎实做好碳达峰、碳中和各项工作；强化反垄断和防止资本无序扩张；调节收入分配，实现共同富裕；实行高水平对外开放，等等。

这一系列重大战略是对当前中国经济发展所面临问题的对症下药。如果选择做正确的事，运气就在你这边。

改革总是有成本的，只要大方向是对的，代价是短期的，在长期将有利于中国经济平稳健康发展。1994 年的分税制改革、2001 年加入世贸组织等都有改革成本，没有十全十美的措施，不能叶公好龙，不能因为改革有短期阵痛就患得患失、迷失方向。

以金融去杠杆为例，过去几年，中国推进供给侧结构性改革，金融去杠杆精准拆弹，提前为预防风险扎下了制度的篱笆，保障了我国的金融安全。虽然过去金融去杠杆的争议较大，反对声音不少，但是当金融危机真正来临的时候，才凸显出此前去杠杆稳杠杆的重要性，凸显出改革家的专业素质和重压下推动改革的可贵意志。当看客评头论足容易，打硬仗比打嘴仗难。

正所谓："天下事，在局外呐喊议论，总是无益，必须躬身入局，挺膺负责，乃有成事之可冀。"作者先后在国务院智囊机构、金融市场工作实践多年，深感旁观者发表议论是不用对结果负责的，当局者则要直面结果并承担责任，所以我们应当慎言"旁观者清"。荣誉不属于那些批评家，属于真正的实干家。不要用圣人的标准要求他人，用过低的标准要求自己。

第四大预言，2030 年前后中国有望超过美国成为世界第一大经济体，深刻改变全球经贸和治理版图，未来最好的投资机会就在中国。

2021 年中国 GDP 规模达 114.4 万亿元（17.7 万亿美元），名义增长 12.8%，稳居世界第二大经济体。中国、美国占全球 GDP 比重分别超 18% 和 23%。

中美经济规模差距正在快速缩小。美国 2021 年 GDP 为 23 万亿美元，中国 GDP 相当于美国的约 77%。2000 ～ 2021 年，中美经济规模差距从 9.1 万亿美元快速缩减至 5 万亿美元。

中国有望在十年左右跃升为全球第一大经济体。如果未来几年中国经济保持年均 5.5% 左右的增长，则将在 2030 年前后超越美国成为全球第一大经济体，重回世界之巅，全球政经格局和治理版图将进入新的篇章。

未来最好的投资机会就在中国：中国有全球最大的消费市场（14亿人口），有全球最大的中等收入群体（4亿人），且中等收入群体还将不断扩大；中国城镇化率（64.7%）距离发达国家仍有十几个百分点的潜力；中国的劳动力资源近9亿人，就业人员7亿多人，受过高等教育的人才总量约2亿人，2021年大学毕业生近1000万人，人口红利转向人才红利和工程师红利；中国的新经济迅速崛起，中美独角兽企业数量全球领先；新国潮兴起，本土消费品市场占有率大幅提高、中国符号走向国际舞台，科技品牌出海。

但也同时面临挑战：中美贸易摩擦具有长期性和日益严峻性；从要素驱动转向创新驱动，迈向高质量发展；推动房地产供给侧结构性改革，实现软着陆；应对老龄化少子化；调节收入分配，实现共同富裕，促进社会阶层流动；地缘局势动荡；全球滞胀和货币超发现象并存，等等。

第五大预言，中国经济结构将发生历史性巨变，新基建、新能源、数字经济、高端制造将代替房地产、老基建成为经济新发动机，带来无限新机遇。

什么是大势？大势就是降低房地产、金融、教育、互联网等行业的利润和垄断程度，以及由此引发的过去长期对民生和实体经济的挤压和成本，大力发展制造业、硬科技、实体经济、新能源、新基建、资本市场等。百年未有之大变局，也是百年未有之大机遇。看清这一大趋势，至关重要。

"十四五"规划和2035年远景目标纲要提出：系统布局新型基

础设施，加快第五代移动通信、工业互联网、大数据中心等建设。

新基建短期有助于稳增长、稳就业，长期有助于培育新经济、新技术、新产业，打造中国经济新引擎，这是兼顾短期扩大有效需求和长期扩大有效供给的重要抓手，是应对疫情、经济下行和实现高质量发展的有效办法，具有稳增长、稳就业、调结构、促创新、惠民生的综合性意义。

"新基建"是有时代烙印的，如果说 20 年前中国经济的"新基建"是铁路、公路、桥梁、机场，那么未来 20 年支撑中国经济社会繁荣发展的"新基建"则是：①科技新基建，包括新一代信息技术、人工智能、数据中心、新能源、充电桩、特高压、工业互联网等科技创新领域基础设施；②民生新基建，包括教育、医疗、社保、户籍等重大民生领域；③制度新基建，包括发展资本市场、减税降费、扩大对外开放、保护知识产权等制度改革领域。

第六大预言，迎接新能源革命，中国有望弯道超车，开启新能源发展"黄金十五年"和万亿级赛道，引领第三次能源革命。

历次能源革命均推动了工业革命，并塑造了新的国际秩序。第一次能源革命，动力装置是蒸汽机，能源是煤炭，交通工具是火车，英国超过荷兰；第二次能源革命，动力装置是内燃机，能源是石油和天然气，能源载体是汽油和柴油，交通工具是汽车，美国超过英国；当前正处于第三次能源革命，动力装置是电池，能源从化石能源转向可再生能源，能源载体是电和氢，交通工具是新能源汽车，正在进行的第三次能源革命，中国有望实现弯道超车。

截至 2021 年，中国新能源汽车产销量已经连续七年位居全球第一，成为世界新能源汽车第一大国。中国新能源汽车市场渗透率正步入高增长快车道。自 2021 年起，新能源汽车全面进入市场驱动阶段，全年市场渗透率达 13.4%，新能源汽车市场"黄金十五年"正在到来。根据当前政策目标以及汽车消费市场空间推算，预计到 2035 年，中国新能源汽车销量有 6 ~ 8 倍的成长空间，未来将是新能源汽车大发展的"黄金十五年"。

未来中国新能源汽车发展五大趋势：①渗透率将进入高增长快车道；②国产自主品牌有望持续超越国外老牌车企；③行业市场化加速，未来的增长点将在三四线城市等非限行限购地区；④国民对于新能源汽车的接纳度持续提升；⑤汽车智能化将与电动化协同发展。

第七大预言，中国城镇化步入中后期，迈入都市圈、城市群时代，人口往都市圈大迁移和集聚，东北、中西部等部分地区面临人口外流和"铁锈带"化。

城镇化步入中后期，还有 10 个百分点的提升空间。2021 年中国城镇化率增至 64.72%，已高于 55.3% 的世界平均水平，接近中高收入经济体的 66.6%，但明显低于高收入经济体的 81.3%。国际经验表明，城镇化发展近似一条稍被拉平的"S"形曲线，大致分为三个阶段：缓慢发展期（30% 以前）、快速发展期（30% ~ 70%）、稳定发展期（70% 之后）。中国城镇化已进入快速发展期的减速发展阶段。2021 年农民工总量 2.9 亿人，其中，本地农民工 1.2 亿人，外出农民工 1.7 亿人。如果推动户籍制度改革和基本公共服务均等化，中国城镇化率将达到 75% 左右。事实上，过去四十年，中国城镇常住人口净增加 7.4 亿，城镇化率提高 46.8 个百分点，深刻地改变了中国经济社会格局，成就了过去中国重化工业、大规模基础设施投资、房地产、消费升级等领域的飞速发展。

根据对世界上几十个国家上百年的人口大迁移研究发现，人口往都市圈、城市群迁移集聚是基本规律，人随产业走，人往高处走，这是符合国际规律的，中国人口将持续向珠三角、长三角城市群集聚。近10年珠三角、长三角城市群年均常住人口增量超180万人，成渝、中原城市群年均常住人口增量超65万人，但东北、西部等区域近年面临产业结构单一，呈现人口流出趋势。

未来二十多年中国将新增约1.9亿城镇人口，主要向城市群、都市圈集聚。中国城镇化已进入中后期，虽仍处于快速发展期、但速度逐渐放缓。根据联合国《2018年版世界城镇化展望》，2030年中国城镇化率将达70.6%，2050年将达到约80%。结合我们根据当前生育趋势对未来中国人口的预测，中国城镇人口将在2042年左右达到约10.4亿人的峰值，将比2021年再增加1.3亿人，其中80%将集聚在19大城市群，其中多数又将集聚在大都市圈。新增城镇人口将带来基础设施、地产、新零售、医疗卫生、文化娱乐等多个领域的广泛需求，为我国经济发展提供重要引擎。可参考作者的《中国人口大迁移》《未来中国人口流动预测报告》作为延伸阅读。

第八大预言，房地产步入存量时代，区域分化将日益明显，行业面临洗牌，土地财政往房地产税转型是大势所趋。

中国房地产市场从增量时代步入存量时代，供求已基本平衡，大部分中西部和东北地区已经出现过剩。根据我们的《中国住房存量测算报告》，2020年中国城镇住房套户比为1.09，一线、二线、三四线城市分别为0.97、1.08、1.12，中国住房整体已经静态平衡。经过二十多年的高速增长，房地产增量时代已经基本结束。

房地产长期看人口、中期看土地、短期看金融。2013年以前中国20～50岁置业人群的不断增加带来源源不断的购房需求，这是过去房价持续增长的一个基本背景。自2014年以来，置业人群见顶后开始回落，人口老龄化少子化加速到来，购房需求迎来峰值，但2014～2015年的货币宽松、2016～2017年的棚改，以及"房价永远涨"的惯性预期延长了住宅销售和开工的景气周期，某种程度上也出现了严重透支，套户比上升带来库存增加。

未来主要需求来自城市更新、人口流入的20%的城市群、都市圈，以及保障房、租赁房等，未来70%的城市的房子将出现不同程度的过剩。大部分东北、西北以及非都市圈城市群的低能级城市，已经出现供给过剩，由于人口外迁严重，未来过剩程度还将加深。因此，须重视区域差异中的结构性潜力和风险。

房地产行业进入存量时代，意味着在中期将进入洗牌阶段，其惨烈程度可参考当年的纺织、家电，"剩"者为王，预计90%的房企将被淘汰或兼并。

从城镇化率、人均住房面积、套户比、人均GDP、经济增速、职业人群需求、房价收入比等指标特征来看，当前中国房地产市场具备1974年前后日本的部分特征，但是房地产发展阶段更接近日本1985年前后。日本在1974年和1991年分别出现了两次房地产大泡沫，但是1974年前后的第一次调整幅度小、恢复力强，原因在于经济中高速增长、城市化空间还比较大、适龄购房人口数量维持高位等因素提供了基本面支撑。但是，1991年前后的第二次调整幅度大、持续时间长，导致日本"失去三十年"，原因在于经济长期低速增长、城市化进程接近尾声、适龄购房人口数量接近见顶等。

长期以来，在"控制大城市人口，积极发展中小城市和小城镇，区域均衡发展"的小城镇派思路错误影响下，虽然人口向大都市圈集聚，但土地供给向三四线城市倾斜，人口城镇化与土地城镇化明显背离。由此形成了人地分离、土地供需错配，这是导致一二线城市高房价、三四线城市高库存的根源。党的十九大报告指出，以城市群为主体构建大中小城市和小城镇协调发展的城镇格局。正如上一章所讨论的，根据美国、日本、德国、新加坡等国家的国际经验，房地产的长效机制是城市群战略、人地挂钩、金融稳定和房地产税。促进房地产软着陆，避免硬着陆，还有最后十年时间窗口。"十次危机九次地产"，全球历次大的金融危机大部分都是由于房地产泡沫崩盘所致，其他资产难以产生如此巨大的冲击。房地产是周期之母，房地产稳，则经济稳。读者可以参考作者专著《房地产周期》《全球房地产》作为延伸阅读。

第九大预言，人口老龄化少子化加速到来，中国经济从人口红利转向人才红利，经济潜在增长率下降，将带来经济和社会结构深远变革。

老龄化加速到来。1962 ～ 1976 年的婴儿潮人口正在退出劳动力市场，步入老龄化。2021 年，60 岁及以上、65 岁及以上人口分别占全国人口的 18.9% 、14.2%，分别比 2020 年上升 0.2 和 0.7 个百分点。中国人口老龄化速度和规模前所未有，2033 年左右将进入占比超过 20% 的超级老龄化社会，之后将持续快速上升至 2060 年的约35%。人口结构将经历百年巨变：金字塔—柱状—倒金字塔。

少子化加速到来，中国出生率持续大幅下降，2019 年、2020 年、2021 年出生人口分别为 1465 万人、1200 万人、1062 万人，2021年中国出生人口创下 1949 年以来新低。2021 年总和生育率降至1.15，不仅低于世界上大多数国家，比严重少子老龄化的日本还低不少，比欧美低 50% 以上。

主力育龄妇女数量大幅减少，2016 ～ 2019 年 15 ～ 49 岁育龄妇女数量分别减少 491 万、398 万、715 万、502 万。

年轻人婚育观念变化、养育成本偏高、社会竞争激烈等带来结婚率下降，离婚率上升，初婚年龄推迟，不婚、丁克、家庭小型化等现象增加。

人口红利渐行渐远，劳动力减少，劳动力成本上升，经济潜在增长率下降。人口红利转向人才红利。

鼓励生育、延迟退休、加强普惠托育服务供给、女性就业权益保障等是大势所趋。

未来医药、养老、医疗、人工智能等需求上升，这些行业都是大赛道。

第十大预言，中国经济启动第二增长曲线，从高速增长转向高质量发展，将创造完全不同于过去的财富机会，拥抱新经济、新技术、新模式、新消费、新青年，面向未来、重仓未来将获得丰厚回报。投资就是投未来，每个时代都有属于每个时代的机会，世界终将属于理性乐观主义者，这是一个哲学命题。

中国是全球最大的消费市场，孕育着大量世界级机会。从满足"衣食住行"基本需求转向服务消费升级，购买健康快乐的品质美好生活；三四线城市互联网红利促进新一轮在线购物热潮；新国潮成为年轻人的潮流选择；新能源汽车爆发式增长；人口老龄化带来的银发经济；新商业模式谋求变革；民生、社保、医疗、教育、文化、体育不断完善，为新消费时代来临奠定基础。

科技改变世界，中国正加大研发支出。2021 年研发经费支出

27 864 亿元，比上年增长 14.2%，增速比上年加快 4 个百分点；研发支出占 GDP 的比重为 2.44%，已接近经济合作与发展组织（OECD）国家（2020 年前）2.47% 的平均水平。

资本市场迎来大发展。过去银行主导的金融体系支撑了从房地产、重化工业、基建为主导的经济高增长，未来国家大力发展资本市场支持科技创新和高质量发展：2018 年 11 月，宣布设立科创板并试点注册制；2019 年 7 月，科创板开市；2020 年 3 月，新证券法正式实施；2020 年 4 月，创业板注册制通过；2021 年 9 月，宣布设立北京证券交易所，支持"专精特新"中小企业；2022 年 3 月，国务院《政府工作报告》提出全面实行股票发行注册制。

放眼全球，中国是世界上最有活力的经济体之一，美国逆全球化，欧洲日本人口老龄化，中东局势动荡，非洲现代之旅尚未起飞。虽然历经曲折，但经过四十多年的改革开放，中国经济社会发展取得了举世瞩目的伟大奇迹，为那些有才华的年轻人提供了实现梦想的广阔舞台。

中国经济正在启动高质量发展的第二增长曲线，将创造完全不同于过去的财富机会，拥抱新经济、新技术、新模式、新消费、新青年。展望未来，以房地产、基建为代表的传统经济退潮洗牌，以新基建、新能源、数字经济、高端制造等为代表的新经济快速崛起。面向未来、重仓未来将获得丰厚回报，投资就是投未来，每个时代都有属于每个时代的机会。世界终将属于理性乐观主义者，这是一个哲学命题。"悲观者正确，乐观者赚钱。悲观者纠结，乐观者前行"。人类经历过无数次的战争、危机、瘟疫和萧条，在人类社会的至暗时刻，总有人站出来，建立愿景，经营希望，点燃未来，激发勇气。

第一篇

投资是认知的变现：
从改变认知开始

| 第四章 |

货币超发：认清真实的金融世界

第一节　货币超发理论

什么是货币超发？

货币超发的本质是经过商业银行系统、金融市场乘数效应放大后的货币创造，大于居民与企业各类消费、交易、储蓄与投资等货币需求。简单来讲，就是货币发行量超过了维持经济正常运行所需要的货币量。由于当前金融市场不断深化，金融产品嵌套日益复杂，对于货币超发的研究不仅应从货币层面研究，更应结合实体经济、物价水平、资产价格等进行分析，考察货币超发对实体经济以及广义资产价格的影响。

货币为何会超发？

在古典主义和金本位时代，难以发生货币超发。金本位时代，货币是金银等贵金属的等价物，货币发行与贵金属保持固定的兑换比例，贵金属的流通数量是有限的，货币一旦超发，就会引起自身贬值。古典主义也主张，市场是有效的，政府应保持收支平衡的预算机制。但随着两次工业革命的发展，古典主义和金本位制已经不适应经济发展，造成了周期性的通货紧缩和衰退。

伴随着政府干预和信用货币的诞生，我们迈入了货币超发的时代。凯恩斯主义主张政府发挥"有形之手"逆周期调节的作用，相机抉择，通过举债、减税、发行货币等手段刺激总需求。与此同时，金本位退出历史舞台，信用货币取代实物货币，货币投放不再锚定贵金属。现代信用货币体系本身就是建立在温和通货膨胀和债务扩张的基础上，大部分国家央行将2%左右的温和通货膨胀作为货币政策目标。货币投放的主要渠道依靠银行信贷派生，加上对经济增长、社会福利、对外战争等财政支出需求，就容易造成货币超发，即货币投放超过经济价值创造，并引发通货膨胀。

近年来MMT理论大行其道，零利率、量化宽松、"直升机撒钱"[⊖]导致货币超发并推高了资产价格，造成广义通货膨胀。MMT理论全称为现代货币理论，起源于20世纪90年代，其核心思想是"财政赤字货币化"。在MMT理论下，央行可以无限印钞，支持政府举债扩张经济，而对于通货膨胀，该理论认为只要国家举债是为了

⊖ 即英文"Helicopter Drop"，一种极端的货币政策，指国家央行以税收返还或其他名义直接发货币给家庭或消费者。

实现充分就业，把钱花在了刀刃上，通货膨胀就不会出现。近20年来MMT理论在美、日、欧等发达经济体大行其道，相继推出零利率、量化宽松、"直升机撒钱"等非常规手段，央行在二级市场上大量购买政府债券，间接地向政府债务提供融资，造成美国基础货币规模从危机前的8000亿美元左右快速上升到2014年的4万亿美元，日本政府杠杆率超200%，以美元计价的债务规模达10万亿美元，货币严重超发，催生资产价格泡沫。

如何度量货币超发？

当前学界及市场对货币超发的判定并未达成共识，但主要的界定方法大体可分为三类：

第一类界定方法将M2/GDP作为判断货币超发的指标，比值大于1则意味存在货币超发。 一个国家或地区经济每增长一元的价值，货币发行机构也应相应供给一元货币，超出一元的货币供给即被视为超发。然而该指标有明显的弊端：第一，由于各国M2口径不一、经济结构不同，直接以M2/GDP对比并不严谨；第二，发达市场金融创新层出不穷，可能出现部分金融工具具有货币功能但未被统计进入M2的情况，进而增加了M2统计的难度；第三，银行体系具有"创造货币"的功能，我国特有的高储蓄率是M2高企的重要原因，从而使得M2/GDP不能作为国际比较的客观指标。

第二类界定方法基于货币数量论计算货币过剩率，即货币供应量－均衡货币存量。 均衡货币存量是用产出和利率实际值为基础计算出来的，也被称为货币悬挂法或货币滞存法。前者大于后者，则流动性过剩。简化方法为，货币过剩率 = 货币供给增长率 - 经济增长率 - 物价上涨率。因为其不需要对潜在产出、基期进行估计和假设，相对其他过剩法而言更加客观。本章中的图表大多以 M2-GDP 表示货币超发。

第三类界定方法则是采用流动性缺口法计算名义货币缺口。名义货币缺口是欧洲央行提出的测量货币超发程度的重要指标之一，货币缺口是用实际货币存量水平与均衡货币存量水平的差来衡量流动性，前者大于后者，则流动性过剩，且差额越大，流动性越过剩。不过计算方法较为复杂，尚未被市场广泛使用。具体计算公式见式 4-1：

$$m_t - m_t^* = m_t - m_{t-1} \times (1 + \Delta\text{GDP}/\text{GDP}) \times \frac{\text{GDP}_t / m_t}{\text{GDP}_{t-1} / m_{t-1}} \qquad （4\text{-}1）$$

注：m_t 表示 t 时期的实际货币存量，m_{t-1} 表示 $t-1$ 时期的实际货币存量，m_t^* 表示 t 时期的均衡货币存量，ΔGDP 表示 GDP 在 $t-1$ 期到 t 期的变动，GDP_t 表示 t 时期的 GDP，GDP_{t-1} 表示 $t-1$ 时期的 GDP。

第二节　全球货币超发

发达经济体和发展中经济体都普遍存在货币超发现象，发展中经济体的 M2 增速显著高于发达经济体。如表 4-1 所示，我们利用世界银行提供的广义货币指标对 20 个经济体货币增速进行初步测算发现，1960 ～ 2020 年间，10 个代表性发展中经济体平均 M2 增速为58.9%，远高于平均 GDP 增速的 4.1%，而同期 10 个代表性发达经济体平均 M2 增速为 8.5%，高于平均 GDP 增速的 3.1%。

表 4-1 发展中经济体和发达经济体 M2 和 GDP 增速（%）

国家	1960 ~ 2020 年平均 M2 增速	1960 ~ 2020 年平均 GDP 增速	国家	1960 ~ 2020 年平均 M2 增速	1960 ~ 2020 年平均 GDP 增速
智利	52.0	3.9	美国	7.4	2.9
印度尼西亚	23.1	5.1	日本	9.7	3.5
阿根廷	144.3	2.2	加拿大	9.7	3.1
印度	15.1	5.0	澳大利亚	10.5	3.4
巴西	245.0	3.9	英国	10.9	2.2
土耳其	41.8	4.7	德国	4.7	1.8
墨西哥	25.5	3.6	瑞士	6.5	2.1
菲律宾	15.9	4.2	挪威	8.7	3.0
泰国	13.4	5.7	新西兰	12.3	6.6
南非	13.2	2.8	比利时	4.3	2.5
10 个发展中经济体平均数	58.9	4.1	10 个发达经济体平均数	8.5	3.1
10 个发展中经济体中位数	24.3	4.0	10 个发达经济体中位数	9.2	3.0

资料来源：世界银行，泽平宏观。

过度宽松的货币政策会产生货币政策的"钝化效应"，不仅难以刺激实体经济，反而引发物价、金融资产价格上涨。

货币超发引起通货膨胀。如图 4-1 与图 4-2 所示，我们通过对 20 个经济体的 M2 增速与 CPI 同比的测算发现，10 个发展中经济体的货币增速与 CPI 同比相关系数高达 0.99，10 个发达经济体相关系数为 0.77，即货币增速高则通货膨胀率高，货币增速低则通货膨胀率低。1960 年以来，发展中经济体的平均通货膨胀水平较高，部分国家甚至经历了恶性通货膨胀，而这些国家的 M2 增速通常远高于实体经济所需。而通货膨胀率低于美国的发达经济体，有德国、瑞士、比利时，这些国家的货币增速基本是非常平稳的。

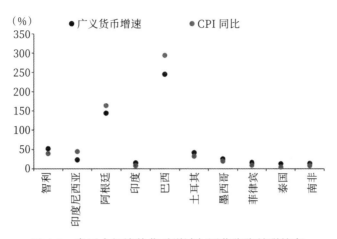

图 4-1　发展中经济体货币增速与通货膨胀关联较高

资料来源: 世界银行, Wind, 泽平宏观。

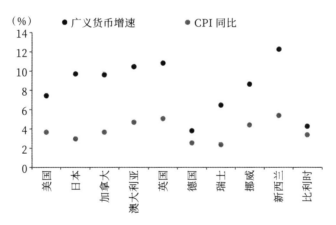

图 4-2　发达经济体货币增速与通货膨胀关联较高

资料来源: 世界银行, Wind, 泽平宏观。

货币超发还与房价、股价等资产价格上涨高度相关。以美国为例, 过去近 50 年间, 美国 10 年平均房价增速趋势与 10 年平均 M2 增速趋势相同, 美国三大股指走势也与 M2 增速密切相关。此外, 虽然时代和国别不同，但历次房地产泡沫走向疯狂则无一例外受到流动性过剩和低利率的刺激，而历次房地产泡沫破灭都跟货币收紧和加息有关。

三类经济体货币超发的表现

大多数经济体在不同时期均经历过不同程度的货币超发，我们在此把它们分成三类进行讨论：一是对于新兴经济体，货币超发造成物价暴涨、汇率贬值、基尼系数上升，引发经济危机，20 世纪 70 年代以后的土耳其体现了这一点；二是对于发达经济体，货币超发造成广义金融资产价格、房价迅速上涨，2008 年后的美国体现了这一点；三是货币政策稳健，未见明显货币超发现象的经济体，物价稳定，房价平稳，2000 后的德国体现了这一点。

第一，对于新兴经济体，货币超发造成物价暴涨、汇率大幅贬值，引发经济危机。以土耳其为例，长期以来，土耳其以宽松的货币政策刺激经济，在 1971 ～ 2003 年长达三十余年的时间内，CPI 同比增长长期超过 20%，1994 年的 CPI 同比增长甚至高达 105%。土耳其政府几度更换货币，信用货币基本职能失灵，汇率大幅贬值（见图 4-3 至图 4-5）。主要原因在于：土耳其的工业原材料主要依赖进口，市场大部分也在国外，这种"两头在外"的畸形经济结构导致了土耳其的金融脆弱性，使其极易受到外部环境的影响。而在 2020 年之后，全球大宗商品价格上涨使得土耳其外汇储备告急，不得不超发货币以应对"美元荒"，引发了"输入型通胀"。与土耳其经济结构相似的新兴经济体巴西、墨西哥，也面临着同样的困境。

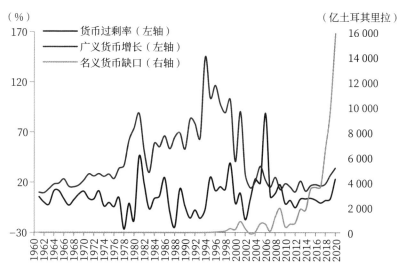

图 4-3　20 世纪 70 年代以来土耳其货币超发

资料来源：世界银行，泽平宏观。

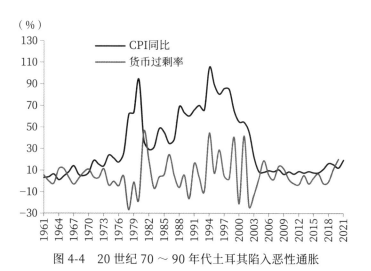

图 4-4　20 世纪 70 ～ 90 年代土耳其陷入恶性通胀

资料来源：世界银行，Wind，泽平宏观。

图 4-5　土耳其货币汇率大幅贬值

资料来源：土耳其央行，泽平宏观。

第二，对于发达经济体，货币超发造成广义金融资产价格、房价迅速上涨。2008 年次贷危机之后，美国实施量化宽松，资产价格上升，但并未引起通货膨胀。在此期间，美国的名义货币缺口向上攀升，广义货币年均增速超过 6%。然而此轮的货币超发并未如 20 世纪七八十年代一样引发通货膨胀，CPI 与货币增速脱节。股市、房市等资产市场吸收了多余流动性是货币超发下物价未明显上涨的主因。2009 ～ 2020年，美国标准普尔指数、道琼斯指数以及纳斯达克指数分别上涨250%、220% 和 457%。东西海岸主要城市房价在 2012 ～ 2013 年快速上行，部分月份增幅近 30%。2020 年新冠肺炎疫情之后，美国开启新一轮货币宽松，财政与货币政策双管齐下，通货膨胀与资产价格上涨并存。2020 年美国实施超宽松的货币政策，以无限量化宽松刺激经济，广义货币增长率和货币过剩率达到 15% 以上，并叠加大规模的财政政策进行刺激。随着经济复苏，通货膨胀率攀升，CPI同比增长幅度也创下了 40 年以来的新高（见图 4-6 至图 4-9 所示）。

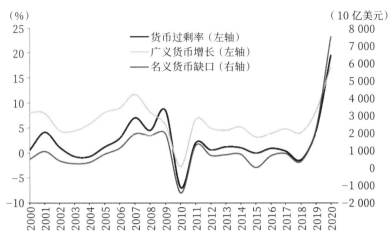

图 4-6 2008 年以来美国货币超发状况

资料来源：世界银行，泽平宏观。

图 4-7 疫情后美国通胀创历史新高

资料来源：Wind，泽平宏观。

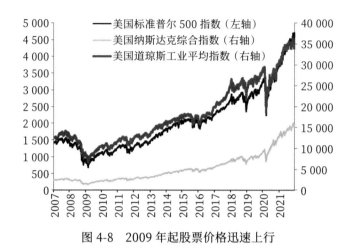

图 4-8　2009 年起股票价格迅速上行

资料来源：Wind，泽平宏观。

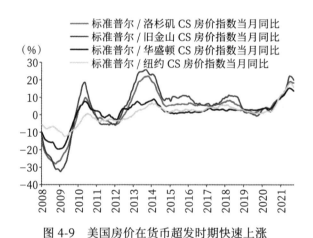

图 4-9　美国房价在货币超发时期快速上涨

资料来源：Wind，泽平宏观。

第三，德国货币政策稳健，未见明显货币超发，物价稳定，房价平稳。 德国持续实施稳健货币政策，进入 21 世纪以来，绝大部分年间 M2 增速均控制在 6% 以下，名义货币缺口相对较小，并无明显货币超发。在此情况下，德国物价在近 20 年内保持稳定，年均 CPI 增速约 1.4%。

房价增幅较为稳定、温和提升（如图 4-10 与图 4-11 所示）。

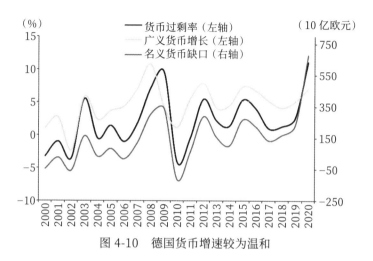

图 4-10 德国货币增速较为温和

资料来源：世界银行，德国统计局，泽平宏观。

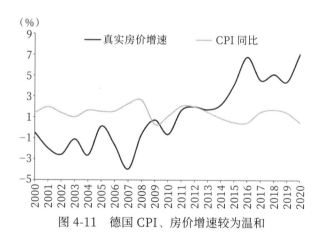

图 4-11 德国 CPI、房价增速较为温和

资料来源：世界银行，Wind，泽平宏观。

现代货币体系下货币超发难以避免，对实体经济的促进作用有限

货币超发在新兴经济体更容易造成通货膨胀，在发达经济体更容易造成资产价格上涨。20 世纪 70 至 90 年代，土耳其货币超发伴

随着严重的通货膨胀，而美国虽然在次贷危机之后实施量化宽松，但是 CPI 基本维持在低位，资金主要涌入美国房地产市场和股市产生泡沫。超发的货币在不同种类经济体中的流向不同，一方面是由于发达经济体的边际消费倾向低于发展中经济体，实体经济需求低迷，故货币不是流向实体经济，而是资本市场；另一方面，以美国为首的发达经济体货币相对强势，货币超发的负面作用可以一定程度上转嫁给其他国家，因此发达经济体的通货膨胀可以维持在相对温和的水平。

在总量层面，货币超发会引起物价飞速上涨或资产价格泡沫，进而引发金融风险和社会收入分配差距扩大；在结构层面，货币流向基建、人力资本、科技创新等生产性领域，要比流向房地产、大宗商品等非生产性领域，对长期经济增长绩效影响更为正面。如果无益于长期经济改革，货币超发只会掩盖问题、饮鸩止渴。美国 2008年后的放水，其通货膨胀被全球消化，资产通货膨胀主要表现为股价、房价齐涨，这都无益于长期经济改革；美国在 2020 年疫情大放水，并配合大规模基建计划与"直升机撒钱"政策，但由于全球供应链和物流停摆，超发的货币同时流向美国商品、服务和资产，引发大滞涨。

第三节　中国货币超发与资产价格

1985 ～ 2020 年中国广义货币供应量 M2 上涨近 420 倍，年均增速约 15%，同期实际 GDP 平均增速为 9.2%。2009 年货币超发程度最大，广义信贷、M2 同比增速分别达 84%、28%，名义货币缺口则达到 139 052 亿元，创新中国成立以来新高。进入 21 世纪之后，中

国整体处于货币超发状态，共有 6 轮货币超发达到峰值的时期，分别
为 2003 年、2005 年、2009 年、2012 年、2015 年和 2020 年。从信
贷方面来看，我国在 2006～2007 年、2009 年以及 2016～2017 年
经历了三轮大的信贷扩张，其中 2009 年受宽松货币政策、财政政策
刺激影响，广义信贷同比增长达 84%。2020 年下半年我国开启新一
轮宽松的货币、财政政策（如图 4-12 与图 4-13 所示）。

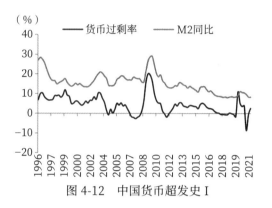

图 4-12　中国货币超发史 I

资料来源：Wind，泽平宏观。

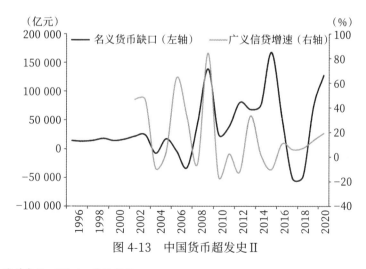

图 4-13　中国货币超发史 II

资料来源：Wind，泽平宏观。

货币超发与实物资产：实物工业品通货膨胀率＜服务产品通货膨胀率

超发的货币小部分流入实体经济，造成实物工业品和服务产品的价格上涨，但价格涨幅有所不同，轻纺工业品、食品烟酒价格涨幅＜服务产品价格涨幅。我们将上海的食品烟酒、轻纺工业品作为代表性实物商品，以医疗保健、教育作为代表性服务类产品进行测算后发现，20世纪80年代以来，轻纺工业品价格未跑赢货币超发，食品烟酒中少部分产品（高档烟酒）价格跑赢货币超发，服务类产品价格总体上与货币超发持平。

以食品烟酒、轻纺工业品为代表的实物工业品自改革开放以来价格涨幅有限，远低于货币超发。 改革开放以来，伴随着我国生产技术水平的提升，对外开放程度加深，商品市场竞争较为激烈、替代品繁多，消费者需求弹性较大，食品烟酒、轻纺工业品价格涨幅有限。1978～2021年，上海各类食品烟酒、轻纺工业品样本价格平均复合增速分别为6.8%、1.48%，远低于同期广义货币M2的增速20.1%，多数没有跑赢货币超发增速的9.51%。其中，高档烟酒领涨食品烟酒类商品，年均复合增速达12.69%。高档烟酒涨幅相对较高与其具有垄断性质或产品需求弹性较低有关。如图4-14与图4-15所示。

与医疗保健、教育等相关的服务类产品价格增速较快，与货币超发基本持平。 这主要是受到垄断所导致的供给约束、消费者需求刚性以及消费升级的共同作用。以上海商品市场为例，如图4-16与图4-17所示，与医疗保健、教育等相关的服务类产品价格相对食品烟酒、轻纺工业品价格上涨速度明显加快。其中，幼儿园日托费用和高中学费上涨明显，年均复合增速为13.2%。医疗保健以及教育等服务类相关产品价格上涨较快，一方面是经济增长，人均可支配收入增加导致消费升级的自然结果；另一方面也与此类服务型产品市场竞争不充分，垄断导致供给约束，消费者对教育、医疗需求具有刚性有关。

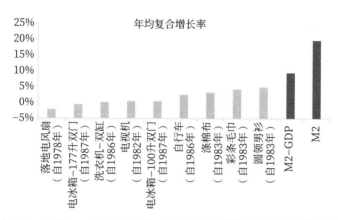

图 4-14 1978 ～ 2021 年轻纺工业品价格增速远低于货币超发增速

资料来源：上海价格志，泽平宏观。

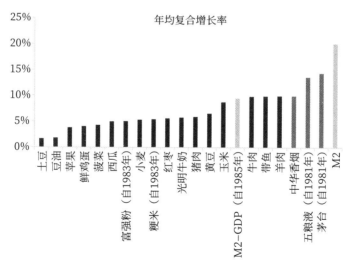

图 4-15 1978 ～ 2021 年食品烟酒价格增速基本上低于货币超发

资料来源：上海价格志，泽平宏观。

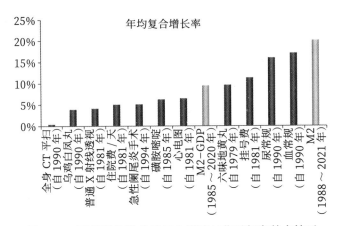

图 4-16 医药服务类产品复合增速与货币超发基本持平

资料来源：Wind，泽平宏观。

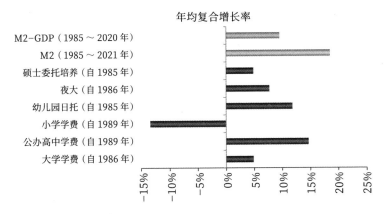

图 4-17 教育类产品价格增速与货币超发基本持平

资料来源：Wind，泽平宏观。

货币超发与金融资产配置：固定收益类资产 < 大盘价值股、二三线房地产 < 贵金属、成长股、一线房地产

长期来看，以黄金、石油为代表的大宗商品价格增速在过去二十多年收益率低于货币增速，但跑赢货币超发。黄金、白银等大宗商品

作为避险产品在短期经济陷入极端情况时可作为投资品增值，从长期来看，黄金作为金融属性最强的贵金属，能够帮助我们在货币超发时期实现资产保值。2000～2021年，以人民币计价的黄金及布伦特原油价格的平均复合增长率分别为9.4%和5.7%，虽低于同期M2增速，但在长期跑赢货币超发。如图4-18所示。

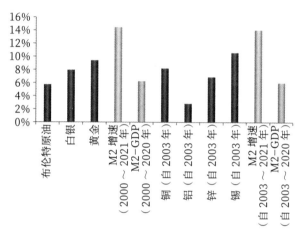

图 4-18　2000～2021 年大宗商品价格增速跑赢货币超发

资料来源：Wind，泽平宏观。

近年来我国房价、地价快速上行，总体复合增速低于 M2 增速，其中一线城市房价、地价增幅超过二三线城市，与货币增速基本持平，大幅跑赢货币超发。伴随着二十多年以来货币的持续超发，我国房价、地价均快速上行。总体来看，1998 年以来全国新建住房销售均价年均复合增速达 6%，低于同期 M2 增速超 7 个百分点，略低于货币超发增速，而一线城市房价基本与 M2 增速持平，且大幅跑赢货币超发速度（见图 4-19）。此外，一线城市土地成交价格同样快速上涨，2008 年至 2020 年间复合增速达 13.3%，跑赢货币速度，同期二三线城市地价增速与一线城市存在明显差距，但总体来看，全国百城地价增速均跑赢货币超发（见图 4-20）。

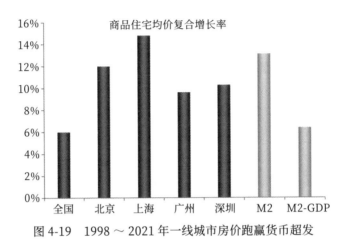

图 4-19　1998～2021 年一线城市房价跑赢货币超发

资料来源：Wind，泽平宏观。

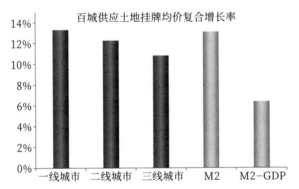

图 4-20　2008～2020 年地价涨幅与货币增速基本持平，跑赢货币超发

资料来源：Wind，泽平宏观。

固定收益债券在货币超发期间为收益率表现较差的一类资产，长期跑输货币超发。我国固定收益类债券，尤其是信用等级较高的国债，其调整具有价格黏性，在货币增速较大年间固定收益类债券收益

率表现较差。如图 4-21 所示，以中债国债为例，1 年期、3 年期、10
年期中债国债在 2007 年至 2021 年平均收益率分别为 2.69%、2.99%
和 3.50%，不仅远低于 M2 增速，同时也低于其他商品价格增长率
和资产收益率。

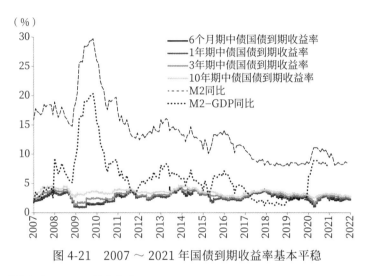

图 4-21　2007 ～ 2021 年国债到期收益率基本平稳

资料来源：Wind，泽平宏观。

2000 ～ 2021 年股票收益率复合增速总体与货币超发持平。 2009
年后股票收益率提速，表现优于大宗商品及债券，跑赢货币超发。
2009 年以来，为应对经济萧条，全球主要经济体纷纷实行宽松货
币政策放水刺激经济，大量资本涌入股市，股票价格在 2009 ～
2021 年快速上行，投资美股指数、A 股部分优质核心上市公司股票
涨幅基本能跑赢货币增速。

投资成长股收益率优于大盘价值股。从 2009 ～ 2021 年的中国
股市来看（见图 4-22），中小板、创业板等成长股的年均复合增长率
分别为 14%、11%，高于沪深 300 年均复合增长率的 8%，无论是价

值股还是成长股，都跑赢了货币超发速度的 5%。

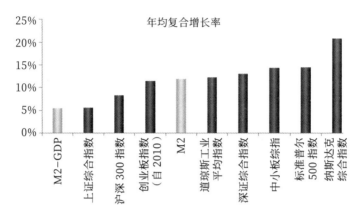

图 4-22　2009 ～ 2021 年股票指数基本跑赢货币超发

资料来源：Wind，泽平宏观。

第四节　跑赢货币超发的三大"硬通货"

在信用货币体系下货币超发是难以避免的。一方面，现代信用货币体系本身就是建立在温和通货膨胀和债务扩张基础上的，货币投放的多数依靠银行信贷派生，正常货币投放和超发的界限日趋模糊，容易造成货币超发；另一方面，金融创新加大货币超发监管难度。随着金融工程、金融科技等领域的发展，金融创新层出不穷，金融产品的形式也更加多样化和复杂化，可能会通过层层打包和嵌套逃避金融监管，并以隐蔽和间接的方式加杠杆、造成货币超发。

世界各国普遍追求温和的通货膨胀。温和的通货膨胀一般是指通货膨胀率保持在 2% 左右，并且始终比较稳定，这有利于形成稳健的价格预期，熨平经济波动。从消费者和投资者的角度来说，温和的通货膨胀造成货币轻微贬值，有助于刺激消费和投资，扩大内需；从生产者的角度来说，消费和投资能激励企业扩大生产、优化组织结构、提高生产效率、推动技术创新等。生产规模的扩大有助于促进就业、提高工资，从而形成良性循环。在经济危机时期，国家往往采取宽松的货币政策，也是基于这个逻辑。

在货币超发时代，对于投资者而言，如何寻找"诺亚方舟"？从长期历史和国际经验看，三大"硬通货"将跑赢货币超发。

一是人口流入的都市圈、城市群房价能跑赢货币超发。房地产兼具实体和金融两种属性，在货币超发的环境下，房地产更是吸纳货币超发的重要资产池。从我们提出的"房地产长期看人口，中期看土地，短期看金融"的周期分析框架可以得出，人口流入和流出地区的房价将出现分化，在将来，这种分化将更为明显。

二是优质的权益类资产将跑赢货币超发。根据 DDM 模型，股票价值分子端受企业盈利影响，分母端受无风险利率和风险溢价影响。股市是货币的晴雨表，在货币超发的背景下，无风险利率下行，这会抬高股市估值。在此基础上，大赛道、盈利能力突出、成长性强的龙头公司和优质权益资产将跑赢市场。

三是供给稀缺的贵金属将跑赢货币超发。其主要原因包括：①贵金属具有化学性质稳定、产量相对稀少等特点，天生具备避险价值；②贵金属在大宗商品中金融属性最强，其抗通胀能力更强；③贵金属逆周期避险能力强。在 2008 年金融危机、2020 年疫情期间，全球货币流动性大量释放，黄金等贵金属发挥避险价值，跑赢货币超发。

|第五章|

改良的投资时钟:
周期轮动和大类资产配置

第一节 传统投资时钟理论

早期投资时钟

在最早的投资时钟里（见图 5-1），大类资产包括现金、固定收益类产品（债券）、股票、海外资产、大宗商品和房地产。经济周期在12 个刻度的时钟上轮动，不同时刻对应着不同的经济阶段，其中 12点代表经济最繁荣的阶段，而 6 点代表经济最萧条的阶段。

总体来说，早期投资时钟看待经济背景的方式较为粗糙，但其价值在于创新了经济周期指导资产配置的研究框架，为后续分析经济周期与投资决策提供指导意义。

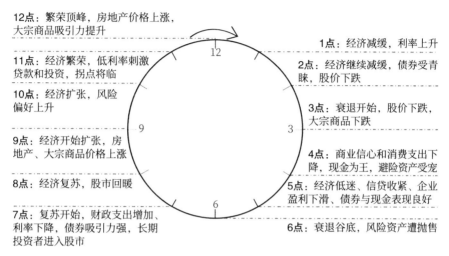

12点：繁荣顶峰，房地产价格上涨，
大宗商品吸引力提升

11点：经济繁荣，低利率刺激
贷款和投资，拐点将临

10点：经济扩张，风险
偏好上升

9点：经济开始扩张，房
地产、大宗商品价格上涨

8点：经济复苏，股市回暖

7点：复苏开始，财政支出增加、
利率下降，债券吸引力强，长期
投资者进入股市

1点：经济减缓，利率上升

2点：经济继续减缓，债券受青
睐，股价下跌

3点：衰退开始，股价下跌，
大宗商品下跌

4点：商业信心和消费支出下
降，现金为王，避险资产受宠

5点：经济低迷、信贷收紧、企业
盈利下滑、债券与现金表现良好

6点：衰退谷底，风险资产遭抛售

图 5-1　最早的投资时钟

资料来源：《多资产投资：现代投资组合管理实践》，泽平宏观。

美林投资时钟

"美林投资时钟"是 2004 年由美林证券在一篇研报中提出的，美林证券基于对美国 1973 年到 2004 年的 30 年历史数据的研究，将经济周期与资产轮动及行业策略联系起来，是资产配置领域的经典理论。

如表 5-1 所示，与最早的投资时钟不同，美林投资时钟模型以产出缺口和通胀两个指标，将经济周期划分为衰退、复苏、过热和滞胀四个阶段，将资产类别划分为债券、股票、大宗商品和现金四类。如图 5-2 所示，从美林投资时钟的左下方开始，顺时针转动，经济依次沿"衰退—复苏—过热—滞胀"循环轮转，而债市、股市、大宗商品、现金的收益依次领跑大类资产。

表 5-1　美林投资时钟对最早投资时钟的改进

	最早投资时钟	美林投资时钟
划分方式	笼统地以繁荣顶部和衰退底部划分	采取定量分析，结合产出缺口和 CPI 识别周期所处阶段
资产选择	现金、固定收益类产品（债券）、股票、海外资产、大宗商品、房地产	债券、股票、大宗商品和现金
大类资产投向		
复苏期	股票、大宗商品先后上涨	股票
过热期	股票和大宗商品	大宗商品
滞涨期	债券	现金
衰退期	现金	债券

资料来源：美林证券，泽平宏观。

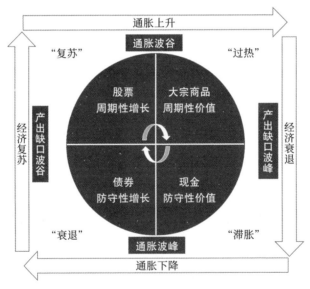

图 5-2　美林投资时钟

资料来源：美林证券，泽平宏观。

在衰退期：经济下行，产出缺口恶化，通胀下行。货币政策趋松，债券的表现最为突出。此时的投资收益表现依次为：债券 > 现金 > 股票 > 大宗商品。

在复苏期：经济上行，产出缺口好转，通胀下行。经济转好，货币政策稳定，企业盈利改善，股票获得超额收益。此时的投资收益表现依次为：股票 > 债券 > 现金 > 大宗商品。

在过热期：经济上行，产出缺口继续向好，通胀上行。通胀上行增加了现金的持有成本，货币政策收紧以及加息的可能性降低了债券的吸引力，大宗商品受益于通胀的上行，明显走牛。此时的投资收益表现依次为：大宗商品 > 股票 > 现金或债券。

在滞胀期：经济下行，产出缺口恶化，通胀上行。由于通胀压力，此时货币政策难以放松，同时经济下行对企业盈利形成拖累，对股票造成负面影响，基于长期配置需求，债券的吸引力提升。此时的投资收益表现依次为：现金 > 债券 > 大宗商品或股票。

美林投资时钟本质上是一种基于需求侧变化的经济周期波动理论。背后的主要逻辑认为，基本面和货币政策相互作用形成短期经济周期，从而影响大类资产走势。经济短期波动不会完全遵循长期经济增长路径，顺周期的行为产生的惯性会导致经济短期偏离潜在产出水平，而宏观调控政策则引导经济向潜在产出回归。

投资时钟可以帮助投资者制定行业战略，通过观察经济周期的变化，分析判断周期性、成长性、利率敏感性等行业的获利机会。经济增长变动会影响投资周期性和防守性资产的收益，例如在经济增长加快时，有色、钢铁等周期性行业对应的股票和大宗商品表现好。通胀水平变动也会影响投资成长型或价值型的股票收益，当通胀水平下降、贴现率降低时，久期⊖长的成长型股票表现好。从衰退期中开始出现复苏迹象时，银行类、消费类股票等利率敏感型股票将率先反应。

⊖ 久期通俗来说，就是债券各期现金流支付所需时间的加权平均值。因成长股的价值更多来自将来的现金流，因此成长股的久期更长。

第二节　美林时钟在美国基本适用

美国美林时钟的阶段划分

依照美林投资时钟，本节以产出缺口和通胀走势划分美国经济周期（见图 5-3），并对周期内每阶段的四大类资产表现进行统计。

按照经济增长与通胀变化可将周期划分为四个阶段，产出缺口与通胀同时下行为衰退期，产出缺口上行通胀下行时为复苏期，产出缺口与通胀同时上行时为过热期，产出缺口下行通胀上行时为滞涨期。

如表 5-2 所示，我们将 1970 年 1 月至 2020 年 9 月共划分为 34 个经济周期。统计结果显示，美国经济周期并未时刻呈现"衰退—复苏—过热—滞涨"依次循环轮转的现象，与美林证券原文的检验结果相同。外部冲击、经济发展阶段变化或许造成了理论与现实的偏差，20 世纪 80 年代中期石油输出国协议瓦解，20 世纪 90 年代中期的亚洲金融危机等，都对美国的经济和通胀产生影响，但 21 世纪前美国基本遵循明显的美林时钟轮动规律。2008 年金融危机后，全球持续低利率、超前宽松等因素导致复苏和衰退成为美国经济主旋律，轮动规律减弱。

美国的复苏期和过热期是持续时间最长的两个周期。34 个经济周期中，衰退期 7 个，复苏期 11 个，过热期 9 个，滞涨期 7 个。从周期总时长来看，复苏期和过热期最长，分别达 274 个月和 139 个月；滞涨期次之，达 105 个月；衰退期最短，为 90 个月。从周期平均持续时间来看，复苏期平均达 25 个月，过热期平均为 15.5 个月，滞胀期平均为 15 个月，衰退期最短，为 12.8 个月（详见图 5-3 与表 5-2）。

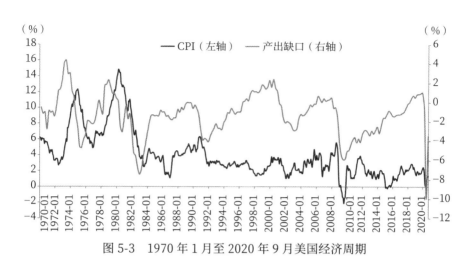

图 5-3 1970 年 1 月至 2020 年 9 月美国经济周期

资料来源：Wind，泽平宏观。

表 5-2 美国经济周期阶段划分

阶段时间	产出缺口	通胀	阶段	阶段时间	产出缺口	通胀	阶段
1970 年 1 月 ～ 1970 年 12 月	下降	下降	衰退	1982 年 12 月 ～ 1983 年 7 月	上升	下降	复苏
1970 年 12 月～ 1972 年 6 月	上升	下降	复苏	1983 年 7 月 ～ 1984 年 3 月	上升	上升	过热
1972 年 6 月 ～ 1973 年 6 月	上升	上升	过热	1984 年 3 月 ～ 1986 年 12 月	上升	下降	复苏
1973 年 6 月 ～ 1974 年 12 月	下降	上升	滞胀	1986 年 12 月 ～ 1989 年 1 月	上升	上升	过热
1974 年 12 月 ～ 1975 年 3 月	下降	下降	衰退	1989 年 1 月 ～ 1990 年 11 月	下降	上升	滞胀
1975 年 3 月 ～ 1976 年 12 月	上升	下降	复苏	1990 年 11 月 ～ 1991 年 12 月	下降	下降	衰退
1976 年 12 月～ 1978 年 11 月	上升	上升	过热	1991 年 12 月 ～ 1994 年 5 月	上升	下降	复苏
1978 年 11 月～ 1980 年 3 月	下降	上升	滞胀	1994 年 5 月 ～ 1996 年 12 月	上升	上升	过热
1980 年 3 月 ～ 1982 年 12 月	下降	下降	衰退	1996 年 12 月 ～ 1999 年 2 月	上升	下降	复苏

（续）

阶段时间	产出缺口	通胀	阶段	阶段时间	产出缺口	通胀	阶段
1999 年 2 月 ～ 1999 年 11 月	上升	上升	过热	2008 年 7 月 ～ 2009 年 6 月	下降	下降	衰退
1999 年 11 月～ 2001 年 5 月	下降	上升	滞胀	2009 年 6 月 ～ 2010 年 11 月	上升	下降	复苏
2001 年 5 月 ～ 2002 年 6 月	下降	下降	衰退	2010 年 11 月 ～ 2011 年 9 月	上升	上升	过热
2002 年 6 月 ～ 2003 年 3 月	下降	上升	滞胀	2011 年 9 月 ～ 2015 年 4 月	上升	下降	复苏
2003 年 3 月 ～ 2004 年 3 月	上升	下降	复苏	2015 年 4 月 ～ 2016 年 3 月	下降	上升	滞胀
2004 年 3 月 ～ 2005 年 9 月	上升	上升	过热	2016 年 3 月 ～ 2019 年 12 月	上升	下降	复苏
2005 年 9 月 ～ 2007 年 8 月	上升	下降	复苏	2019 年 12 月 ～ 2020 年 6 月	下降	下降	衰退
2007 年 8 月 ～ 2008 年 7 月	下降	上升	滞胀	2020 年 6 月 ～ 2020 年 9 月	上升	上升	过热

资料来源：泽平宏观。

1970 ～ 2020 年，按照美林投资时钟的阶段划分，美国大类资产表现基本符合经典理论。校验美林时钟不同时期各类资产的表现，可以得出以下结论。

‖衰退期：债券是最佳选择。此时债券的收益率达到 6.30%，高于债券长期平均收益率的 3.23%。处于投资时钟对角位置的大宗商品表现最差。

‖复苏期：股票是最佳选择。此时股票收益率达到 20.02%，高于股票长期平均收益率的 9.25%，现金收益远低于股票，大宗商品表现糟糕。

‖过热期：大宗商品是最佳选择。此时大宗商品年收益率为 26.74%，高于大宗商品长期平均收益率的 7.57%。处于投资时钟对立位置的债券表现糟糕，年收益率只有 2.87%。

Ⅳ滞胀期：现金是除大宗商品以外表现最好的。此时现金年均收益率为 5.09%。处于投资时钟对立位置的股票表现最糟糕，年收益率为 −8.05%。大宗商品的年均收益率高达 22.56%，主要受 20 世纪 70 年代两次石油危机冲击的影响比较大，而同时期非石油类大宗商品价格主要呈下跌趋势。

表 5-3 详细列示了美国各阶段四大资产年化收益率。

表 5-3　美国各阶段四大资产年化收益率　　　　（%）

阶段	债券年收益率	股票年收益率	大宗商品年收益率	现金年收益率
Ⅰ 衰退①	6.30	−3.24	−17.90	4.49
Ⅱ 复苏	3.46	20.02	3.26	3.69
Ⅲ 过热	2.87	7.67	26.74	4.33
Ⅳ 滞胀	1.33	−8.05	22.56	5.09
均值	3.23	9.25	7.57	4.35

注：债券、股票、大宗商品、现金收益率数据分别源于 1970 年 1 月至 2020 年 9 月的彭博巴克莱美国综合债券指数、标准普尔 500 指数、彭博商品指数、三个月期美国国债利率

① 1975 年，连跌两年的美股开始强劲反弹，1975 年第一季度股票年化收益率极高，导致整体数据有所失真，计算表中已将其剔除。

资料来源：Wind，彭博资讯，美联储经济数据库，泽平宏观。

具体来说，在美国 34 个经济周期中大类资产的表现如下：

第一，在 7 个衰退期中，有 4 个衰退期的债券收益率均值最高（见表 5-4）。1970 年经济延续 20 世纪 60 年代末的过热趋势，仍然体现为大宗商品收益率最佳。1974 年 12 月至 1975 年 3 月，受到第一次石油危机重创，美国经济延续此前滞涨，因此现金收益率仅次于股票，而股票受益于宽松政策，强劲反弹。1990 年 11 月至 1991 年 12 月，20 世纪 80 年代末储贷危机引发股市崩盘，因此 20 世纪 90

年代的修复使股票收益高企，远超债券收益。

表 5-4　衰退期：美林时钟正确率为 57%　（%）

衰退期	债券收益率	股票收益率	大宗商品收益率	现金收益率
1970 年 1 月～1970 年 12 月	1.44	−0.38	16.21	6.26
1974 年 12 月～1975 年 3 月①	−1.11	101.04	−69.71	5.78
1980 年 3 月～1982 年 12 月	17.57	11.83	−14.90	11.89
1990 年 11 月～1991 年 12 月	7.36	21.51	−13.90	5.48
2001 年 5 月～2002 年 6 月	3.09	−18.61	−9.23	2.24
2008 年 7 月～2009 年 6 月	5.48	−28.64	−46.74	0.45
2019 年 12 月～2020 年 6 月	2.82	−5.17	−38.83	0.61
均值	6.30	−3.24	−17.90	4.49

①在计算均值时已将该年份数据视为极端值剔除

资料来源：Wind，彭博资讯，美联储经济数据库，泽平宏观。

第二，在 11 个复苏期中，股票收益率均最高（见表 5-5）。

表 5-5　复苏期：美林时钟正确率为 100%　（%）

复苏期	债券收益率	股票收益率	大宗商品收益率	现金收益率
1970 年 12 月～1972 年 6 月	0.18	13.33	8.85	4.09
1975 年 3 月～1976 年 12 月	0.46	14.16	7.29	5.33
1982 年 12 月～1983 年 7 月	4.34	34.09	18.04	8.37
1984 年 3 月～1986 年 12 月	17.74	21.01	−8.72	7.52
1991 年 12 月～1994 年 5 月	3.77	6.66	0.55	3.27
1996 年 12 月～1999 年 2 月	3.46	31.04	−17.46	4.88
2003 年 3 月～2004 年 3 月	3.56	32.37	26.10	0.95
2005 年 9 月～2007 年 8 月	1.08	9.69	−1.63	4.63
2009 年 6 月～2010 年 11 月	2.90	20.70	12.48	0.13
2011 年 9 月～2015 年 4 月	0.32	21.89	−9.75	0.05
2016 年 3 月～2019 年 12 月	0.30	15.24	0.09	1.38
均值	3.46	20.02	3.26	3.69

资料来源：Wind，彭博资讯，美联储经济数据库，泽平宏观。

第三，在 9 个过热期中，有 7 个过热期的大宗商品收益率最高（见表 5-6）。1983 年 7 月至 1984 年 3 月，正处于 20 世纪 80 年代第一轮大规模减税、通胀问题解决阶段，经济强劲反弹，大类资产表现改变。1994 年 5 月至 1996 年 12 月间的 1995 年，美国为了防范海外市场风险，并预防衰退，进行了保险性降息，助长了股市繁荣，因此股票表现超过大宗商品。

表 5-6 过热期：美林时钟正确率为 78%　　　　　　　　（%）

过热期	债券收益率	股票收益率	大宗商品收益率	现金收益率
1972 年 6 月～ 1973 年 6 月	−0.74	−3.05	113.96	5.35
1976 年 12 月～ 1978 年 11 月	2.96	−4.82	11.76	6.10
1983 年 7 月～ 1984 年 3 月	9.18	−8.37	2.51	9.04
1986 年 12 月～ 1989 年 1 月	5.47	7.04	10.23	6.30
1994 年 5 月～ 1996 年 12 月	4.02	25.07	12.70	5.14
1999 年 2 月～ 1999 年 11 月	0.27	16.16	26.53	4.62
2004 年 3 月～ 2005 年 9 月	0.11	6.06	10.54	2.23
2010 年 11 月～ 2011 年 9 月	2.79	−2.72	5.37	0.07
2020 年 6 月～ 2020 年 9 月	1.74	33.65	47.06	0.11
均值	2.87	7.67	26.74	4.33

资料来源：Wind，彭博资讯，美联储经济数据库，泽平宏观。

第四，在 7 个滞胀期中，现金是除了大宗商品外表现最好的资产（见表 5-7）。大宗商品的年均收益率较高，主要由于石油类大宗商品价格受石油危机冲击的影响比较大，而同时期非石油类大宗商品价格主要呈下跌趋势。

表 5-7 滞胀期：美林时钟正确率为 100%　　　　　　　　（%）

滞胀期	债券收益率	股票收益率	大宗商品收益率	现金收益率
1973 年 6 月～ 1974 年 12 月	−0.33	−23.96	47.38	7.87
1978 年 11 月～ 1980 年 3 月	−5.72	8.02	45.78	10.61
1989 年 1 月～ 1990 年 11 月	5.57	5.74	12.84	7.83
1999 年 11 月～ 2001 年 5 月	4.64	−5.92	12.88	5.39
2002 年 6 月～ 2003 年 3 月	4.02	−21.82	26.68	1.38

（续）

滞胀期	债券 收益率	股票 收益率	大宗商品 收益率	现金 收益率
2007 年 8 月～2008 年 7 月	-0.41	-3.61	-23.22	0.12
2015 年 4 月～2016 年 3 月	1.33	-8.05	22.56	5.09
均值	-0.33	-23.96	47.38	7.87

资料来源：Wind，彭博资讯，美联储经济数据库，泽平宏观。

第三节　美林时钟在中国的改良应用

为什么美林时钟在中国的效果偏差？

第一，中美货币政策制定框架存在差异。

美林时钟的基本假设和逻辑与美联储的货币政策框架相近，因而对大类资产配置的指导意义更强。而我国央行的货币政策框架需考虑多种因素，造成部分时期宏观条件与大类资产表现之间的关联性相对较低。

自 1993 年 7 月起，美联储开始以新凯恩斯主义理论为核心思想，运用类似泰勒规则的方法来设定联邦基金利率，通过公开市场操作引导货币市场利率围绕联邦基金利率波动，实现充分就业和稳定物价的政策目标。根据泰勒规则，央行应该根据产出和通胀的情况实施货币政策，利率决定公式如式（5-1）所示：

$$r = 0.5 \times (\pi_t - 2\%) + 0.5 \times \hat{y} + \pi_t + 2\% \qquad （5\text{-}1）$$

其中 π_t 代表通胀，$\hat{y}$ 代表产出缺口，在美联储的目标利率决定框架中，实际通胀与目标通胀的差值（$\pi_t - 2\%$）占 50% 的权重，产出缺口 $\hat{y}$ 占 50% 权重，当通胀高于目标，或产出缺口提升时，美联储应该加息，反之则应该降息。当不存在通胀偏离以及产出缺口时，联邦基金利率应该等于名义利率，即通胀加上长期实际利率（$\pi_t + 2\%$）。

在使用了泰勒规则后，美联储利率政策规则经过一系列修订，先后出现伯南克规则、埃文斯规则、耶伦规则等，三者均是在泰勒规则的基础上进行部分权重调整，或增加就业指标。从美联储货币政策制定机理来说，它基本是与美林时钟的假设与逻辑相同（见图 5-4）的，都是基于产出缺口以及通胀情况变化制定政策利率，利率与产出缺口及通胀之间存在清晰的等式关系。美联储通过影响市场利率，影响大类资产走势。

图 5-4　美林时钟背后的假设及逻辑

资料来源：泽平宏观。

而我国货币政策需兼顾多重目标，包括经济增长、充分就业、物价稳定、内外平衡、防范金融风险、维护金融稳定等。不同目标可能会对货币政策制定提出方向相反的要求，这增加了货币政策的决策难度。**因此，我国货币政策决策因素不仅仅包括产出缺口和通胀，还需考虑其他因素，这与美林时钟的背后逻辑有所差异**（如图 5-5 所示）。

第二，我国大类资产表现除受货币政策影响外，还受金融监管、改革等政策影响。

如 2016 年开启供给侧结构性改革造成的商品牛市。在"三去一降一补"的政策导向下，落后产能持续退出，供给收缩造成商品在 2016 年走出一波牛市（见图 5-6）。供给侧结构性改革对商品产生的

影响是基于供给端，在逻辑上与美林时钟的需求端逻辑相左。因此据
美林时钟的周期划分，2016 年经济周期先后处于滞涨、复苏以及过
热期，大类资产配置指向现金、股票，直到 2016 年第 4 季度才指向
投资商品，与实际投资收益率产生偏差。

图 5-5　我国货币政策决策考虑因素更多，与美林时钟假设逻辑有所差异

资料来源：泽平宏观。

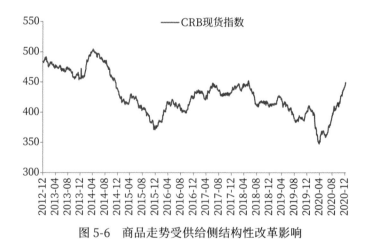

图 5-6　商品走势受供给侧结构性改革影响

资料来源：Wind，泽平宏观。

再比如 2014～2015 年的股市行情。受政策因素影响，股票市
场行情变化与实体经济周期脱节，体现政策市、资金市特征，对美林
时钟准确性造成影响。同样，2016 年债券市场走出一波行情，主要

诱因也是宽松的金融监管叠加理财委外⊖加杠杆等市场行为，这与央行货币政策意图相左，此时的债券市场走势和美林时钟背后逻辑出现明显偏差（见图5-7）。

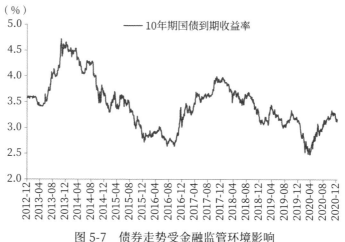

图 5-7　债券走势受金融监管环境影响

资料来源：Wind，泽平宏观。

此外，2012 年后我国经济周期波动率下降，加上政策微调进一步熨平了经济波动，经济周期表征不明显。2012 年以来，金融危机带来的经济周期短期波动逐步被消化，我国进入增长速度换挡期、结构调整阵痛期，以及前期刺激政策消化期"三期叠加"时期，经济波动率明显下降，周期特征不明显。根据我们的测算，2012 ～ 2016 年间，经济周期在"滞涨"与"衰退"之间来回轮动，宏观调控进一步熨平经济波动，基本面 + 政策调控对于大类资产配置的指导意义减弱。

第三，通胀作为美林时钟周期划分的主要变量，由于其概念、范

⊖　即银行理财资金委托外部投资，资金来源就是银行理财产品，而投资方向则大量涌向债券市场。

畴不够清晰，以及度量上的不足，可能与实体经济的实际运行出现偏差，因而对于经济周期的划分准确度造成一定影响。

改进美林时钟

基于我国的特殊性，我们认为可以对美林时钟在我国的运用进行一些改良。如果说产出缺口和通胀是货币政策的一部分输入变量，"货币"和"信用派生"就可以理解为货币政策的主要输出变量，其中"信用派生"也是实体经济运行的结果，与大类资产之间的逻辑链条更为直接。

我们在这里，把"货币"定义为货币政策的意图，即狭义流动性水平，央行通过货币政策工具操作，调控银行间市场流动性；把"信用"定义为通过货币政策操作形成的结果，即广义流动性水平，央行通过货币政策影响广义流动性。但狭义流动性是否能传导至广义流动性，还要看市场主体的加杠杆行为、金融监管等因素（见图 5-8）。

图 5-8　改进美林时钟在我国的运用

资料来源：泽平宏观。

从逻辑上来说，货币和信用因素也可以与产出缺口和通胀构建的经济周期统一（见图 5-9）：

在衰退期：经济下行，产出缺口恶化，通胀下行。货币政策趋松，而实体经济融资需求较弱，广义流动性仍然较紧，**对应"宽货币 +紧信用"格局**。

在复苏期：经济上行，产出缺口好转，通胀下行。随着经济转好，企业盈利改善，融资需求提升，广义流动性提升，**对应"宽货币 + 宽信用"格局**。

在过热期：经济上行，产出缺口继续向好，通胀上行。经济存在过热风险，央行收紧流动性，货币政策趋紧，然而此时实体经济融资需求依然旺盛，广义流动性短期难以回收，**形成"紧货币 + 宽信用"格局**。

在滞胀期：经济下行，产出缺口恶化，通胀上行。由于通胀压力较大，央行难以放松货币，叠加实体经济需求不振，狭义及广义流动性均较紧，**形成"紧货币 + 紧信用"格局**。

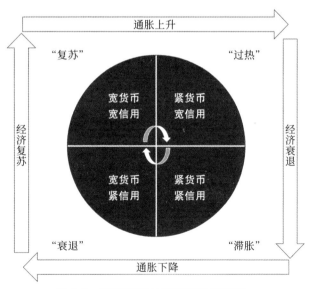

图 5-9　经济周期与货币信用框架统一

资料来源：Wind，泽平宏观。

然而实际上，产出缺口和通胀是货币政策的部分输入变量，而货币与信用是输出变量，且受金融监管等因素影响，在实际划分中，两者得出的经济周期结论有所不同。但我们通过测算，发现后者对于大类资产指导的正确率显然更高。

货币与信用的指标选择及周期划分

货币：判断狭义流动性的松紧，最简单的方式是观察银行间市场流动性。然而还有其他因素会影响银行间市场流动性，比如当实体经济融资需求较强时，银行间市场流动性同样趋紧，影响对于宽货币政策意图的判断。**因此我们还是采用最基础的方法，即通过观察典型的货币政策转向操作，判断货币松紧意图的转变，以此作为定性判断。**

结果显示，从 2002 年 12 月至 2022 年 2 月，我国货币政策共经历 15 个周期，其中 8 个宽货币周期，7 个紧货币周期，宽货币周期共计 96 个月，每个宽货币周期平均持续 12 个月，紧货币周期共计 135 个月，每个紧货币周期平均持续 19.3 个月。

信用：我国自 2002 年开始公布社会融资总量数据，其涵盖了主要的信用派生渠道，可以作为衡量广义流动性松紧的主要指标。然而在 2016 年前，社会融资增速的公布频率较低，难以捕捉具体月份的增速走势，**因此我们共同参考社会融资增速与 M2 增速，判断信用走势。**

结果显示，从 2002 年 12 月至 2022 年 2 月，我国信用周期共 18 个，其中 9 个宽信用周期，9 个紧信用周期，宽信用周期共计 84 个月，每个宽信用周期平均持续 9.3 个月，紧信用周期共计 147 个月，每个紧信用周期平均持续 16.3 个月。

表 5-8 对货币与信用周期的具体情况进行了列示。

表 5-8　我国货币与信用周期划分

货币周期			信用周期		
阶段时间	货币周期定性	阶段总时长（个月）	阶段时间	信用周期定性	阶段总时长（个月）
2002 年 12 月～2003 年 6 月	宽货币	7	2002 年 12 月～2003 年 6 月	宽信用	7
2003 年 7 月～2004 年 11 月	紧货币	17	2003 年 7 月～2005 年 12 月	紧信用	30
2004 年 12 月～2006 年 4 月	宽货币	17	2006 年 1 月～2008 年 2 月	宽信用	26
2006 年 5 月～2008 年 9 月	紧货币	29	2008 年 3 月～2008 年 12 月	紧信用	10
2008 年 10 月～2009 年 7 月	宽货币	10	2009 年 1 月～2009 年 12 月	宽信用	12
2009 年 8 月～2011 年 11 月	紧货币	28	2010 年 1 月～2010 年 7 月	紧信用	7
2011 年 12 月～2012 年 7 月	宽货币	8	2010 年 8 月～2010 年 12 月	宽信用	5
2012 年 8 月～2014 年 3 月	紧货币	20	2011 年 1 月～2012 年 7 月	紧信用	19
2014 年 4 月～2016 年 7 月	宽货币	28	2012 年 8 月～2013 年 5 月	宽信用	10
2016 年 8 月～2018 年 4 月	紧货币	21	2013 年 6 月～2014 年 3 月	紧信用	10
2018 年 5 月～2019 年 3 月	宽货币	11	2014 年 4 月～2014 年 7 月	宽信用	4
2019 年 4 月～2019 年 10 月	紧货币	7	2014 年 8 月～2016 年 7 月	紧信用	24
2019 年 11 月～2020 年 5 月	宽货币	7	2016 年 8 月～2016 年 12 月	宽信用	5
2020 年 6 月～2021 年 6 月	紧货币	13	2017 年 1 月～2018 年 12 月	紧信用	24
2021 年 7 月～2022 年 2 月	宽货币	8	2019 年 1 月～2019 年 6 月	宽信用	6
			2019 年 7 月～2020 年 2 月	紧信用	8
			2020 年 3 月～2020 年 11 月	宽信用	9
			2020 年 12 月～2022 年 2 月	紧信用	15

资料来源：中国人民银行，Wind，泽平宏观。

基于周期划分的大类资产收益测算

我们将货币周期与信用周期特征取交集，把 2002 年 12 月至 2022 年 2 月共划分为 28 个周期，分类为"宽货币 + 紧信用"（衰退期），"宽货币 + 宽信用"（复苏期），"紧货币 + 宽信用"（过热期），以及"紧货币 + 紧信用"（滞胀期），分别检验大类资产收益率的表现，测算结果如下：

▎**宽货币 + 紧信用周期：大类资产配置于债券的正确率达 71%**（见表 5-9）。7 个小周期中有 5 个周期债券表现明显优于其他资产。在 2014 ～ 2016 年的周期中，股票收益率超过债券，主要原因是 2015 年股市杠杆牛，对股票收益率造成扰动；2021 年 7 月至 12 月商品表现优于其他资产，主要因为疫情反复导致的全球放水及供需错配。

表 5-9　宽货币 + 紧信用周期：大类资产配置正确率为 71%　（%）

	宽货币 + 紧信用周期	现金收益率	债券收益率	股票收益率	商品收益率
1	2004 年 12 月～ 2005 年 12 月	1.67	7.53	−12.10	−0.06
2	2008 年 10 月～ 2008 年 12 月	2.59	20.33	−75.94	−94.56
3	2011 年 12 月～ 2012 年 7 月	4.42	6.69	−11.22	−2.78
4	2014 年 8 月～ 2016 年 7 月	3.62	7.86	18.16	−8.23
5	2018 年 5 月～ 2018 年 12 月	3.56	7.46	−29.79	−12.11
6	2019 年 11 月～ 2020 年 2 月	3.09	9.85	4.11	4.32
7	2021 年 7 月～ 2022 年 2 月	2.58	5.40	−18.45	14.43

資料來源：Wind，泽平宏观。

▎**宽货币 + 宽信用周期：大类资产配置于股票的正确率达 100%**。6 个小周期中，股票收益率均明显优于其他资产（见表 5-10）。

表 5-10　宽货币 + 宽信用周期：大类资产配置正确率为 100%（%）

	宽货币 + 宽信用周期	现金收益率	债券收益率	股票收益率	商品收益率
1	2002 年 12 月～ 2003 年 6 月	2.24	3.85	7.35	5.49
2	2006 年 1 月～ 2006 年 4 月	1.77	2.86	80.86	23.85
3	2009 年 1 月～ 2009 年 7 月	1.12	−1.13	180.78	31.16
4	2014 年 4 月～ 2014 年 7 月	4.37	9.34	28.51	−3.17
5	2019 年 1 月～ 2019 年 3 月	3.12	4.65	114.49	16.07
6	2020 年 3 月～ 2020 年 6 月	2.09	1.45	17.05	−26.56

资料来源：Wind，泽平宏观。

Ⅲ 紧货币 + 宽信用周期：大类资产配置于商品的正确率为 57%。7 个小周期中有 4 个周期商品表现明显优于其他资产，在紧货币 + 宽信用的周期组合下，股市也具有较好的表现，在两个周期里收益率最高（见表 5-11）。

表 5-11　紧货币 + 宽信用周期：大类资产配置正确率为 57%（%）

	紧货币 + 宽信用周期	现金收益率	债券收益率	股票收益率	商品收益率
1	2006 年 5 月～ 2008 年 2 月	3.16	1.52	162.95	26.12
2	2009 年 8 月～ 2009 年 12 月	1.70	1.93	−10.21	31.43
3	2010 年 8 月～ 2010 年 12 月	3.09	−2.71	21.70	44.75
4	2012 年 8 月～ 2013 年 5 月	3.85	3.61	14.07	−1.97
5	2016 年 8 月～ 2016 年 12 月	3.30	−1.43	7.95	8.83
6	2019 年 4 月～ 2019 年 6 月	3.33	2.59	−4.83	−16.67
7	2020 年 7 月～ 2020 年 11 月	2.71	−0.88	38.28	41.19

资料来源：Wind，泽平宏观。

Ⅳ 紧货币 + 紧信用周期：大类资产配置于现金的正确率仅为 25%。8 个小周期中仅有 2 个周期现金表现明显优于其他资产，在紧货币 + 紧信用的周期组合下，大类资产表现缺乏明显特征，商品、债券、股票都曾出现较好的表现（见表 5-12）。该阶段中贵金属黄金作为避险资产表现较好，接下来将在商品投资时钟中进行详细分析。

表 5-12　紧货币＋紧信用周期：大类资产配置正确率为 25%（%）

	紧货币＋紧信用周期	现金收益率	债券收益率	股票收益率	商品收益率
1	2003 年 7 月～ 2004 年 11 月	2.69	−0.30	−8.82	15.34
2	2008 年 3 月～ 2008 年 9 月	3.35	6.47	−89.15	−25.20
3	2010 年 1 月～ 2010 年 7 月	2.13	5.36	−33.89	7.10
4	2011 年 1 月～ 2011 年 11 月	5.03	4.35	−21.16	−6.38
5	2013 年 6 月～ 2014 年 3 月	5.67	−0.61	−21.18	5.26
6	2017 年 1 月～ 2018 年 4 月	4.52	2.51	10.12	3.90
7	2019 年 7 月～ 2019 年 10 月	3.23	3.85	4.80	−13.51
8	2020 年 12 月～ 2021 年 6 月	2.84	4.96	9.12	51.06

资料来源：Wind，泽平宏观。

整体而言，以货币及信用因素进行划分的周期，对大类资产配置的整体准确率达到 63%。在宽货币＋紧信用时期、宽货币＋宽信用时期，以及紧货币＋宽信用时期，周期的划分均对大类资产配置有较好的指导意义，仅在紧货币＋紧信用周期，缺乏明确的资产配置指向。

第四节　周期轮动下的大类资产表现

上一节我们得出了在宏观视角下，不同的货币与信用周期组合中表现最优的大类资产类别。本节我们从中观视角出发，进一步探究在四大周期中，股票（不同行业）、债券（不同久期）以及商品（不同品种）三类资产下，具体哪一细分领域表现更优。

股票市场投资时钟

我们将申万一级行业剔除国防军工并综合后分成周期类、大金融类、消费类、成长类四大板块，其中周期类进一步细分为上游、中游、下游（见表 5-13）。根据前文货币与信用周期的时间划分，按照市值加权平均数计算区间板块年化收益率，以探索板块间的轮动规律。

表 5-13 申万行业板块划分

行业板块划分		具体行业
周期类	上游	石油石化、有色金属、煤炭
	中游	钢铁、基础化工、公用事业、交通运输、环保
	下游	建筑材料、建筑装饰、汽车、机械设备
大金融类		银行、非银金融、房地产
消费类		轻工制造、商贸零售、社会服务、家用电器、纺织服饰、医药生物、食品饮料、农林牧渔、美容护理
成长类		计算机、传媒、通信、电力设备、电子

资料来源：Wind，泽平宏观。

值得说明的是，成长类股票表现较为特殊。在市场中的每个行业都会经历诞生期、成长期及成熟期，成长类股票中的计算机、电子等行业在时代的机遇下仍处在快速成长的阶段，因此在四个时期中表现都相对亮眼，具体体现出如下特征：

一是，成长类行业波动较大。如在 7 个衰退期中，成长类行业板块于 2004 ～ 2005 年、2011 ～ 2012 年和 2018 年 5 ～ 12 月录得最低年化收益率，分别为 −24.56%、−32.22% 和 −39.99%，但在共计 7 个衰退期中有 3 个衰退期成长类行业收益率排名第一，1 个收益率排名第二。可见成长类行业波动剧烈，但衰退期期间的年化平均收益率仍位居四个板块的首位，为 19.97%。

二是，成长类行业在衰退、复苏、过热和滞胀四个阶段中均表现亮眼。将收益率在当前阶段排名第一或第二作为表现获胜的划分标准，成长类行业收益率在 7 个衰退期中的 4 个排第一或第二，胜率为 57.1%；在复苏阶段、过热阶段和滞涨阶段中胜率分别为 83.3%、

42.9% 和 50%。

三是，成长类行业受到政策支持，多为我国目前大力发展的硬科技、新科技领域。我在前文提到过未来的大势就是降低房地产、金融、教育、互联网等行业的利润和垄断程度，并且减少和降低由此引发的过去长期对民生和实体经济的挤压和成本，大力发展制造业、硬科技、实体经济、新能源、新基建、资本市场等。百年未有之大变局，也是百年未有之大机遇。因此，成长类行业持续处于高速发展之中。

数据测算显示：

Ⅰ衰退期：除成长类板块外，大金融和消费类板块在衰退期抗跌能力相对较强（见表5-14）。衰退期为宽货币时期，银根放松，对利率敏感的大金融、消费类股票表现出色。在 7 个衰退期中有 3 个衰退期的大金融类板块收益率最高，3 个衰退期的消费类板块收益率第二。

表 5-14　衰退期各行业板块年化收益率表现　　　　　　（%）

衰退期	周期类	大金融类	消费类	成长类
2004 年 12 月～ 2005 年 12 月	−14.81	−0.62	−17.85	−24.56
2008 年 10 月～ 2008 年 12 月	−89.78	−66.22	−24.91	81.78
2011 年 12 月～ 2012 年 7 月	−17.37	−7.99	−14.13	−32.22
2014 年 8 月～ 2016 年 7 月	31.63	30.95	47.55	60.60
2018 年 5 月～ 2018 年 12 月	−34.21	−14.34	−37.30	−39.99
2019 年 11 月～ 2020 年 2 月	15.76	−4.32	8.65	83.98
2021 年 7 月～ 2022 年 2 月	5.33	−10.36	−22.87	10.19

资料来源：Wind，泽平宏观。

Ⅱ复苏期：除成长类板块外，大金融类板块是复苏阶段的最佳选择，周期类次之（见表5-15）。在宽货币＋宽信用背景下，各大板块同时受益于盈利改善和估值上升，股市呈现普涨。因此，对流动性宽松弹性最大的大金融类板块收益率最高。6 个复苏期中有 2 个复苏期的大金融类板块收益率最高。

表 5-15　复苏期各行业板块年化收益率表现　　　　　（%）

复苏期	周期类	大金融类	消费类	成长类
2002 年 12 月～2003 年 6 月	20.77	23.77	19.01	14.90
2006 年 1 月～2006 年 4 月	50.95	72.14	65.33	68.10
2009 年 1 月～2009 年 7 月	160.52	163.70	121.67	189.69
2014 年 4 月～2014 年 7 月	29.41	27.05	26.30	43.95
2019 年 1 月～2019 年 3 月	90.43	107.22	143.82	146.80
2020 年 3 月～2020 年 6 月	1.74	-4.70	83.52	19.21

资料来源：Wind，泽平宏观。

Ⅲ 过热期：消费类板块是过热阶段表现最佳的，周期类次之（见表 5-16）。过热期对应紧货币 + 宽信用，实体经济仍然景气，但是流动性开始转向，利率抬升导致金融资产估值下行，股市呈结构性行情。消费类板块现金流较为稳定，对流动性收紧相对不敏感，收益率较高。在 7 个过热期中，有 2 个过热期的消费类板块收益率排名第一，4 个排名第二，胜率达到 85.71%。

表 5-16　过热期各行业板块年化收益率表现　　　　　（%）

过热期	周期类	大金融类	消费类	成长类
2006 年 5 月～2008 年 2 月	296.77	317.45	177.35	232.04
2009 年 8 月～2009 年 12 月	-5.06	-0.97	78.94	34.78
2010 年 8 月～2010 年 12 月	38.06	0.65	66.38	105.53
2012 年 8 月～2013 年 5 月	12.94	4.51	15.82	47.53
2016 年 8 月～2016 年 12 月	26.68	1.88	21.49	9.40
2019 年 4 月～2019 年 6 月	-27.48	-0.37	-9.96	-34.04
2020 年 7 月～2020 年 10 月	45.39	2.00	51.67	18.43

资料来源：Wind，泽平宏观。

Ⅳ 滞胀期：消费类和成长类板块在滞胀阶段相对抗跌（见表 5-17）。在紧货币 + 紧信用阶段，实体经济景气度下滑，企业盈利恶化，利率上升、估值收缩，股票市场整体表现糟糕。其中，伴随政策对通胀的控制，折现率有所下行，长久期的成长类股票价值提升明显，相对抗跌。消费类板块由于现金流较为稳定，也表现为相对抗跌。在 8 个滞胀期中，有 3 个滞胀期的成长类板块收益率第一，1 个第二，总体胜率达到 50%；6 个滞胀期的消费类板块收益率第一或第二，胜率达到 75%（见表 5-18）。

表 5-17　滞胀期各行业板块年化收益率表现　　　　　（%）

滞涨期	周期类	大金融类	消费类	成长类
2003 年 7 月～2004 年 11 月	2.85	−20.84	−20.15	−4.54
2008 年 3 月～2008 年 9 月	−81.98	−74.70	−86.37	−101.76
2010 年 1 月～2010 年 7 月	−32.37	−0.38	7.82	36.04
2011 年 1 月～2011 年 11 月	−17.48	−8.55	−6.88	−17.49
2013 年 6 月～2014 年 3 月	−13.28	−17.17	6.25	13.68
2017 年 1 月～2018 年 4 月	2.01	7.87	7.57	4.44
2019 年 7 月～2019 年 10 月	−16.17	0.49	20.09	31.03
2020 年 12 月～2021 年 6 月	27.74	−13.75	30.00	22.76

资料来源：Wind，泽平宏观。

表 5-18　各行业板块收益率平均表现　　　　　　　（%）

阶段	周期类	大金融类	消费类	成长类
Ⅰ衰退期	−14.78	−10.42	−8.69	19.97
Ⅱ复苏期	58.97	64.86	76.61	80.44
Ⅲ过热期	55.33	120.12	57.39	59.10
Ⅳ滞胀期	−16.08	−15.88	−5.21	−1.98
均值	20.86	39.67	30.02	39.38

资料来源：Wind，泽平宏观。

按照所处的不同周期分板块来看，Ⅰ衰退期：大金融类板块中，非银金融行业表现最佳，平均收益率达到 5.1%；消费类板块中，医药生物行业相对来说较为抗跌，7 个衰退期中的 3 个收益率超过 20%；其他非重点行业大多表现较弱。**Ⅱ复苏期：大金融类板块**

中，收益率表现顺序为房地产行业 > 非银金融行业 > 银行业，平均收益率分别为 84.4%、80.7%、57.2%；其他板块内的行业也有较好行情，收益率均在 30% 以上。**III 过热期：消费类板块中**，美容护理表现亮眼，7 个过热期中共有 3 个收益率排名第一。**IV 滞胀期：成长类板块中**，计算机和电子行业较为抗跌，平均收益率均为正值，分别为 8.1% 和 4.1%；消费类板块中，美容护理和食品饮料相对更抗跌，8 个滞胀期中分别有 3 个、2 个滞胀期的收益率排名第一。

债券市场投资时钟

从理论上来说，债券市场在不同周期下，由于债券短端利率受货币政策影响较大，长端利率取决于基本面，利率走势及曲线形态存在明显特征。随着经济周期轮动，债券利率走势及曲线形态依次经历牛陡、熊陡、熊平、牛平（见表 5-19）。

表 5-19 在货币与信用周期下的债券周期划分

周期阶段	阶段特征	利率走势	曲线走势	周期阶段	阶段特征	利率走势	曲线走势
2002 年 12 月～2003 年 6 月	宽货币宽信用	震荡	平坦	2009 年 1 月～2009 年 7 月	宽货币宽信用	熊市	震荡
2003 年 7 月～2004 年 11 月	紧货币紧信用	熊市	陡峭	2009 年 8 月～2009 年 12 月	紧货币宽信用	熊市	震荡
2004 年 12 月～2005 年 12 月	宽货币紧信用	牛市	先平再震	2010 年 1 月～2010 年 7 月	紧货币紧信用	牛市	平坦
2006 年 1 月～2006 年 4 月	宽货币宽信用	震荡	平坦	2010 年 8 月～2010 年 12 月	紧货币宽信用	熊市	先陡再平
2006 年 5 月～2008 年 2 月	紧货币宽信用	熊市	先陡再平	2011 年 1 月～2011 年 11 月	紧货币紧信用	牛市	先陡再平
2008 年 3 月～2008 年 9 月	紧货币紧信用	牛市	先震再平	2011 年 12 月～2012 年 7 月	宽货币紧信用	牛市	陡峭
2008 年 10 月～2008 年 12 月	宽货币紧信用	牛市	陡峭	2012 年 8 月～2013 年 5 月	紧货币宽信用	熊市	平坦

（续）

周期阶段	阶段特征	利率走势	曲线走势	周期阶段	阶段特征	利率走势	曲线走势
2013年6月～2014年3月	紧货币紧信用	熊市	先平再陡	2019年4月～2019年6月	紧货币宽信用	熊市	平坦
2014年4月～2014年7月	宽货币宽信用	震荡	平坦	2019年7月～2019年10月	紧货币紧信用	震荡	震荡
2014年8月～2016年7月	宽货币紧信用	牛市	先陡后平	2019年11月～2020年2月	宽货币紧信用	牛市	陡峭
2016年8月～2016年12月	紧货币宽信用	熊市	震荡	2020年3月～2020年6月	宽货币宽信用	熊市	先陡后平
2017年1月～2018年4月	紧货币紧信用	熊市	先平再陡	2020年7月～2020年11月	紧货币宽信用	熊市	平坦
2018年5月～2018年12月	宽货币紧信用	牛市	陡峭	2020年12月～2021年6月	紧货币紧信用	牛市	先平再震
2019年1月～2019年3月	宽货币宽信用	牛市	震荡	2021年7月～2022年2月	宽货币紧信用	牛市	震荡

资料来源：Wind，泽平宏观。

现实中，**债券收益率曲线形态较少严格遵循从牛陡、熊陡到熊平、牛平的周期轮动**。我们以 10 年期中债国债到期收益率与 1 年期中债国债到期收益率数据，以及 10 年期减去 1 年期期限利差，确定期间内的利率走势以及曲线形态。周期划分显示，仅 2008～2010 年周期与 2019～2020 年周期，由于经济波动幅度较大，货币政策逆周期对冲特征明显，债券市场出现较为明显的轮动规律。

我们进一步选取中债中短期债券全价指数，以及中债中长期债券全价指数，对比在不同货币与信用周期下，不同期限债券的收益率情况。数据测算显示：

｜衰退期：债市 100% 走牛，但收益率曲线形态各有不同，配置长久期债券可以博得更高的利率下行收益率（见表 5-20）。

表 5-20 宽货币＋紧信用周期：长期债券弹性更好

	宽货币＋紧信用周期	利率走势	收益率形态	中债中短期债券全价指数收益率（%）	中债长期债券全价指数收益率（%）
1	2004 年 12 月～ 2005 年 12 月	牛市	先平再震	9.9	25.6
2	2008 年 10 月～ 2008 年 12 月	牛市	陡峭	5.7	8.2
3	2011 年 12 月～ 2012 年 7 月	牛市	陡峭	1.6	1.6
4	2014 年 8 月～ 2016 年 7 月	牛市	先陡后平	6.4	25.1
5	2018 年 5 月～ 2018 年 12 月	牛市	陡峭	3.3	8.0
6	2019 年 11 月～ 2020 年 2 月	牛市	陡峭	2.3	7.7
7	2021 年 7 月～ 2022 年 2 月	牛市	震荡	1.6	4.5

注：由于 2006 年 11 月前缺乏全价指数，该部分选择中债中短期与长期债券指数测算。
资料来源：Wind，泽平宏观。

Ⅱ 复苏期：债市以震荡市为主（占比 50%），收益率曲线形态整体趋于平坦，缩短久期有利于平衡风险收益。在复苏期（宽货币＋宽信用），震荡市占比 50%，熊市占比 33%，牛市占比 17%（见表 5-21）。中短期及长期债券在不同周期表现分化，但整体来看，宽货币＋宽信用周期下的震荡市，后续较多演变为熊市（占比 66%），调整投资组合、缩短久期有利于平衡风险收益。

表 5-21 宽货币＋宽信用周期：中短期及长期债券均有较好表现

	宽货币＋宽信用周期	利率走势	收益率形态	中债中短期债券全价指数收益率（%）	中债长期债券全价指数收益率（%）
1	2002 年 12 月～ 2003 年 6 月	震荡	平坦	2.4	2.3
2	2006 年 1 月～ 2006 年 4 月	震荡	平坦	1.0	1.0
3	2009 年 1 月～ 2009 年 7 月	熊市	震荡	−3.6	−6.8
4	2014 年 4 月～ 2014 年 7 月	震荡	平坦	1.4	4.5
5	2019 年 1 月～ 2019 年 3 月	牛市	震荡	0.0	0.4
6	2020 年 3 月～ 2020 年 6 月	熊市	先陡后平	−0.6	−3.0

注：由于 2006 年 11 月前缺乏全价指数，该部分选择中债中短期与长期债券指数测算。
资料来源：Wind，泽平宏观。

Ⅲ过热期：债市以熊市为主（占比 87.5%），收益率曲线整体偏平坦，中短期债券更加抗跌（见表 5-22）。

表 5-22　紧货币 + 宽信用周期：中短期债券更加抗跌

	紧货币 + 宽信用周期	利率走势	收益率形态	中债中短期债券全价指数收益率（%）	中债长期债券全价指数收益率（%）
1	2006 年 5 月～ 2008 年 2 月	熊市	先陡再平	2.7	−3.2
2	2009 年 8 月～ 2009 年 12 月	熊市	震荡	−0.5	−0.8
3	2010 年 8 月～ 2010 年 12 月	熊市	先陡再平	−2.9	−4.9
4	2012 年 8 月～ 2013 年 5 月	熊市	平坦	−0.5	−0.8
5	2016 年 8 月～ 2016 年 12 月	熊市	震荡	−1.9	−4.8
6	2019 年 4 月～ 2019 年 6 月	熊市	平坦	−0.4	−2.5
7	2020 年 7 月～ 2020 年 10 月	熊市	平坦	−1.5	−4.2

注：由于 2006 年 11 月前缺乏全价指数，该部分选择中债中短期与长期债券指数测算。
资料来源：Wind，泽平宏观。

Ⅳ滞胀期：债券缺乏明显趋势，需要相机抉择。如表 5-23 所示，在滞涨期（紧货币 + 紧信用），牛市占比 43%，熊市占比 43%，震荡市占比 14%，债市缺乏明显趋势。此时债券市场无明显的配置策略，从历史周期划分来说，紧货币 + 紧信用周期下，无论当期为熊市、牛市或震荡市，有 71% 的情况在下一周期演变为牛市，因此结合基本面情况，如果预期经济下行，货币政策放松，此时拉长久期有利于博得未来超额收益。

表 5-23　紧货币 + 紧信用周期：债市缺乏明确指向

	紧货币 + 紧信用周期	利率走势	收益率形态	中债中短期债券全价指数收益率（%）	中债长期债券全价指数收益率（%）
1	2003 年 7 月～ 2004 年 11 月	熊市	陡峭	−2.4	−17.1
2	2008 年 3 月～ 2008 年 9 月	牛市	先震再平	2.3	3.1
3	2010 年 1 月～ 2010 年 7 月	牛市	平坦	1.5	4.8
4	2011 年 1 月～ 2011 年 11 月	牛市	先陡再平	1.2	2.5

（续）

	紧货币＋紧信用周期	利率走势	收益率形态	中债中短期债券全价指数收益率（％）	中债长期债券全价指数收益率（％）
5	2013年6月～2014年3月	熊市	先平再陡	−4.2	−12.6
6	2017年1月～2018年4月	熊市	先平再陡	−2.1	−7.2
7	2019年7月～2019年10月	震荡	震荡	−0.1	−0.3
8	2020年12月～2021年6月	牛市	先平再震	0.8	3.5

注：由于2006年11月前缺乏全价指数，该部分选择中债中短期与长期债券指数测算。

资料来源：Wind，泽平宏观。

图5-10总结了债券市场的轮动周期与投资策略。

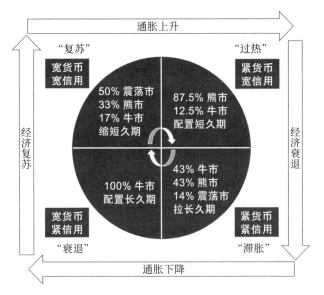

图 5-10　债券市场投资时钟

资料来源：泽平宏观。

商品投资时钟

我们通过计算南华商品指数区间收益涨幅来探究大宗商品内部板

块轮动。数据测算显示：

Ⅰ衰退期：贵金属在衰退阶段表现最佳。 在衰退阶段，以黄金为代表的贵金属，一方面可以避险，另一方面可作为组合资产改善风险收益特征。而传统商品资产受经济放缓影响，需求回落叠加产能过剩，工业品暴跌，但衣食等消费刚需支撑农产品板块相对较强。在7个衰退期中，有4个衰退期的黄金收益率第一，黄金年平均收益率为5.91%，而工业品、农产品年平均收益率分别为 −15.38%、−5.36%。

Ⅱ复苏期：工业品整体表现不错，金属板块是最佳选择。 经济景气度复苏，在地产、汽车和基建行业的拉动下，工业品需求旺盛，但由于产能不足，价格上涨。金属与地产等行业相关性强，表现优于能源化工。而此阶段，居民收入增长有限，消费能力不足，农产品表现较差。在5个有数据的复苏期中，金属板块收益率均表现最佳。工业品、金属、能源化工板块的年平均收益率分别为50.72%、71.56%、25.18%，农产品仅为0.2%。

Ⅲ过热期：过热期是美林投资时钟配置商品阶段，金属板块表现最佳。 经济景气度持续，通胀上行，工业品价格继续上涨。金属需求仍然强于能源化工，表现更好。在7个过热期中，有4个过热期的金属收益靠前，2个过热期能源化工收益靠前。各商品收益率平均在10%以上，其中金属收益率为33.33%，表现相对最差的黄金收益率也高达16.71%。

Ⅳ滞胀期：贵金属在滞胀阶段最为抗跌。 经济景气度下滑，工业需求放缓，产能由于过度乐观处于扩张阶段，供大于求，工业品价格下跌。在这一阶段，贵金属的避险属性凸显，抗跌能力强。在7个滞胀期中，有6个滞胀期的黄金收益表现靠前，年平均收益率为

4.93%，是各板块中的唯一正值。

表 5-24 与图 5-11 总结了大宗商品市场各板块在各个时期的收益率表现与投资策略。

表 5-24　大宗商品各板块收益率表现　　　　　（%）

阶段	工业品	农产品	金属	能源化工	贵金属
衰退期	−15.38	−5.36	−17.69	−16.64	5.91
复苏期	50.72	0.20	71.56	25.18	19.76
过热期	26.70	22.18	33.33	22.56	16.71
滞胀期	−5.25	−7.40	−4.91	−5.14	4.93
均值	14.20	2.40	20.57	6.49	11.83

资料来源：Wind，泽平宏观。

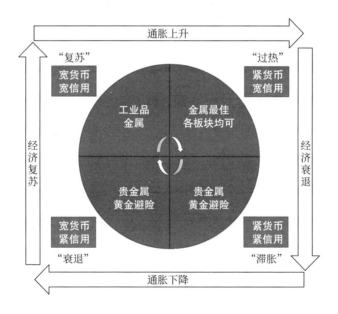

图 5-11　大宗商品投资时钟

资料来源：泽平宏观。

| 第六章 |

房地产周期

第一节　房地产是周期之母，十次危机九次地产

房地产是财富的象征、经济周期之母、金融危机的策源地、大类资产配置的核心。

房地产是财富的象征。从财富效应看，根据拉斯·特维德在《逃不开的经济周期》中的测算，在典型国家，房地产市值一般是 GDP 的 2～3 倍，是可变价格资产财富总量的 50%，远高于其他资产。以日本为例，1990 年日本全部房地产市值是美国的 5 倍，是全球股市总市值的 2 倍，仅东京都的地价就相当于美国全国的土地价格。根

据我在《中国住房市值报告：2021》中的测算，2000～2020年中国住房市值从23万亿元增加到418万亿元，增长了18.2倍，年均增长15.6%，超过名义GDP的12.3%。房地产领域长期以来超级富豪扎堆，且房子是居民家庭的主要资产之一。

房地产是周期之母。商品房兼具投资品和消费品属性，且产业链条长，房地产市场的销量、土地购置和新开工面积是重要的经济先行指标。从对经济增长的带动看，无论在发展中国家，还是在发达国家，房地产业在宏观经济中都起到了至关重要的作用。经济繁荣多与房地产带动的消费投资有关，而经济衰退则多与房地产去泡沫有关，比如1991年前后的日本、1998年前后的东南亚、2008年前后的美国。考虑到消费波动性小，所以经济波动主要看投资。在全社会固定资产投资的构成中，2020年房地产开发投资占比26.8%；制造业投资有一半左右跟房地产产业链相关；地方基建投资很大程度上受土地财政支撑；服务业部分领域投资跟房地产相关。我们测算广义房地产产业链完全带动的相关投资占比为51.5%，房地产带动了家电、家具、装修、银行、建筑、建材、玻璃、水泥等一系列后周期行业（见图6-1）。

房地产泡沫是金融危机的发源地。房地产是周期之母，对经济增长和财富效应有巨大影响，而且是典型的高杠杆部门，全球历史上大规模经济危机多与房地产有关，所谓"十次危机九次地产"。比如，1929年大萧条跟房地产泡沫破裂及随后的银行业危机有关，1991年日本房地产崩盘后陷入"失去的三十年"，1998年东南亚房地产泡沫破裂后许多经济体落入中等收入陷阱。

房地产是大类资产配置的核心。第五章中介绍的美林投资时钟研究了经济周期不同阶段股票、债券、商品、现金等收益率的表现，是大类资产配置的一个基本方法。房地产具有顺周期特征，而且可以加杠杆，因此可以放大财富效应。但是由于房地产在萧条时期流动性差，不适合进行短期投资。长期来看，多数国家大都市圈的房地产是少数能跑赢通胀的资产。过去 20 年，中国广义货币供应量 M2 年均增速为 15%，从各类资产价格看，绝大部分工业品、大宗商品、债券、银行理财等收益率都大幅跑输货币增速，只有少数的一二线地价、房价、牛股等收益率跑赢了印钞机。

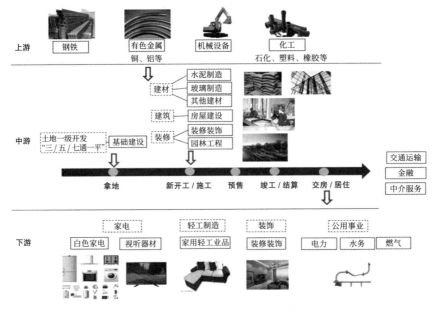

图 6-1 房地产带动家电、家具、银行、建材、水泥等后周期行业发展

资料来源：泽平宏观。

那些年关于房地产的争论和误解

自 1998 年房改以来，在社会舆论的巨大争议和此起彼伏的看空

声浪中，一线房价出现了持续、猛烈而巨大的涨幅，北上广深等一线城市的房价 10 年上涨了 6 倍。据说那些早期提出泡沫破裂、崩盘论的经济学家已经没有了听众。那些一度流行的看空逻辑，比如人口老龄化、房地产调控、城市化放缓、商品房存量大且空置率高、房价过高、房地产税试点等，都没有阻止房价的上涨。什么原因使过去 20 年一线房价只涨不跌？未来会再续辉煌吗？房地产风险在哪里？如何让房地产持续健康发展？

长期以来中国城市规划政策倾向于"控制大城市人口、积极发展中小城市和小城镇、区域均衡发展"，但人口仍不断在往大都市圈迁移，从而出现土地供给错配，人地分离，这造成了一二线城市高房价、三四线城市高库存。一些舆论和政策出于对"大城市病"的担忧，以交通拥堵、环境污染、资源约束为由，强调控制大城市特别是特大和超大城市人口规模。然而，国际经验表明，大城市比中小城市和城镇具有更大的集聚效应和规模效应，更节约土地和资源，更有活力和效率，这是几百年来城市文明的胜利，是城市化的基本规律。通过减少土地供应来控制大城市规模，同时，增加中小城市土地供应并控制人口的做法一方面与尊重市场在资源配置中的决定性作用相违背，另一方面也限制了人民分享大城市发展的好处。

社会各界经常把当前中国房地产泡沫风险与 1991 年的日本相比，日本在那次巨大的泡沫破裂以后陷入"失去的三十年"。事实上，日本在 1974 年和 1991 年分别出现了两次房地产大泡沫，泡沫程度旗鼓相当，但是第一次调整幅度小、恢复力强，原因在于经济中速增长、城市化尚有一定增长空间、适龄购房人口数量维持高位等提供了基本面支撑。但是，1991 年前后的第二次调整幅度大、持续时间长，原因在于经济长期低速增长、城市化进程接近尾声、适龄购房人口数量接近见顶等。从人均 GDP、城镇化率、增速换挡进程等指标特征来看，当前中国房地产市场具备 1974 年前后日本的很多特征，如经济有望中速增长、城镇化还有一定空间等基本面有利因素，如果调控得当，尚有转机。但我们同时也应看到，中国许多因素也和日本 1991 年前后相似，如一线城市房价过高、置业人群到达峰值等。

第二节　房地产长期看人口，中期看土地，短期看金融

经济总是从复苏、繁荣、衰退到萧条周而复始地轮回，经济周期在客观世界是市场经济中由个人或企业自主行为引发的商业律动，在主观世界则是亘古不变的人性。经济周期研究是进行经济形势分析、制定公共政策以及实施反周期宏观调控的基础。在第一章我曾介绍了现实中的经济运行是由多股商业周期力量叠加而成：短波的农业周期（又称蛛网周期）、中短波的库存周期（又称基钦周期）、中长波的设备投资周期（又称朱格拉周期）、长波的建筑周期（又称库兹涅茨周期）、超长波的创新周期（又称康德拉季耶夫周期），可参见第一章表 1-1。

研究房地产周期，我们首先要对关键词进行准确定义，房地产包括住宅和商业地产，其中以住宅为主。房地产兼具消费品属性（居

住需求，包括首次置业的刚需和第二次置业的改善性需求）和金融属性（投资或投机性需求，在价格的博弈中获得价差，并且可以加杠杆）。影响房地产周期的因素包括经济增长水平、收入水平、人口流动、城市化进程、人口数量和结构等长期变量，也包括土地政策等中期变量，还包括利率、抵押贷首付比、税收等短期变量。因此，房地产周期可以分为长、中、短周期，长期看人口、中期看土地、短期看金融。从房地产的供需角度看，人口、金融均属需求侧因素，土地则属于供给侧因素，人口、金融、土地综合决定房地产周期。衡量房地产周期的指标包括房屋的销量与价格、开发商的资金来源、土地购置面积与成本、新开工面积、投资额、库存量等，衡量房地产市场泡沫化程度的指标包括房价收入比、租金回报率、空置率等。

长期看人口：人口迁移的趋势、超大城市的未来、人地分离的解决之道、大都市圈战略的确立

人是经济社会发展的基本要素和动力，房地产周期在长期是人口周期的一部分。人口影响房地产市场的逻辑是：初期，在房地产周期的左侧，人口红利和城乡人口转移提升经济潜在增长率，居民收入快速增长，消费升级带动住房需求；20～50岁置业人群增加（其中20～35岁人群以首次置业为主，35～50岁人群以改善型置业为主，图6-2为统计的美国不同年龄段购房需求状况），带来购房需求和房产投资的高增长；高储蓄率和不断扩大的外汇占款使流动性过剩，推升房地产资产价格。随后，步入房地产周期的右侧，随着人口

红利消失和刘易斯拐点出现，经济增速换挡，居民收入放缓。随着城镇住房饱和度上升，置业人群达到峰值，房地产投资长周期拐点到来。

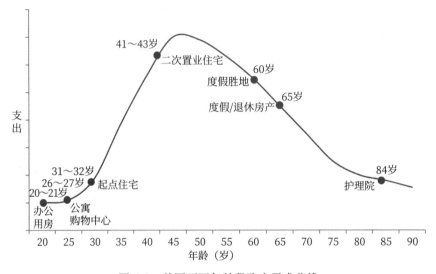

图 6-2 美国不同年龄段购房需求曲线

资料来源：美国人口普查局，泽平宏观。

从日本的数据中可以看出，出生人口和主力置业人群数量与房地产有显著正相关性。如图 6-3 所示，1960 ～ 1973 年日本出生人口数量从 161 万升至 209 万的峰值后逐渐下降，延后 20 年的住宅新开工量与出生人口数量有显著正相关性。如图 6-4 所示，20 世纪 70 年代开始，日本 20 ～ 50 岁主力置业人口增速放缓，在 1996 年达峰值后逐渐下降，住宅新开工量也由 1972 年的 186 万套峰值逐渐波动降至 2019 年的 91 万套。

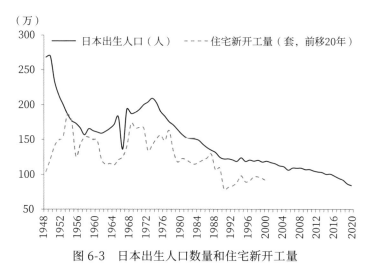

图 6-3 日本出生人口数量和住宅新开工量

资料来源：日本总务省统计局，泽平宏观。

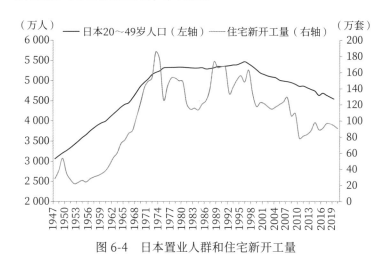

图 6-4 日本置业人群和住宅新开工量

资料来源：日本总务省统计局，泽平宏观。

中国 20 ～ 50 岁主力置业人群在 2013 年见顶，人口老龄化、少子化加剧，房地产正在迎来置业人群需求的长周期向下拐点，这是跟过去 20 年的最大不同，也是 2021 年房地产市场调整更为剧烈的深

层次原因，房地产市场从大开发时代步入存量时代，由高增长进入中速增长、高质量发展阶段。如图 6-5 与图 6-6 所示，在需求侧，中国 20 ～ 50 岁主力置业人群规模于 2013 年达峰值，而房地产投资增速在稍前的 2010 年达峰值后放缓，住宅新开工面积、商品住宅销售面积在稍后的 2021 年明显下降。我国人口老龄化、少子化加剧：少子化方面，总和生育率从 1970 年之前的 6 降至 2021 年的 1.15。老龄化方面，2033 年左右预计将进入老龄人口占比超过 20% 的超级老龄化社会，之后预计将持续快速上升至 2060 年的约 35%（见图 6-7）。在供给侧，城镇化进入尾声，房地产从大开发时代步入存量时代（见图 6-8）。1978 ～ 2020 年中国城镇住房套户比从 0.8 增至 1.09，从供给短缺到总体平衡。综合考虑城镇化进程、居民收入增长和家庭户均规模小型化、住房更新等，我预计 2021 ～ 2030 年中国城镇年均住房需求大致为 10.9 亿～ 13.5 亿平方米。

图 6-5 中国主力置业人群规模于 2013 年见顶

资料来源：国家统计局，泽平宏观。

图 6-6　中国置业人群和住宅新开工、销售面积

资料来源：国家统计局，泽平宏观。

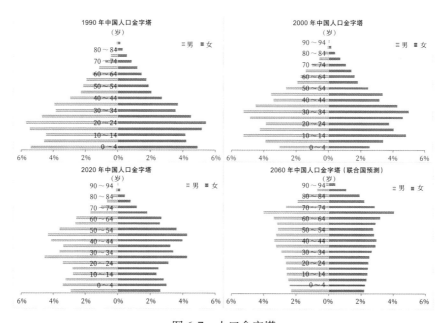

图 6-7　人口金字塔

资料来源：国家统计局，泽平宏观。

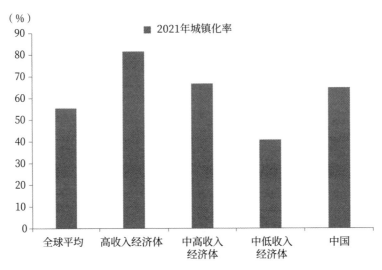

图 6-8 中国城镇化进入尾声

资料来源：世界银行，泽平宏观。

房地产发展有明显的阶段特征：从高速增长期到平稳或下降期、从数量扩张期到质量提升期、从总量扩张期到"总量放缓、结构分化"期。 根据典型工业化经济体房地产发展的经验，其发展过程具有明显的阶段性特征：①从高速增长期到平稳或下降期。在经济高速增长、居民收入水平快速提高、城镇化率快速上升的阶段，房地产销量和投资处于高速增长期，房价上涨有长期基本面支撑。当进入经济增速换挡、城镇化率放缓阶段，大部分人群的住房需求基本得到满足，大规模住宅建设高潮过去并转入平稳或者下降状态。住房开工量与经济增速以及城镇化水平的关联度下降，而与每年出生人口数量以及有能力、有意愿购买住房的适龄人口数量的关联性更强，房价受居民收入和利率政策影响较大。比如，20 世纪五六十年代西方国家出现的婴儿潮，以及成功实现追赶之后日本社会的超老龄化、超少子化，都对各自的房地产市场发展产生了显著的影响。②从数量扩张期到质量提升期。初期，住房饱和度不高，住宅开工量高速增长，以满足居民快速增长的最基本的首次置业居住需求。随着住房趋于饱和，居民对住宅质量、成套率、人居环境等改善性需求的要求提高。③从总量扩张期到"总量放缓、结构分化"期。综合典型国家城市化过程中经济发展阶段、产业结构和人口区域分布结构的关系来看，人口空间的分布大体上经历了农村、城市、大都市圈集聚三个阶段。

从发达经济体的经验看，美国、日本城市化分为两个阶段，第二阶段人口主要向一二线城市和大都市圈集聚。我们研究了人口迁移的国际规律和逻辑机理，发现以下规律。

第一，美国、日本等人口迁移分为两大阶段。第一阶段，人口从农村向城市迁移，不同规模的城市人口总量和占比均在上升。第一个阶段与经济快速增长、产业以低端制造业和资源性产业为主相关，城市化率还没有达到55%。第二个阶段主要是大都市圈化，人口从农村和三四线城市向大都市圈及其卫星城迁移，一些中小型城市人口增长放缓甚至净流出，而大都市圈人口比重继续上升，集聚效应更加明显，这可能与产业向高端制造业和现代服务业转型升级，以及大都市圈学校、医院等公共资源富集有关。对应的城市化率大致在55%～70%。我们还发现，在城市化率超过70%以后，人口继续向大都市圈集中，这时服务业占据主导地位。

第二，从日本的情况来看，在20世纪70年代日本经济增速换挡以前，人口大规模流入收入水平高且经济持续集聚的三大都市圈。1973年后，东京圈人口继续保持明显净流入，名古屋圈、大阪圈人口流入基本停滞。1985 ～ 1991 年，东京和大阪的土地价格升幅明显高于其他地区。从泡沫破裂至今，东京土地价格也更抗跌（见图 6-9 ）。

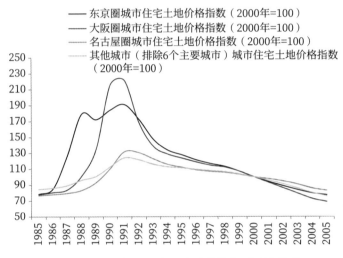

图 6-9　1991 年后东京圈土地价格相对更为抗跌

资料来源：日本总务省统计局，泽平宏观。

第三，从美国的情况来看，20 世纪 70 年开始，美国人口逐渐从相对衰落的五大湖区，向能源、现代制造和现代服务业主导的西海岸、南部的佛罗里达州和得克萨斯州集聚。1975 ～ 2020 年，加利福尼亚州、佛罗里达州、得克萨斯州三州的人口和房价的年均增速分别为 1.7%、5.1%，而同期"铁锈带"人口和房价增速分别为 0.2%、4.1%（见图 6-10 ）。

第四，大城市比中小城市和城镇具有更大的集聚效应和规模效应，更节约土地和资源，更有活力和效率，这是几百年来城市文明的胜利，是城市化的基本规律。

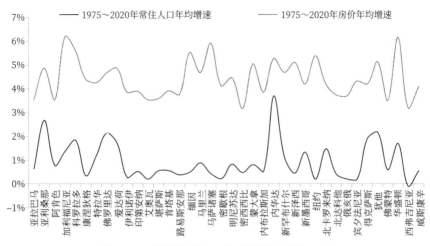

图 6-10　美国各州人口与房价增速较为一致

资料来源：美国联邦住房金融局，泽平宏观。

　　中国人口迁移经历了从"孔雀东南飞"到回流中西部，再到近年的粤浙人口再集聚和回流中西部并存，人口集聚分化促使房地产市场不断分化，需求向大都市圈、城市群和区域中心城市集中，一二线城市房价涨幅较大。2000 ～ 2020 年，33 个都市圈常住人口占比由 52.0% 升至 58.4%，GDP 占比由 63.2% 升至 74.4%。其中珠三角、长三角常住人口占比由 13.8% 升至 18.1%，GDP 占比由 27.2% 升至 32.9%。预计到 2030 年，1.3 亿新增城镇人口的约 80% 将分布在 19 个城市群，60% 将分布在长三角、珠三角、京津冀、长江中游、成渝、中原、山东半岛等七大城市群。把国家统计局公布的 70 个大中城市划分为一二三线城市，如图 6-11 所示，2011 ～ 2020 年一线城市常住人口、新建商品住宅价格、二手住宅价格年均增速分别为 2.4%、8.2%、8.3%，二线城市分别为 1.9%、5.2%、3.6%，三线城市分别为 0.4%、3.7%、2.0%，一二线城市增速远高于三线城市。

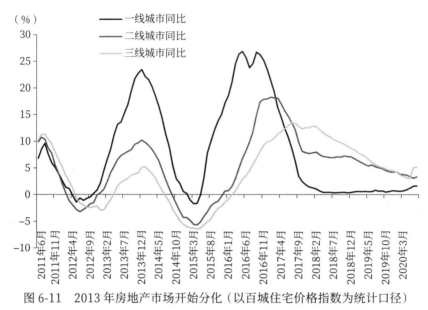

图 6-11 2013 年房地产市场开始分化（以百城住宅价格指数为统计口径）

资料来源：Wind，泽平宏观。

中期看土地：土地财政、地王之谜、人地错配

　　金融、人口因素是影响房地产需求的主要因素，而土地则是影响房地产供给的主要因素。由于从供地到开发商拿地，到开工，再到预售或竣工待售形成住房供给，存在 2 年左右的时滞，且土地供给政策及计划还可能通过预期传导直接影响当期房地产市场，因此，土地因素对房地产周期的影响主要在中期。土地供应量的多少是住房市场供求平衡和平稳运行的重要基础。如果出现短期内土地供应过多（或过少），极易造成住房供给过剩带来的供求失衡（或供应不足造成的房价过快上涨），因此，土地市场供求平衡对中期住房供求平衡十分重要。

　　在发达经济体，土地大部分为私有，在用途和规划管制下可自

由交易，在获得许可后建设住宅，但各国、各地区具体政策差异较大。国内外经验普遍表明，土地供给对一个地区房地产市场波动影响显著。德国房价之所以波动较小、长期稳定，一个重要原因就是住房供给稳定充足，1978 年住房套户比达 1.21。在日本，除货币宽松外，1985～1991 年房地产泡沫产生的另一个重要原因是土地投机过度、供给不足，且政府未能有效干预。在美国，2000～2006 年，严格土地供给的城市中房价年均涨幅约为弹性土地供给城市的 2 倍。中国香港土地租批和限制土地供给制度导致房价奇高，1985 年中国香港出台了"每年供地规模不超过 50 公顷"的政策规定，这是 1985～1994 年香港地区房价快速上涨的重要原因之一；2004～2011 年住房价格大幅上涨，或许也与 2002 宣布取消拍卖土地，之后暂停勾地一年，直至 2004 年 5 月再开始土地拍卖的政策有关。两年停止供地计划加剧了未来住房供给的短缺。2011 年和 2012 年中国香港房价大涨，恐怕与前期土地供应量不足也有一定关系。2008～2009 年，香港地区新增住宅用地只有 0.019 公顷；2010 年香港地区仅有约 19 800 个住宅单位建成，不到 2000 年的 1/4。

相比于美国、欧洲等土地私有化政策，中国内地与中国香港的土地政策较为类似。20 世纪 80 年代，内地改革开放，在土地政策方面引入了香港地区的经验，效仿了土地批租和限制土地供给制度。在内地房地产发展的历程中，整个发展轨迹乃至许多关键点均能看到香港模式的影子。从 25 年前"中国土地第一拍"在深圳落槌，到之后的制度（包括土地出让制度、预售制度、按揭制度等）、产品（包括外观、层高、园林、会所等），甚至营销模式、物业管理等运作规则都是在学习香港地区的基础上发展而来的。中国实行土地公有制，即城市土地国家所有、农村土地集体所有，由于宪法规定土地不允许买卖交易，中国制定了土地所有权与使用权分离的政策，对土地使用权实行出让、转让，实行国有土地有偿使用制度，并率先在深圳、广东、上海等试点，随后在全国推广，形成了中国土地财政制度。中国土地出让先是以协议出让为主，2002年后规定经营性土地出让的方式必须采取招拍挂，这些方式一定程度上助推了房价的持续上涨。有观点认为，香港地区的土地财政与限制土地供给会导致房价高涨、伤害民众福利和实体经济，不值得借鉴。

过去十多年地王频出，高地价与高房价有重要关系，这背后是可观的土地出让金。 2020年土地出让收入和房地产专项税合计占地方财政收入的37.6%，地价占房价六成左右。我们透过房价的构成，研究房地产市场的相关方、激励机制以及各自的行为模式，发现：

土地财政的历史和成因。 土地财政是指地方政府通过"经营土地"获得收入，包括以出让土地使用权为条件的土地出让金收入、与土地出让相关的各种税费收入、以土地抵押为融资手段获得的债务收入。土地财政的形成过程可概括为：在分税制改革后，中央上收财权但把大量外部性事权留在地方，地方政府事权多财权少，在中央允许和土地收储制度下，地方政府开始经营城市土地，政府对农地征收和土地用途变更的政府管制是土地财政的基础。在地方政府"GDP锦标赛"的激励下，受益于快速城镇化带来的房地产业呈爆发式增长，最终形成土地财政的独特现象。

土地财政是地方政府收入的核心。 如图6-12所示，从宏观层面看，2020年地方政府与房地产相关的收入总额为10.4万亿元，其中有土地出让金收入为8.4万亿元，5个房地产特有税种税收合计

1.97 万亿元。2012 ～ 2020 年土地出让金占地方财政收入的比例由
20.0% 增至 30.4%。2012 ～ 2020 年土地出让收入和房地产专项税
合计占地方财政收入的比重从 27.1% 升至 37.6%。2020 年土地出
让收入和房地产专项税占商品房销售额的 59.8%。从中观看，选取
北京、上海、广州、深圳、杭州、天津等 11 个城市进行房价构成核
算。2020 年，土地成本占房价的 43.8%，税收成本占 16.8%，建安
费用占 8.9%，企业毛利润为 30.6%，土地成本加税收成本占房价的
六成左右（见图 6-13）。将 2014 ～ 2020 年房价增速对土地价格增速
进行回归之后发现，土地价格每提高 1 个百分点，房价提高 0.2 个百
分点，土地价格上涨对房价上涨解释力很强。从微观看，选取万科集
团、保利地产、张江高科等 6 个企业进行房价构成核算，2010 年以
来随着地价上升，上市房企的营业收入中成本占比上升，利润占比下
降。2020 年拿地成本占房价四成以上，税收占比约 14%，政府这两
项收入之和占房价的六成左右。

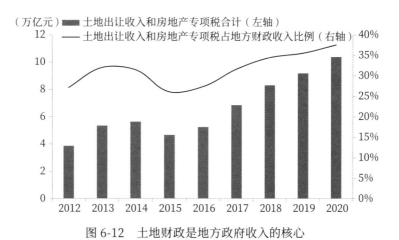

图 6-12 土地财政是地方政府收入的核心

资料来源：财政部，国家统计局，泽平宏观。

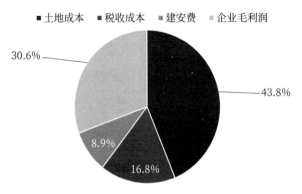

图 6-13 2020 年土地加税收成本占房价的六成左右

注：由于四舍五入的原因，最终总计不一定等于 100%。
资料来源：各地区统计局，中指院，泽平宏观。

　　除了土地财政制度之外，在土地资源计划配置、中小城市战略等因素影响下，**建设用地在城镇、乡村之间配置失衡，城镇用地在地区之间与城市之间配置失衡，人地分离、供需错配导致内地一二线城市房价过高、三四线城市房地产库存过高。**土地制度等因素限制了市场对人口和土地的有效配置，导致农民工不愿无偿放弃乡村宅基地，农民工群体在城镇和乡村"双重占地"。**中国城镇化战略长期存在"控制大城市规模、积极发展中小城市"的倾向，与人口迁移趋势背离。**按地区看，2010 ～ 2020 年，东部城市建设用地增速低于城镇人口增速 3.3 个百分点，而中部、东北、西部城市分别高 20.3、17.4、24.3 个百分点。按城市规模看（见表 6-1），2010 ～ 2020 年 1000 万人以上的城市城区人口增长 25.4%，但土地供给仅增长 2.6%；20 万人以下的城市人口增长 22.8%，土地供给增长 47.8%。按城市等级看（见图 6-14），2020 年一线、二线、三四线城市人均住房建筑面积分别为 26.4 平方米、34.6 平方米、37 平方米，套户比分别为 0.97、1.08、1.12。

表 6-1　2010 ～ 2020 年规模城市人口与土地增长情况

类型	个数	人均建设用地（m²）		增幅（%）	
		2010 年	2020 年	人口	建设用地
1000 万人以上城市	5	103.8	85.0	25.4	2.6
500 万～ 1000 万人城市	5	112.0	119.5	37.3	46.5
300 万～ 500 万人城市	12	115.9	123.2	37.7	46.4
100 万～ 300 万人城市	64	139.6	154.9	21.1	34.3
50 万～ 100 万人城市	92	119.0	148.9	18.8	48.6
20 万～ 50 万人城市	259	131.9	150.0	22.9	39.7
20 万人以下城市	248	139.8	168.4	22.8	47.8
合计	685	124.3	135.2	24.7	35.6

资料来源：自然资源部，国家统计局，泽平宏观。

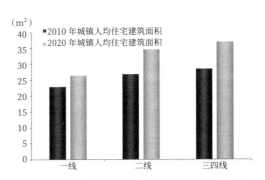

图 6-14　一二线城市人均住宅面积明显较小

资料来源：住建部，泽平宏观。

短期看金融：低利率、货币超发

　　金融政策（利率、流动性投放、信贷、首付比等）既是各个国家进行宏观经济调控的主要工具之一，也是对房地产市场短期波动影响最为显著的因素。商品房需求包括居住和投机需求，居住需求主要跟城镇化、居民收入、人口结构等有关，反映了商品房的商品属性；投机需求主要跟货币投放、低利率和土地供给有关，反映了商品房的金融属性。金融属性的驱动力主要是货币超发和低利率。根据货币数量方程"MV=PQ"，货币供应增速持续超过名义 GDP 增速，将推升资产价格。商品房具有很强的保值、增值的金融属性，是吸纳超发货币的重要资产池。住房的开发和购买都高度依赖银行信贷的支持，利率、首付比、信贷等政策将影响居民的支付能力，也影响开发商的资金回笼和预期，对房市供求波动影响较大。国内外房地产泡沫形成大多受低利率和充裕流动性的推动，而房地产泡沫破裂则大多可归因于加息和流动性收紧。

房地产短周期是指由利率、抵押贷款首付比、税收等短期变量引发的波动，通过改变居民的支付能力和预期使得购房支出提前或推迟。比如，如果政策为刺激房地产，下调利率和抵押贷款首付比，这将提高居民支付能力，通过鼓励居民加杠杆来透支住房需求。如果政策为抑制房地产，则可以采取提高利率和抵押贷款首付比的操作，以降低居民支付能力并延迟住房消费。由于商品房具有消费升级属性，且产业链条长，因此，房地产市场的销量、土地购置和新开工投资是重要的经济先行指标。一轮完整的房地产短周期为：政策下调利率和抵押贷款首付比，居民支付能力提高，房地产销量回升，商品房去库存，供不应求，开发商资金回笼后购置土地，加快开工投资，房价上涨，商品房作为抵押物的价值上涨会放大居民、开发商和银行的贷款行为；当房价出现泡沫化，政策上调利率和抵押贷款首付比，居民支付能力下降，房地产销量回落，商品房库存增加，供过于求，开发商资金紧张，放缓购置土地和开工投资进度，房价回落，商品房作为抵押物的价值缩水会减少居民、开发商和银行的贷款行为。在这个过程中，情绪加速器、抵押物信贷加速器等会放大房地产短周期的波动。

　　住房金融政策保持基本稳定是住房市场保持基本平稳的最重要条件。例如，德国在 1981 ～ 2011 年的房价平均涨幅是 1.5% 左右，这 30 年间实际利率水平基本维持在 8.5% 左右。中性稳健的货币政策与住房金融体系，是德国房价长期稳定的住房制度"三支柱"之一[⊖]。第二次世界大战后，德国央行首要目标是保持物价稳定，严格自律不超发货币。如图 6-15 所示，德国 M2 增速与经济增速基本匹配，货币供应水平合理，2020 年 M2 占 GDP 比重为 102.9%，在主要发达国家中处于中等水平，低于欧元区 126.2% 的平均水平。在稳健货币政策和温和通胀水平背景下，德国房价基本保持长期稳定，1970 ～ 2020 年名义房价指数上涨 185%，CPI 指数上涨 162%（见图 6-16）。

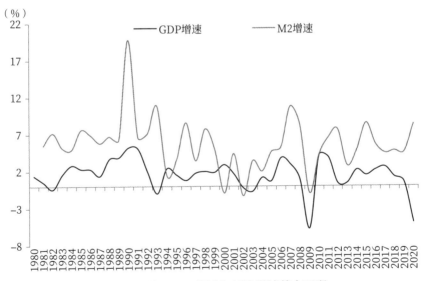

图 6-15　德国 M2 增速与经济增速基本匹配

资料来源：德国央行，世界银行，泽平宏观。

⊖　作者认为德国房价稳定三大支柱为：稳健的金融制度；均衡的税收制度；完备的租赁制度。

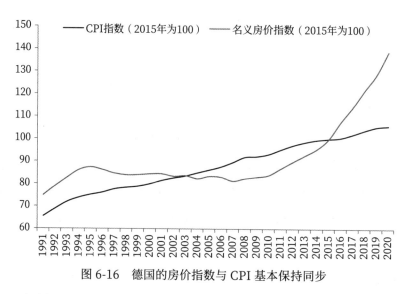

图 6-16　德国的房价指数与 CPI 基本保持同步

资料来源：德国国家统计局，OECD，泽平宏观。

　　住房金融政策的大幅调整是房地产泡沫产生和破灭的主要原因。
比如，日本、美国房地产泡沫的形成均与低息政策和流动性泛滥相
关，而泡沫破灭则与加息政策和流动性收紧直接相关。美国的经验表
明，住房金融政策与住房市场波动密切相关。上一轮美国房地产泡
沫，开始于 2001 年美联储的低息政策刺激：2001 ～ 2003 年，美联
储连续 13 次降息，累计降息 5 个百分点。至 2003 年 6 月，基准利
率降至 1%，美联储的低息政策一直延续到 2004 年上半年。在此期
间，过低利率刺激抵押贷款大幅增加，从而造成了房地产泡沫。随后
美联储的连续加息则刺破了美国房地产泡沫。2004 ～ 2006 年，美
联储连续加息 17 次，累计加息 4.25 个百分点，直至 2006 年 6 月基
准利率升至 5.25%。而美国标准普尔／CS 20 座大中城市房价指数
在 2006 年 6 月到达历史高点之后开始连续下跌，说明美联储加息政

策是刺破美国房地产泡沫的主要原因（见图 6-17）。日本的经验同样
表明住房金融政策与住房市场波动密切相关。日本的房地产泡沫与日
本央行的下调利率有密切关系：1986 ～ 1987 年，日本银行连续 5 次
降息，把中央银行贴现率从 5% 降低到 2.5%，不仅为日本历史之最
低，也为当时世界主要国家之最低，日本央行维持低息政策长达两年
之久。低息政策促进了房地产市场的空前繁荣，这反映在土地价格的
迅速上涨上。与美国相同，日本央行随后的加息政策刺破了日本房地
产泡沫（见图 6-18）：1989 年 5 月 31 日，日本央行加息 0.75 个百分
点，此后的 15 个月内，日本央行 4 次加息，将中央银行贴现率提高
到 6%。连续加息对日本房地产市场造成了巨大打击，东京圈城市土
地价格开始了长达 15 年的持续下跌。

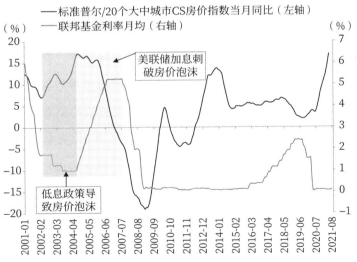

图 6-17　美联储低息政策导致房价形成泡沫，加息导致泡沫刺破

资料来源：美联储，泽平宏观。

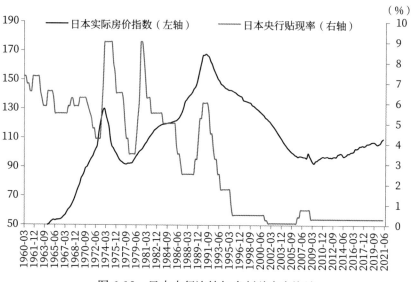

图 6-18　日本央行连续加息刺破房产泡沫

资料来源：OECD，世界银行，泽平宏观。

在经济发展过程中，绝大部分国家或地区均存在不同程度的货币超发，从而引发房价上涨（见图 6-19）。从国内看，货币超发、利率下行对房价的刺激作用也是十分明显，融资收紧导致房价下行。例如，1993 年央行大幅加息是海南房地产泡沫破裂的重要原因。作为当年宏观调控的 16 条措施之一，1993 年 5 月 15 日和 7 月 11 日，央行进行了两次加息，累计加息 234 个基点，导致海南房地产泡沫破裂。据《财经》杂志 2007 年文《20 世纪 90 年代海南房地产泡沫警示》，当时海南省"烂尾楼"高达 600 多栋，共计 1600 多万平方米，闲置土地 18 834 公顷，积压资金 800 亿元，仅四大国有商业银行的坏账就高达 300 亿元。2021 年的货币紧缩、三道红线、贷款集中度管理制度、严查经营贷、加强预售金监管等政策从房企、银行、居民和地方政府四个维度减少现金流，导致房地产市场调整。

　　1998 年房改以来，中国一线城市房价涨幅较大，除了跟城镇化、经济增长和居民收入有关之外，还跟货币超发有关。房价上涨有没有泡沫，首先要区分基于基本面支撑的正常上涨和基于货币现象投机性需求的非正常上涨。过去几十年中国房价持续上涨存在一定基本面支撑：经济高速增长、快速城镇化、居民收入持续增长、20 ～ 50 岁购房人群不断增加和家庭小型化。1978 ～ 2020 年，中国 GDP 年均名义增长 9.28%，城镇居民可支配收入年均名义增长 8.27%。1978 ～ 2020 年，中国城镇化率从 17.92% 上升到 63.9%，城镇人口从 1.7 亿增加到 9 亿，净增 7.3 亿人，其中 20 ～ 50 岁购房人群不断增加。家庭小型化趋势也十分明显，人口普查数据显示，1982 年我国平均每户家庭人数 4.41 人，2000 年为 3.44 人，2010 年为 3.1 人，2020 年为 2.62 人。2000 ～ 2020 年尤其 2014 ～ 2016 年房价涨幅远远超过了城镇化和居民收入增长等基本面数据所能够解释的范畴。2001 ～ 2020 年，M2、GDP、城镇居民可支配收入的名义增速年均分别为 14.9%、9.28%、8.89%，平均每年 M2 名义增速分别超过 GDP、城镇居民可支配收入名义增速 5.62、6.01 个百分点。M2 名义增速超过 GDP 名义增速较高的年份往往是房价大涨的年份，2015 ～ 2016 年房价大涨，相当大程度上是货币现象，即低利率和货币超发。2015 年，"330 新政"、下半年的两次双降使 M2-GDP 达 6.3%，房价启动猛涨模式。2020 年疫情期间其他国家和地区房价涨幅较大也源于宽松的货币政策（见图 6-19）。近一年，主要经济体房价平均上涨超 7%，其中新兴经济体的土耳其上涨 32%（见图 6-20），发达国家的新西兰上涨 22%。货币宽松政策下的市场上流动资金变多，并通过企业纾困资金、失业救济金等方式到了民众手中。同时在宽松的货币政策下，房贷利率降低，货币贬值让民众急于寻找保值资产，具备保值、增值属性的房地产成为投资的首选，因此房价上涨。由于中国城镇化速度、居民收入增速和货币超发程度（M2-GDP）超过美国、日本等主要经济体，叠加一二线热点城市土地供给不足，因此中国房价涨幅较大。图 6-21 与图 6-22 展现了货币超发、货款利率与房价的关系。

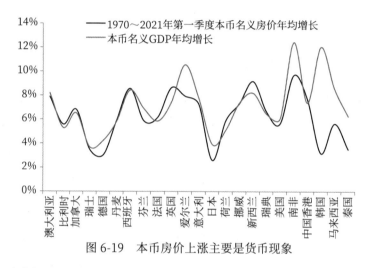

图 6-19　本币房价上涨主要是货币现象

资料来源：BIS，世界银行，泽平宏观。

图 6-20　新兴经济体房价涨幅大于发达经济体

资料来源：BIS，泽平宏观。

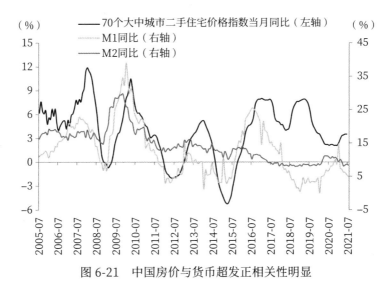

图 6-21 中国房价与货币超发正相关性明显

资料来源：国家统计局，中国人民银行，泽平宏观。

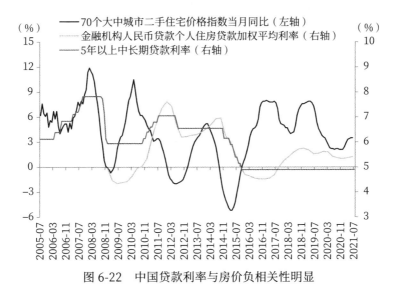

图 6-22 中国贷款利率与房价负相关性明显

资料来源：国家统计局，中国人民银行，泽平宏观。

第三节　如何衡量房地产市场风险？

十次危机九次地产，我们研究了全球历次房地产大泡沫的产生、疯狂、轰然崩溃及启示，包括 1923 ～ 1926 年美国佛罗里达州房地产泡沫与大萧条、1986 ～ 1991 年日本房地产泡沫与"失去的三十年"、1992 ～ 1993 年中国海南房地产泡沫、1991 ～ 1997 年东南亚房地产泡沫与亚洲金融风暴、2001 ～ 2008 年美国房地产泡沫与次贷危机。往事并不如烟，时代变迁人性不变。研究发现：

历次房地产泡沫的形成在一开始都有经济增长、城镇化加建、居民收入水平提高等基本面支撑。比如 1923 ～ 1925 年美国佛罗里达州房地产泡沫一开始跟美国经济的"一战"景气和旅游兴盛有关，1986 ～ 1991 年日本房地产泡沫一开始跟日本经济成功转型和长期繁荣有关，1991 ～ 1996 年东南亚房地产泡沫一开始跟"亚洲经济奇迹"和快速城镇化有关。

虽然时代和国别不同，但历次房地产泡沫走向疯狂则无一例外都是受到流动性过剩和低利率的刺激。由于房地产是典型的高杠杆部门（无论需求端的居民抵押贷还是供给端的房企开发贷），因此其对流动性和利率极其敏感，流动性过剩和低利率将大大增加房地产的投机需求和金融属性，脱离居民收入、城镇化等基本面。1985 年日本签订《广场协议》后为了避免日元升值对国内经济的负面影响而持续大幅降息，1991 ～ 1996 年东南亚经济体在金融自由化下国际资本大幅流入，2000 年美国网络泡沫破裂以后为了刺激经济持续大幅降息。中国自 2008 年以来有三波房地产周期性回升，2009 年、2012 年、2014 ～ 2016 年，除了有经济中高速增长、快速城镇化等基本面支撑外，每次都跟货币超发和低利率有关，2014 ～ 2016 年尤为明显，在经济衰退背景下主要靠货币刺激。

政府支持、金融自由化、金融监管缺位、银行放贷失控等对房地产泡沫起到了推波助澜、火上浇油的作用。政府经常基于发展经济的目的刺激房地产：1923 年前后，佛罗里达州政府大举修建基础设施以吸引旅游者和投资者；1985 年后，日本政府主动降息以刺激内需；1992 年海南设立特区后鼓励投资开发房地产；2001 年小布什政府实施"居者有其屋"计划。金融自由化和金融监管缺位使得过多货币流入房地产：1986 年前后日本加快金融自由化和放开公司发债融资；1992 ～ 1993 年海南的政府、银行、开发商结成了紧密的铁三角，1991 ～ 1996 年东南亚国家加快了资本账户的开放导致大量国际资本流入；2001 ～ 2007 年美国影子银行兴起导致过度金融创新。由于房地产的高杠杆属性，银行放贷失控将导致火上浇油，房价上涨、抵押物升值会进一步助推银行加大放贷，甚至主动说服客户抵押贷款、零首付购房、加杠杆，在历次房地产泡沫中银行业都深陷其中，从而导致房地产泡沫危机既是金融危机，也成了经济危机。

虽然时代和国别不同，但历次房地产泡沫崩溃都跟货币收紧和加息有关。风险是涨出来的，泡沫越大，破裂的可能性越大，调整也越深。日本央行从 1989 年开始连续 5 次加息，并限制对房地产贷款和打击土地投机，1991 年日本房地产泡沫破裂。1993 年 6 月 23 日，国内暂时终止房地产公司上市、全面控制银行资金进入房地产业，24 日国务院发布《关于当前经济情况和加强宏观调控的意见》，海南房地产泡沫应声破裂。1997 年东南亚经济体汇率崩盘，国际资本大举撤出，房地产泡沫破裂。美联储从 2004 年 6 月起两年内连续 17 次调高联邦基金利率，2007 年次贷违约大幅增加，2008 年次贷危机全面爆发。

如果缺乏人口、城镇化等基本面支持，房地产泡沫破裂后调整恢复时间更长。 就如前文所述日本房地产在 1974 年和 1991 年出现过的两轮泡沫。2008 年美国房地产泡沫破裂以后没有像日本一样陷入 "失去的三十年"，而是房价再创新高，主要是因为拥有美国开放的移民政策、健康的人口年龄结构、富有弹性和活力的市场经济与创新机制等。

每次房地产泡沫破裂造成的其影响都大而深远。 1926 ～ 1929 年房地产泡沫破裂及银行业危机引发的大萧条从金融危机、经济危机、社会危机、政治危机最终升级成军事危机，对人类社会造成了毁灭性的打击。1991 年日本房地产崩盘后陷入 "失去的三十年"，经济低迷、不良资产高企、居民财富缩水、长期通缩。1993 年海南房地产泡沫破裂后，不得不长期处置 "烂尾楼" 和不良贷款，当地经济长期低迷。2008 年次贷危机至今，美国经济经过 3 轮量化宽松和零利率调控才走出衰退，而欧洲、日本经济在 QQE[⊖] 和负利率的刺激下才走出低谷，中国经济从此告别了高增长时代，至今，次贷危机对全球的影响仍未完全消除。

定量评估

在过去一段时间货币超发、低利率和政策鼓励居民加杠杆的刺激，深刻影响了中国一二线城市房价、地价。 中国房地产泡沫风险有多大？体现在哪些环节？我们从绝对房价、房价收入比、库存、租金回报率、空置率、杠杆等方面进行了定量评估。研究发现：

①绝对房价：全球前十二大高房价城市中国占四席。过去中国是

⊖ 指利率为负的量化加质化货币宽松。

房价收入比高，经过 2014～2016 年这一波上涨，现在是绝对房价高。根据 Numbeo 2021 年 6 月数据，绝对房价前 10 的城市中，香港、深圳、北京、上海等城市中心区域房价分别位居前四（见图 6-23）。

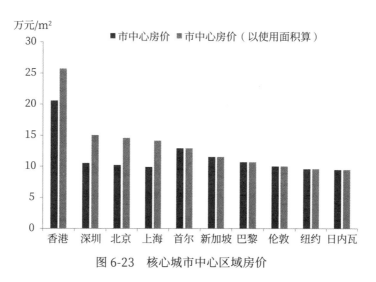

图 6-23　核心城市中心区域房价

资料来源：Numbeo，泽平宏观。

②房价收入比：一二线城市偏高，三四线城市基本合理。最新全球房价收入比最高的十大城市里面，北上广深占据前四（见图 6-24）。中国一二线城市和三四线城市房价收入比的巨大差异可能反映了两个现状：一是收入差距效应，高收入群体向一二线城市集中；二是公共资源溢价，医院、学校等向一二线城市集聚。

③库存：如图 6-25 所示，库存去化压力比较大的城市大多为中小城市，且多集中在中西部、东北及其他经济欠发达地区，这与三四线城市过度投资、人口及资源向一二线城市迁移的过程相符。从美国、日本等国的国际经验看，后房地产时代人口继续向大都市圈迁移，农村、三四线城市等面临人口净流出的压力。因此，一二线城市

主要是价格偏高风险，三四线城市主要是库存积压风险。

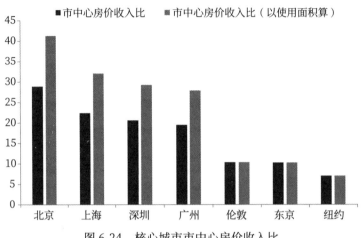

图 6-24 核心城市市中心房价收入比

资料来源：Numbeo，泽平宏观。

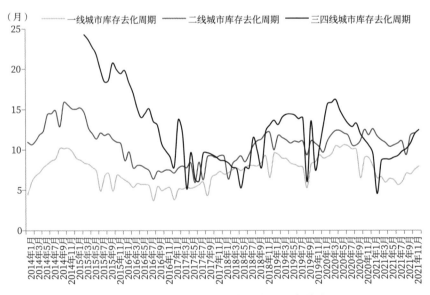

图 6-25 中国三四线城市库存去化压力较大

资料来源：Wind，泽平宏观。

④租金回报率：整体偏低。如图 6-26 所示，根据 Numbeo 2021
年 6 月数据，纽约市中心与外围区的租金回报率分别为 4.74%、
5.63%，伦敦为 3.40%、4.77%，东京为 2.76%、2.41%，而北京、
上海、广州、深圳市中心租金回报率分别为 1.66%、2.08%、1.49%、
1.22%，外围区租金回报率分别为 1.99%、2.04%、1.44%、1.35%。
中国的房地产并非只有简单的居住功能，而是一个捆绑着很多资源的
综合价值体，比如户籍、学区、医院等。国人对房子和家有一种热爱
以及文化依赖的归属感，住房自有率在国际上较高。

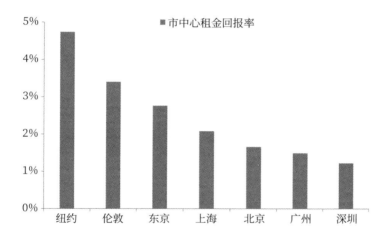

图 6-26 核心城市中心区域租金回报率

资料来源：Numbeo，泽平宏观。

⑤空置率：三四线城市高于一二线城市。中国房地产空置率比较高，
积压严重，三四线城市比一二线城市更严重。从住宅看，中小城市空置
率更高可能是因为过度建设，大城市的空置率可能跟过度投机有关。

⑥杠杆：房地产杠杆包括需求端的居民借贷杠杆和供给端的开发
商债务杠杆，它衡量了财务风险。居民杠杆快速上升但总体不高，开

发商资产负债率快速上升。与国际数据相比可以看到，中国居民杠杆水平低于主要发达经济体。2021 年我国房地产贷款余额占总贷款比例为 27.4%，虽然近些年这个比例不断攀升，但比美国水平低很多，美国次贷危机以来不动产抵押贷款占银行信贷的比重持续下降，但仍高达 33%。

第四节　如何促进房地产健康发展？短期调控，长效机制

房地产税是长效机制的重要支柱，近期房地产税改革加快，2021年 10 月房地产税试点改革方案获得授权通过，12 月财政部要求做好房地产税试点准备工作。房地产税试点进程为什么加快？房地产税的可能方案是什么？真的能有效抑制房价吗？我们的研究发现：

（1）从国际经验看，国内房地产税改革具有必要性和急迫性。房地产税通常被成熟市场经济体作为地方财政收入的重要和稳定来源。随着存量房时代下土地出让金减少、交易环节税收减少，作为保有环节税收——房地产税改革的紧迫性上升。当前中国房地产税负结构呈"重增量轻存量、重建设交易轻保有"的特征，房地产行业税负远高于全国整体水平。房地产税改革是对各环节税赋的调整，若对居民住房开征房地产税，则应相应减少交易环节税负，同时，简并税种、优化税收结构，为以房地产税替代土地出让收入创造条件。

（2）房地产税试点进程加快的主要原因是：疫情、房地产市场萧条、土地大面积流拍、中小企业经营困难等对地方财政冲击较大，地方财政吃紧，需要筹集新的财源；落实"房住不炒"，调控房价，"引

导住房合理消费和土地资源节约集约利用，促进房地产市场平稳健康发展"。

（3）房地产税可能试点方案：试点地区应该以房价上涨压力较大的热点城市为主，比如长三角、珠三角、京津冀等地区以及部分区域中心城市；预计北京、上海、广州、深圳、重庆、杭州、宁波、苏州、东莞、三亚、海口、成都、西安、无锡、合肥、厦门等热点城市逐步纳入房地产税试点的可能性较大。征收方案为在国务院确定的基本原则下，各地因城施策。考虑到这次是先试点、后立法，为快速推动，可能会采取相对简单的方案，即按照家庭人数确定抵扣面积和金额后，按照平均税率进行征收，因此方案不会太复杂，以保障快速启动，后续逐步完善。

（4）房地产税的影响：对房地产市场，短期有影响，长期影响不大。虽然没有最好的时机，但是2022年初房地产市场确实风雨飘摇，处在20年来最冷的寒冬，因此试点方案出手不宜太重。房地产长期取决于供求，房地产税对人口流出、商品房过剩的地区，可能雪上加霜；对人口流入、商品房供不应求的地区，虽然短期有冲击，但可能会通过房价或租金进行转嫁。人口流入情况可参照图6-27与图6-28。

促进房地产持续健康发展，关键是以城市群战略、人地挂钩、控制货币和房产税为核心加快构建长效机制，推动房地产供给侧结构性改革。

（1）以常住人口增量为核心改革"人地挂钩"，优化土地供应。未来应推行新增常住人口与土地供应挂钩、跨省耕地占补平衡与城乡用地增减挂钩，允许跨区域用地指标买卖，如东北和西部地区售卖用地指标，可以有效解决目前东北、西部地区用地指标大量浪费的问题，严格执行"库存去化周期与供地挂钩"原则。丰富商品房、租赁

房、共有产权房等多品类的供给形式，形成政府、开发商、租赁中介
公司、长租公司等多方供给格局。

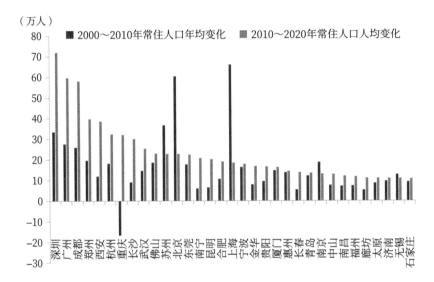

图 6-27　2010 ～ 2020 年深圳、广州、成都年均人口增量超 55 万人

资料来源：国家统计局，泽平宏观。

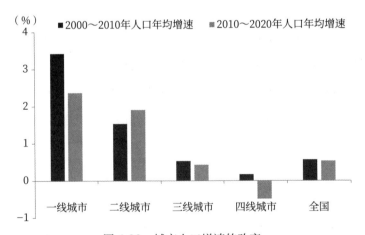

图 6-28　城市人口增速的改变

资料来源：国家统计局，泽平宏观。

（2）**保持货币政策和房地产金融政策长期稳定。**实行长期稳定的住房信贷金融政策，稳定购房者预期，支持刚需和改善型购房需求，同时抑制投机性需求。规范房企融资用途，防止过度融资，同时支持房企合理融资需求，提供一些时间让存在问题的房地产企业有自救机会。

（3）**适时适度通过并购重组的方式化解风险。**当一个企业体量很大时，如果它轰然倒下，会造成很大的社会和金融问题。企业之间的并购重组，国家可考虑给予其金融工具的支持。行业内部的并购重组，是企业自身在化解风险，政府可以给予并购贷款、并购债的支持。

（4）**稳步推动房地产税试点。**随着大开发时代结束，存量房时代下土地出让金减少、交易环节税收减少，推出房地产税是大势所趋。从国际经验看，房地产税通常被成熟市场经济体作为地方财政收入的重要和稳定来源。2021 年 10 月 23 日，《全国人民代表大会常务委员会关于授权国务院在部分地区开展房地产税改革试点工作的决定》发布，预计未来房地产税将在房价上涨压力较大的热点城市试点，力度大于上海和重庆现有试点，试点后将逐步扩围。

（5）**加快推广房企分级评价制度，完善房地产行业风险预警机制。**推广分级评价制度，完善房企分级评价的制定，如对债务未延期、合理融资的房企，维护其融资权利，对出现债务违约和债券到期未及时兑付的房企，分类做好违约信息披露，规范和约束其后续融资行为。根据实际情况，建立一套因地制宜的、动态的监测指标体系，以准确判断，及早发现房地产金融风险，一旦监测指标出现异常变化，及时采取相关应对措施进行处置和调节。

第七章

黄金的三维分析框架

相较于房地产，黄金投资具有交易便捷、准入门槛低等特点。回顾历史，黄金作为一种长期投资工具，在储存财富、对冲通胀和货币贬值等方面表现优异。

1944 年 7 月，45 个国家代表齐聚美国布雷顿森林市达成一致协定，各国货币盯住美元，各国财政部和央行按照 35 美元 /oz[⊖]与美国兑换黄金，此后黄金价格长期保持稳定。随着美国进口下降而对外投资不断增加，叠加冷战、朝鲜战争及越南战争，美国黄金库存降低，1971 年 8 月 9 日，美国总统尼克松宣布"美国已无力履行美元与黄

⊖ 盎司，$1oz \approx 28g$。

金挂钩的国际承诺"，布雷顿森林体系失效。

1976年1月8日，国际货币基金组织在牙买加会议上通过了关于国际货币制度改革的协定，允许黄金与外汇、本币进行便捷兑换。自此，黄金的价格开始受各市场因素综合影响，金价进入自由浮动时期。**黄金同时具有货币属性、金融属性和商品属性，这三种属性共同决定金价走势，本章从这三个属性入手，建立黄金的分析框架。**

第一节 黄金的货币属性

黄金曾经长时间作为货币存在，"货币天然不是黄金，但黄金天然是货币"。一方面，黄金具有易分割、难以毁坏、单位价值高、易鉴别等特性，是历史上优质的货币载体；另一方面，在当前的信用货币制度下，黄金仍然具备储备功能和支付功能，因此发达国家央行仍大量储备黄金，且新兴市场国家央行国际储备多元化的一大方向就是增持黄金。

黄金作为货币时，其价格受两大因素影响，一是与计价货币美元之间的替代性，二是作为货币的避险属性。

黄金价格与美元指数呈负相关

美元指数对于黄金的影响分为两个层面：一是国际市场上黄金由**美元标价**，所以美元指数直接影响黄金价格，当美元下跌时，由于黄金本身价值没有发生变化，所以体现为金价上涨，两者关系偏向于同一现象的反向指标；二是黄金与美元同时具有货币属性，有相互替代效应，当美元价值下降时，黄金作为货币的地位上升，价格上涨，两者偏向因果关系。从历史数据来看，黄金价格与美元指数具有一定的负相关性，相关系数为 −0.42（见图 7-1）。

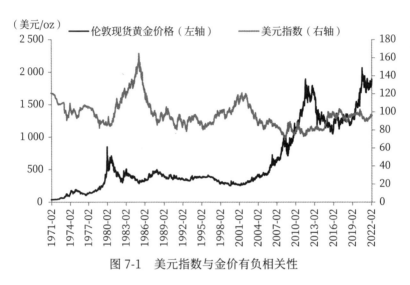

图 7-1　美元指数与金价有负相关性

资料来源：Wind，泽平宏观。

黄金价格与风险指数呈正相关

随着人类货币进入信用本位，当国家信用出现危机时，信用货币会发生贬值，即货币本身相对于外界的购买力会发生贬值。为了保持自己的资产水平不受侵害，居民会将自己的货币资产尽可能地转换为其他不受影响的通货。**在危急时刻，相比美元、瑞士法郎等同样具有避险属性的信用货币，黄金作为一般等价物，有着得天独厚的历史地位，是社会公认的更加安全的避险资产，因此此时金价上涨。**

VIX 是标普 500 指数的成分股期权隐含波动率加权平均后所得的指数，常被称为投资人恐慌指数。我们以 VIX 作为风险指数，代表对市场未来风险程度的预期。**从历史数据来看，在 2012 年欧债危机、2016 年英国脱欧公投和 2020 年新冠肺炎疫情冲击期间，金价与风险指数均有较为明显的相关性**（见图 7-2）。

图 7-2　金价一定程度反映风险指数

资料来源：Wind，泽平宏观。

第二节　黄金的金融属性

黄金作为大类资产之一，具有金融投资品的属性。黄金作为金融工具时，其价格受两大因素影响：一是由于黄金"零票息"，其价格与实际利率水平呈负相关；二是作为保值投资品，其价格与通胀水平呈正相关。

黄金价格与实际利率水平呈负相关

实际利率是影响黄金价格重要因素之一。黄金具有"零票息"特征，投资者持有黄金的唯一收益来自金价上涨，由于黄金不能生息，因此当实际利率上升时，持有股票、债券等其他生息资产收益更高，金价下跌，当实际利率下降时，持有其他金融资产收益下行，黄金相对价值提升，金价上涨，即实际利率是持有黄金的机会成本。

如图 7-3 所示，以美国 10 年期通胀指数国债（TIPS）收益率作为实际利率水平指标，从历史数据来看，TIPS 与金价有着明显的**负相关性，相关系数达 −0.91。全球主要经济体进入负利率后，黄金相对价值显著提升**。金融危机后，各国加大货币政策刺激力度，2014 年起欧洲央行、日本央行陆续实施负利率政策，全球负利率债券规模迅速提升，降低了投资黄金的机会成本，黄金相对价值显著提升。

图 7-3 实际利率与金价负相关性明显

资料来源：Wind，泽平宏观。

黄金价格与通胀水平呈正相关

黄金投资具有保值价值，当发生严重通货膨胀时，黄金能够减少货币贬值带来的亏损，降低市场风险。尽管各个国家的通货膨胀水平受各国自身经济政策的影响，但通货膨胀周期往往具有一致性，在各国通货膨胀水平上行的期间，黄金价格也随之上涨。**从历史数据来看，通货膨胀与黄金价格整体存在一定相关性，美国通货膨胀数据与黄金价格相关性达 0.45。**

　　然而黄金与通货膨胀的关系存在两个特征：一是在通货膨胀稳定阶段，通货膨胀与金价相关性较弱，但在通货膨胀大幅波动阶段，金价往往有明显涨幅（见图 7-4）；**二是**总体来看，黄金价格的高点比 CPI 高点领先了 2 ～ 4 个月，也就是说，真正影响黄金价格的应该是通货膨胀预期。我用原油期货价格衡量通货膨胀的预期，检测通货膨胀预期是否会推高黄金价格。我发现在大部分时间内，原油期货价格几乎与黄金现货价格的趋势相同，相关性达 0.79（见图 7-5）。

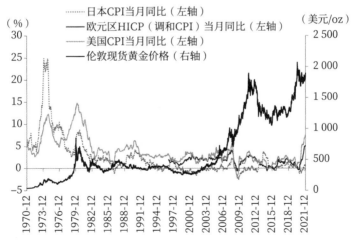

图 7-4　在通货膨胀大幅波动期，黄金价格涨幅明显

资料来源：Wind，泽平宏观。

图7-5 黄金价格与原油价格相关性强

资料来源：Wind，泽平宏观。

第三节 黄金的商品属性

作为商品的黄金，可以被用于日常消费和工业生产，或者用于储藏和交易。黄金作为商品时，其价格受两大因素影响：一是受黄金供给影响，黄金供给量与金价呈负相关；二是受黄金需求影响，黄金需求与金价呈正相关。

黄金供给对黄金价格影响有限

黄金的供给主要包括矿产金、生产商对冲、再生金和官方售金。自有人类文明以来，世界共开采黄金19.7万吨，尚有大约4.7万吨黄金可待开采，这意味着全球黄金储量中大约有76%已被开采。从2003年至今，黄金年供给量变化不大，约为4000吨，仅占存量比重的2%。具体来看：

矿产金：黄金主要来自天然矿藏。自 2003 年以来，矿产金年供给量从 2600 吨逐步提升至 2021 年的 3560 吨左右，占黄金总供给比例的 60%～85%（见图 7-6）。但黄金矿脉勘探难，且矿山建设难，一座矿山平均需要 10 年时间才能进入稳定的矿石开采阶段，这使得黄金供给具有刚性，难以在短时间内大幅提高矿产金供应，对于金价影响有限。

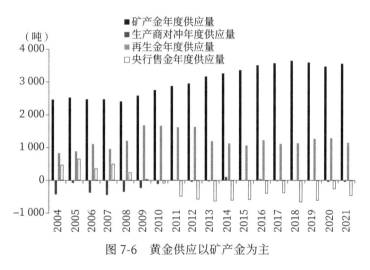

图 7-6　黄金供应以矿产金为主

资料来源：Wind，泽平宏观。

生产商对冲：生产商对冲的量相比黄金总供给规模很小，影响有限。

再生金：黄金基本上无法被销毁，通过回收旧首饰及其他含金产品重新提炼得到的黄金称为再生金。自 2003 年以来，再生金年供应量从 900 吨逐步提升到当前的 1150 吨左右，占黄金总供给比例的 20%～40%，占比逐年有所下降。再生金供应与金价存在正相关关系，主要因为当金价上涨时，人们更有动力将黄金制品出售制成再生金，再生金供应更偏向于是金价波动的结果，而不是原因。

央行售金：各国央行和国际组织都持有较多黄金储备，因而其售金同样是黄金供给的主要来源。但金融危机后，各国央行开始从售金转为购金，对供给端影响消除。虽然 2020 年各国央行缩减了购金规模，增加了售金规模，但总体仍处于净购进的状态。进入 2021 年后，各国央行更是加大了购金规模。

整体来看，一方面矿产金增长缓慢，再生金供应更偏向于是金价波动的结果；另一方面黄金年供应量较低，不足以对黄金存量造成显著冲击，因而黄金供应对金价影响有限。

黄金价格与需求水平呈正相关

实物黄金的需求主要包括黄金珠宝首饰需求、投资需求、工业需求以及官方储备需求。根据世界黄金协会数据，世界黄金年需求量在 2011 年以来整体处于下降趋势，由 2011 年的 4773 吨降至 2020 年 3759.6 吨。从需求结构来看，投资需求占比最高，其次是关于珠宝首饰的需求，工业需求比较稳定，官方储备需求在 2010 年后逐年增加，但受疫情影响，在 2020 年骤减。我们来看一下各项具体需求的变化。

珠宝首饰需求：金饰需求是黄金需求的主要来源，但与金价存在负相关关系，偏向于作为金价波动的结果。自 2013 年以来，随着金价逐步上涨，金饰需求逐步下降，由 2700 吨左右降至 2020 年的 1400 吨左右。2021 年珠宝首饰需求相较 2020 年上升约 58.6%，为 2220 吨，占黄金需求比重在 62% 左右。整体看，这是因为疫情压制了珠宝首饰的购买需求，随着疫情的缓解，2020 年中被压制的需求集中释放，导致了 2021 年珠宝首饰需求的上涨。未来随着积压的需求不断释放，珠宝首饰需求将回归常态。

投资需求：黄金的投资需求波动较大，与金价相关性最高。2003 年以来黄金投资需求由最低点的 600 吨 / 年，升至 2020 年的最高点 1774 吨 / 年后下滑。2021 年黄金的投资需求为 1007 吨，同比下滑 43%。从黄金投资的细分需求来看，2020 年中受到各国政府疫情刺激计划、宽松的货币政策以及疫情下的不确定性风险影响，黄金 ETF 及类似产品的投资需求量跳涨 120%，占投资需求比重也从 31% 跳涨至 49.5%。此外，受到消费场景封锁的影响，金条的投资需求下降 8%。随着疫情转轻，经济不确定性逐步降低，今年黄金的投资需求降低在情理之中。随着疫情不断缓解，经济逐步恢复，若没有突发性地缘政治危机，黄金未来的投资需求将进一步下降。整体来看，投资需求整体波动较大，是影响黄金短期需求变化的主要因素（见图 7-7）。

工业需求：黄金的工业需求最为稳定，主要应用于电子行业、医疗器械等领域。自 2003 年至今，黄金工业需求整体波动不大，基本维持在 300 ～ 400 吨 / 年，占黄金总需求比重从 13% 降至 9% 左右。工业需求对于黄金总需求变化影响较小。

官方储备需求：金融危机后，各国央行和其他机构对于黄金需求呈增持趋势。但受到新冠肺炎疫情冲击、金价高企及短期流动性危机等因素叠加影响，各国央行购金进度大幅放缓。2021 年各国央行共计购金 463.07 吨，占黄金总需求的比重约为 11%，同比 2020 年上升 82%。自疫情逐步缓解后，各国央行加快了购金的步伐，同时加大了购金的力度。未来随着新冠肺炎疫情进一步好转，各国经济复苏，财政压力缓解，我认为提高黄金储备仍是各国央行，特别是新兴市场央行的战略目标。

整体而言，金饰需求和工业需求整体波动不大，两者合计占比为50%～60%，这决定了黄金的总需求水平和黄金价格的中枢水平。短期来看，投资需求波动较大，决定黄金短期价格；长期来看，官方储备需求是长期黄金需求上涨的主要推动力，决定黄金长期价格走势。

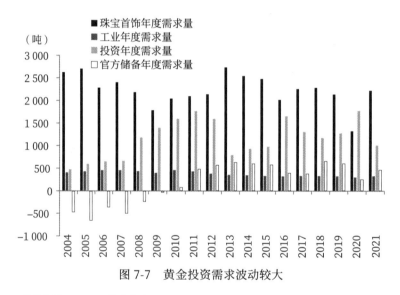

图 7-7　黄金投资需求波动较大

资料来源：Wind，泽平宏观。

第四节　总结：影响黄金价格的六大因素

总结影响黄金价格的各类因素，主要分为六大方面（见表 7-1），然而从六大因素背后的实际驱动因素来看，主要与美国经济及实际利率、央行购金或售金行为变化密切相关。

第一，美元指数：美元指数的变化综合反映了美国国内经济基本面相对国外的变化，最终代表的是美国经济以及实际利率水平。当美国经济走强，实体利率上升，主权信用水平提高，美元指数走强时，黄金的货币属性决定了黄金价格会下跌。

第二，风险系数：全球突发政治事件、战争以及经济金融危机加强了市场对未来经济前景的担忧，进而导致名义利率大幅下滑，且名义利率下滑速度快于通胀预期，导致实际利率下滑，作为避险资产的黄金价格就会上涨。

第三，实际利率：实际利率从名义上是持有黄金的机会成本，背后反映的是美国经济基本面、名义利率及通胀水平。

第四，通胀水平：通胀水平上行导致实际利率回落。从通胀与金价的关系来看，在通胀稳定阶段，通胀与金价相关性较弱，主要由于通胀稳定阶段名义利率是影响实际利率的主要因素，但在通胀大幅波动阶段，金价往往有明显涨幅，主要由于通胀快速提升压低了实际利率水平。

第五，供给水平：由于黄金供应水平基本稳定，央行售金行为是影响黄金供给的主要波动因素。

第六，需求水平：由于金饰需求、工业需求长期稳定，投资需求背后的主要因素是实际利率水平、通胀水平、经济状况、避险需求等，因而黄金的主要需求变量是央行的长期购金行为。

除此之外，金融危机期间的流动性冲击也是影响短期黄金价格的主要因素。在金融危机期间，市场风险偏好迅速下降，金融产品赎回压力加大，市场短期流动性急剧收缩，引发流动性危机，黄金的避险作用让位于流动性需求，黄金被抛售引发黄金价格下跌。

表 7-1　影响黄金价格因素汇总

属性	相关因素	与黄金价格的相关性
货币属性	美元指数	负相关（−）
	风险系数	正相关（+）
金融属性	实际利率	负相关（−）
	通胀水平	正相关（+）
商品属性	供给水平	负相关（−）
	需求水平	正相关（+）
—	流动性危机	负相关（−）

资料来源：Wind，泽平宏观。

| 第八章 |

理财：如何管理你的资产

第一节　股市：抓住大牛市，寻找大牛股

在过去几十年，货币超发具有全球性，不仅是中国。做投资、资产配置是对抗通胀和货币贬值的唯一出路。

股市运行有其自身逻辑：DDM 模型

说到股市，有人认为股市是一夜暴富的利器，有人认为股市是割韭菜的镰刀……股市其实并不复杂，有其自身的运行逻辑。对于普通投资者来说，掌握一套科学有效的方法，可以用股票市场收益跑赢印钞机。

股票的本质是上市公司所有权的凭证，股票的价值来自公司未来经营产生的利润和现金流。现代金融投资学家威廉姆斯和戈登在1938年提出了DDM模型（股利贴现模型），成为股票估值的经典框架，至今仍广为沿用。

DDM模型告诉我们，股票价值是未来现金流的贴现，股价 = 企业盈利 / （无风险利率 + 风险溢价）。 分子端是企业盈利，主要受经济和企业基本面影响。分母端是无风险利率和风险溢价，无风险利率一般是指基准利率、政府债券的利率，受货币政策影响；风险溢价反映投资者风险偏好程度和要求的回报率，受市场情绪影响。

当经济向好，公司基本面改善时，分子端企业盈利改善，可以带来股价上涨；当经济下行时，货币宽松，分母端利率中枢[⊖]下降，也能带来股市估值上升。股价是宏观、微观因素共振的结果，因此在宏观层面，投资者应跟着经济和货币周期的轮动进行择时，在微观层面，需研究行业和公司的基本面，选择大赛道的优质公司。

股市是货币的晴雨表

传统观念认为"股市是经济的晴雨表"，但实际上不准确，通过研究分析历史上大量股市运行规律，会发现股市其实是货币的晴雨表。

绝大部分牛市都是需要货币宽松的"水牛"， 比如2006～2007年A股牛市与热钱流入，2009年A股牛市与"四万亿"刺激，2014～2015年A股牛市与货币宽松，2019～2020年A股结构性牛市与货币宽松，2009～2020年美股大牛市主因是货币宽松，1987～1990年日本股市大泡沫也是因为货币宽松。**绝大部分股市牛转熊是因为货币从宽松转**

⊖ 利率中枢是指一年期的定存利率，是判断流动性的关键指标。

向收紧，比如 2008 年美国次贷危机是因为 2007 年前后美联储持续加息，2015 年中国股市大幅下跌是因为去杠杆。

事实上，经济不好时，货币宽松，牛市启动，但大部分人都被经济萧条吓住了，过度悲观；当经济太好甚至过热时，货币收紧，牛市终结转为熊市，但是大部分人都被经济欣欣向荣的景象迷惑了，过度乐观。从投资时钟逻辑看，当经济周期从衰退转向复苏时，货币宽松，经济上行，是股市投资的窗口期。当经济从复苏转向过热时，货币收紧，只有企业盈利改善的股票可以获得超额收益。

投资者想要在投资中获利就要拥有逆向思维：在别人恐惧时贪婪（经济差、货币松的状态），在别人贪婪时恐惧（经济热、货币紧的状态）。有很多人喜欢牛市，但是真正的长期投资者喜欢熊市：风险是涨上去的，机会是跌出来的。牛市大部分股票都贵，风险大；熊市大部分股票都便宜，风险小，投资的收益无非是时间问题。

牛股之家：寻找大牛股，赚钱不辛苦

目前中国股票市场上有 4000 多只股票，如何对其进行公司基本面分析呢？

从理论到实战，如何寻找大牛股？对比中美股市最近 10 年的股价表现，就会发现，牛股的出现是有规律的。**长期来看，无论中美，优质股票的行业分布具有高度集中性和相似性，优质股票均集中于消费**（中国集中于白酒、食品，美国集中于零售等）、**电子、软件等行业，我称之为"牛股之家"。**

牛股扎堆出现的行业具备四点共性：

第一，满足人类饮食、健康等刚性需求，行业成长空间广阔，长期能够实现可持续的增长。消费类行业与人类日常生活需求密切相关，伴随着人口增长及收入水平的提升，行业能够实现可持续增长。

第二，已形成集中度较高的行业竞争格局并保持稳定，龙头企业易在产能、价格等方面达成协同，将盈利能力稳定在高水平。消费类行业通常处于行业生命周期的成熟阶段，龙头企业从前期激烈竞争中突出重围并巩固优势，行业集中度高。

第三，产品消费属性强且容易实现差异化。龙头企业通过深厚的品牌积淀，获取定价权，建立消费者忠诚度，实现利润率的稳步提升。海内外的龙头消费企业通过数十年高质量的产品/服务交付、独树一帜的广告营销或深厚的历史文化积淀，建立了自身的品牌形象。消费者选择品牌并愿意支付品牌溢价，保证了龙头企业毛利率、净利率的平稳提升。

第四，对于兼具制造属性的行业，通常存在专利技术保护或技术更迭相对缓慢的特点，存在先发优势，护城河具备持久性。以家电行业为例，以彩电为代表的"黑电"行业技术更迭快，企业又很难准确捕捉技术变革方向，使得行业频频面临洗牌，而以空调为代表的"白电"技术变更相对缓慢，家电行业牛股也主要集中于"白电"领域。以医药行业为例，药品研发过程成本高昂、内容复杂、风险高、耗时长，但一旦研发成功，专利技术将在较长时间内限制竞争对手进入。龙头企业依靠持续成功研发专利技术的能力，获得对应的高额回报。

如何寻找大牛股？我认为，选择优于努力，应选择"牛股之家"。牛股之家行业增长空间广阔，竞争格局集中，护城河深厚持久，集中孕育了大量优质企业，是值得长期持有的核心资产。

对于牛股之家的概念，可以参照图 8-1，我在"泽平宏观"公众号整理的框架思路。

对于广大投资者而言，要切实分析股市的基因和驱动逻辑，记住关键的一句话：**股市是货币的晴雨表。经济差，货币松，股市牛；经济热，货币紧，股市熊。选择优于努力，赚钱不辛苦的行业更容易出牛股。用股票市场的收益率跑赢印钞机，进行资产配置以对抗货币贬值，取得收益最大化。**当然，最后还是那句话：市场有风险，投资需谨慎，一定要进行专业、科学、理性的投资。

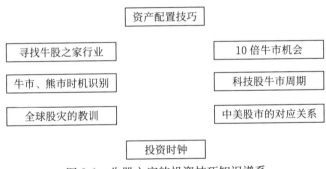

图 8-1　牛股之家的投资技巧知识谱系

第二节　基金：如何挑选长期靠谱的投资人

近几年，越来越多的人将基金作为新的理财方式，基金规模屡创新高，明星基金经理被广泛追捧，种种迹象表明，专业机构投资的时代正在来临，买基金正在成为众多家庭投资理财的重要选择。

为什么说买基金是普通人投资理财的好方法

基金是一种集合理财方式，把钱交给专业人士打理，收益共享，风险共担，相对于其他理财方式具有四大特点。一是收益较高。根据过去十年的数据，股票型基金和混合型基金指数上涨幅度是大盘指数的两倍多。二是风险适中。一只基金通常投资于多只股票、债券以及现金产品，以达到分散风险的目的。三是交易门槛低。基金投资的门槛最低的甚至只有 10 元，如果你看好一只股票的价值增长空间，但是又受到资金的限制，这时候购买这只股票相对应的基金就是一种不错的选择。四是流动性高。基金投资的底层资产都是标准化产品，流动性比较好，需要用钱的时候可以在短短几天内赎回。

基金在投向上分为货币基金、债券基金、混合基金、股票基金等，与家庭资产配置需求高度匹配。如图 8-2 所示，根据标准普尔家庭资产象限图，家庭资产配置可以分为四个部分，"要花的钱""保命的钱""生钱的钱"和"保本增值的钱"。其实，除了"保命的钱"可以通过配置保险来解决以外，其他三类都可以由公募基金来实现："要花的钱"是指日常流水花销，可以配置一些货币基金；"保本增值的钱"可以配置稳健的债券型基金，能有年化 5% ~ 8% 的收益率；"生钱的钱"则可投入权益型基金。

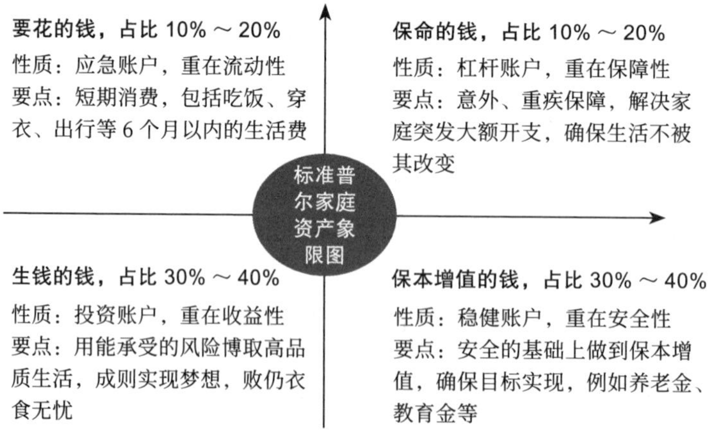

要花的钱，占比 10% ~ 20%
性质：应急账户，重在流动性
要点：短期消费，包括吃饭、穿衣、出行等 6 个月以内的生活费

保命的钱，占比 10% ~ 20%
性质：杠杆账户，重在保障性
要点：意外、重疾保障，解决家庭突发大额开支，确保生活不被其改变

标准普尔家庭资产象限图

生钱的钱，占比 30% ~ 40%
性质：投资账户，重在收益性
要点：用能承受的风险博取高品质生活，成则实现梦想，败仍衣食无忧

保本增值的钱，占比 30% ~ 40%
性质：稳健账户，重在安全性
要点：安全的基础上做到保本增值，确保目标实现，例如养老金、教育金等

图 8-2　标准普尔家庭资产象限图

买主动型基金就是买基金经理

基金投资策略可以简单分为主动型和被动型。主动型基金是由基金经理进行选股和择时，目标是寻求超越市场的业绩表现。主动型基金的优势在于发挥基金公司强大的投研能力和基金经理的个人专长，博取超额收益。但高收益往往伴随高波动，在 2019 年和 2020 年的结构性牛市，主动型基金都取得了很好的表现，但在 2018 年熊市中，主动型基金的下跌幅度也比较大。此外，主动型基金管理费比较高。

对于主动型基金，买基金就是买基金经理。基金经理就是基金的灵魂，挑选基金经理的过程就如同招聘一般，我们不妨把自己当成人事专员，来想一想假如你要招聘一名员工，会考虑哪些指标呢？无外乎问一问有几年工作经验？过往有什么业绩？擅长哪些领域？等等。

挑选基金经理也是这个原理，我们从历史业绩、从业年限、风控能力、投资风格和换手率这五项指标出发分析。在考察历史业绩时，要着重关注长期业绩，能连续五年持续保持优秀的业绩，说明该基金经理能力非常强；在考察从业年限时，基金经理从业年限越长，投资的经验越丰富，应对市场考验的反应能力也越敏锐；在考察风控能力时，主要是看基金经理管理的基金的最大回撤，能否在熊市抵御住市场波动；至于投资风格和换手率，并不决定基金经理的优秀与否，它反映的是基金经理的投资理念。对此，投资者根据自身的偏好选择即可。

不过请注意，主动型基金对基金经理的依赖程度更高，基金经理的离任以及更换，会给基金业绩造成较大风险。

如何选被动型基金？

被动型基金，选取特定的指数成份股作为投资标的，寻求市场平均收益，因此也叫"指数基金"。我们经常能听到的 ETF 就是当下被动投资的主流工具。

指数基金有两个优点：第一，指数基金不用花费人力研究选股和择时，因此管理费更低。第二，指数基金受基金经理的影响较小，可以最大程度降低基金经理离职等不可控因素的影响。但是指数基金本质还是股票型基金，风险依旧较高。短期之内，基金收益率会随着市场行情变化而大幅波动，还是要做好长期投资的心理准备。

如何选购被动型基金？一般需要经过三个步骤：

第一，挑指数。挑选指数基金本质上是挑选指数。最常见的分类是宽基指数和窄基指数。宽基指数就是覆盖面比较宽的指数，包含多个行业，例如沪深 300 指数。窄基指数就是只跟踪一个行业的指数，覆盖面比较窄，因此又叫行业指数。行业指数基金受系统性风险影响较大，而宽基指数基金在抵御周期性风险上能力更强。

第二，挑方式。普通的指数基金就是完全复制指数的成分股，指数有什么就买什么。其实还有另一种方式，基金经理在被动跟踪的基础上，还会加一点主动的修正，力图获得一部分超额收益，这就是"增强型指数基金"。同类型指数的增强型指数基金可以带来更高的收益，但也需要承担相应的成本和风险。

第三，挑产品。在决定了指数，确定了跟踪方式后，最后挑选具体产品。对于被动型投资而言，基金规模越大越好，跟踪误差率越低越好，管理年限越长越好，费率当然是越低越好。

什么时候买？什么时候卖？

基金买卖时点涉及基金估值。部分投资者在买卖基金时会联想到查看基金净值或大盘点位，比如大盘点数在 2015 年时最高破 5000 点，而现在只有 3000 多点，这么算下来现在的价格打了六七折，买入的话很划算，但实际上并非如此。

这里给大家介绍两个相对专业的指标：市盈率（P/E）与市净率（P/B）。市盈率是公司市值与净利润之比，可以理解为我们为了获得一块钱利润所付出的成本，市盈率越低，公司越便宜。如果有的企业没有稳定的盈利，我们可以采用市净率，也就是公司市值与净资产之比。市净率适用于固定资产较多，账面价值稳定的行业。

有的朋友会问，我没有时间天天盯着市盈率、市净率，有没有更简单的办法？确实有一种懒人投资法——基金定投。定投就是定期投资，不论市场行情如何波动，每月或每周固定一天定额投资基金。这种方式具有三个优点：一是节省精力，比如每月 5 日发工资，我们就可以设定在 6 日买入基金，避免主观情绪的干扰；二是平滑成本，以定投的方式买入基金，拉长了投资时间、减少了单笔投资额度、平摊了风险与成本；三是顺从人性，即使买入时处于亏损状态，但心理上不会难以接受，因为单笔定投资金较小，而且在底部的时间越长，就越能积累更多便宜的筹码。

我们做个实验，假如从 2018 年开始定投沪深 300 指数，每月 1 日定投 1000 元，一直到 2021 年 11 月 5 日，年化收益率是 11.74%；而如果是一次性投资，年化收益率仅为 6.04%。定投方式确实有助于普通投资者提高收益水平。定投是一种机械简单的初级方法，掌握后投资者可以尝试结合主动择时和定投的特点进行投资。市场上的各类基金，可能有的估值较高，有的估值较低，做好动态平衡配置，才能最大化资金的收益。

我将基金投资的框架简单整理为图 8-3，详细内容可参照公众号
"泽平宏观"作为延伸阅读。

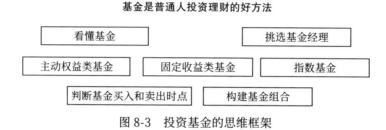

图 8-3　投资基金的思维框架

第三节　保险：做好家庭的保险计划

从人类社会诞生之日起，风险就如幽灵般如影随形，生老病死都
蕴藏风险。过去素有"养儿防老"的说法，体现的就是风险转移思路。
在现代社会，保险成为风险管理的重要手段。

做好家庭保险计划的重要性和误区

保险本质上是将未来不确定的大额损失转变为确定性的小额支
出。对于国家而言，保险是经济补偿的安全垫、资金融通的渠道、社
会的稳定器。对于个人而言，保险具有风险保障、财富传承、撬动杠
杆等作用。在家庭资产配置的"四笔钱"中，保险对应"保命的钱"，
是其他投资工具难以替代的。

保险在社会和生活中如此重要，但很多人对保险的理解存在误区。

误区一："保险是骗人的"，这在一定程度上与保险营销混乱的局
面有关，实际上保险公司是正规金融机构，受到严格监管。

误区二："已经有社保了，就不需要商业保险"。社保和商业保险是很好的补充，有了社保，商业保险的保费通常更低，而商业保险范围更广。

误区三："我还年轻，不考虑买保险"，年轻的时候身体素质好，投保不会有限制，越早买，保费越低，还能越早享受保障服务。

表 8-1 列示了为应对各类风险而配置的不同类型的保险。

表 8-1　风险与险种配置

风险	风险解释	应对机制
收入风险	影响个人收入的风险，对个人和收入造成负面影响	重疾险、寿险
早逝风险	去世时间早于预期的风险	寿险
长寿风险	去世时间晚于预期的风险	养老保险
财产风险	因发生自然灾害、意外事故而使个人或单位占有、控制或照看的财产遭受损失、灭失或贬值的风险	财产险
意外风险	因意外造成的伤亡和医疗风险	意外险
健康风险	与疾病和伤害有关的风险	重疾险、医疗险

认识保险"五步走"

保险产品看似复杂，以下五个问题可以带你全方位认识保险。

1. **保什么？** 了解各类险种的保险责任、保障范围。保险大体可以分为人身险和财产险，人身险是以人的生命或身体为保险标的，例如对于疾病导致的风险，有医疗险、重疾险保障；寿险保障的是早逝风险；养老保险保障长寿风险。

2. **谁能保？** 了解投保条件，搞清谁能投保以及什么险种适合谁投保。一般而言，出生满 28 天至 60 周岁的人都可以投保。但每个险种有投保人群限制，意外险对从事高风险职业的人群有限制，医疗险、重疾险会对患病人群和老年人有限制。

3. 保多久？了解保险期限，搞清所投险种提供多长时间的保障。短期险种包括医疗险、意外险，一般保障期限为一年，第二年要重新投保；长期险种，保障期限有 20 年、30 年、40 年等按年限计算的，也有至 60 岁、80 岁、终身等按年龄计算的。

4. 保多少？了解保险金额，搞清能赔付多少钱、如何赔付。保险一般分为补偿型和给付型。补偿型险种通常是"花多少，报多少"，比如医疗险。给付型保险是一次性把事先约定的保险金额给客户，比如重疾险保额为 50 万，不幸确诊后无论治疗费花了多少钱，都按当初约定的 50 万一次性给付，主要目的是弥补劳动收入缺失、补偿家庭经济来源。

5. 多少钱？了解保险费用，搞明白保费是多少，如何交纳。一般分为趸交和期交。趸交是一次性交清，期交是分期付款，比如 10 年交、30 年交或终身交纳。同一款保险，期交的保费往往比趸交高不少，一般而言，拉长交费年限更加明智，可以分摊现金流压力，而且如果交费期间出险，后面的保费也不用继续交纳了。

各类保险八大常见问题

1. "身故才能赔"的寿险值得买吗？寿险以生命为保障对象，在约定的期间身故才会赔付，当事人确实拿不到这笔钱，但并不意味着寿险不值得配置。恰恰相反，寿险是最应该配置的"基础款"，因为其本质作用是帮助家庭抵御失去经济支柱而陷入财务危机的风险，寿险责任简单，保费低，撬动杠杆高，最应该成为家庭顶梁柱的配置。

2. 重疾险是保障病种越多越好吗？有的重疾险号称覆盖上百种大病，但其中大部分患病概率极低。银保监会 2021 年最新规定了 28

种重度疾病，发病和理赔率已经占到全部重疾的 95% 左右，基本所有的重疾险都可以覆盖。为余下 5% 的罕见疾病支付大笔保险金，性价比非常低。

3. 我还年轻，需要买重疾险吗？ 重疾险越早配置越好，年龄越大，患重疾的概率越高，因此终身重疾险保费要比定期重疾险贵很多。如果我们在二三十岁就开始配置重疾险，不但保费便宜，还能拉长保障时间，性价比是最高的。

4. 返还型重疾险值得买吗？ 有一种重疾险，如果保险期满没有发生重疾，保险公司会把这些年交纳的保费返还给你，由于一定会赔付，所以保费也会比较高。这类重疾险称为"返还型保险"，兼具保障和投资功能。但若论保障，保费更高，性价比低；若论理财，又不如基金、股票等产品投资收益高，因此总体性价比不高。

5. 医疗险和重疾险有必要同时配置吗？ 医疗险与重疾险虽然都属于健康险，但区别很大，不仅不会重复，而且有很好的互补效果。在保障模式上，医疗险是报销制，重疾险是给付制，因此可以用医疗险报销治疗费用，再用重疾险补偿家庭收入损失。在赔付标准上，医疗险保障的范围更广，只要住院治疗达到免赔额即可赔付，重疾险则是发生了重大疾病才可赔付。在保障期限上，医疗险基本都是一年期，重疾险则为长期保障。今年花 300 元就能投保的医疗险，到了明年可能涨到 500 元，也可能停售下架，因此医疗险不能确保长期保障。总而言之，医疗险由于保费低、期限短，更加灵活，配置对象可以说老少皆宜。

6. 加班猝死，意外险竟然不能赔？ 意外险虽是一款对意外进行赔付的保险产品，但并不能保障赔付所有的意外情况。"外来的、突发的、非本意的、非疾病的"四个赔付条件缺一不可。比如，单人食物中毒，往往被认定为个人患肠胃疾病，意外险不赔付。猝死，看起来像是意外，但实际是由潜在的疾病引发的，因此大部分意外险是不赔的，最好还是由寿险兜底比较保险。

7. 如何平衡保额和保费支出？ 不同的家庭面临不同的财务状况和风险偏好，既能满足家庭成员需要，又符合经济能力和投保预算，就是最合适的组合。一般而言，保险金额最好为家庭年收入的 5 ～ 10 倍，保费支出控制在家庭年收入的 5% ～ 10%。

8. 配置保险的正确顺序是什么？ 先成年人，后孩子和老人。有些人认为孩子需要更多保护，并为其配置许多保险产品，但实际上，家长才是孩子健康成长最大的保障。应该给家中每位成员配置意外险、医疗险、寿险、重疾险。最后，在保障充分、预算允许的情况下，配置养老和教育年金。

做好家庭保险配置是一项系统性工程。我们对几个比较重要的险种进行了简单的介绍，但每个险种涉及给谁保、保多长时间、保多少金额等问题，不是一句两句能说清楚的。在此将保险相关知识点整理为图 8-4，感兴趣的读者，可以在"泽平宏观"公众号进行进一步的扩展学习。

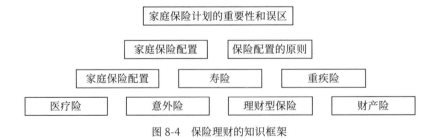

图 8-4　保险理财的知识框架

第二篇

学会经典方法：
与国际投资大师同行

|第九章|

大师的经典投资方法

第一节 "价值投资之父"格雷厄姆的投资奥义

提到价值投资,不得不说的一个人便是本杰明·格雷厄姆。他是巴菲特的导师,被称作"华尔街教父""价值投资之父",创立"烟蒂投资法",他的代表作《证券分析》和《聪明的投资者》被奉为投资圣经。

本杰明·格雷厄姆于 1894 年生于英国伦敦,小时候家境优渥,之后举家迁到美国。9 岁时父亲不幸离世,家族生意每况愈下,这让格雷厄姆陷入了经济困境,但也造就了他坚忍的性格。凭借优异的成绩，格雷厄姆获得哥伦比亚大学奖学金。他在毕业时放弃了留校任教的机会，于 1914 年只身闯荡华尔街。

格雷厄姆在当时充斥着投机、炒作和操纵的市场中，依靠理性和逻辑分析公司价值，很快崭露头角。1926 年，格雷厄姆和纽曼合伙组建投资公司，短短三年间，公司管理规模从 40 万美元提升到 250 万美元，年化收益率达 20%，远超同期道琼斯工业指数。

但 1929 年的大萧条给如日中天的格雷厄姆带来致命打击，其间他亏损 70%，一度濒临破产。大萧条并没有击倒格雷厄姆，反而成为他进阶之路上的垫脚石，"规避高风险""保持安全边际"的理念就是这时形成的。起死回生的格雷厄姆对投资方法不断修正，在 1936 年以来的 20 年间，公司的年化收益率超过 14.7%，持续跑赢市场。1956 年格雷厄姆急流勇退，解散了投资公司，在加州大学开启执教生涯，传播价值投资理念。1976 年格雷厄姆去世，享年 82 岁。

格雷厄姆的投资理念是划时代的。20 世纪初的美国资本市场尚不成熟，上市公司很少披露准确的财务报表，连监管机构都没有，买股票更被视为赌博，此时的股市是利弗莫尔、江恩等技术分析流派的天下。在这样的环境里，格雷厄姆创造性地提出了"安全边际""内在价值""市场先生"等经典理论，用估值说话，真正让投机变成投资，让证券分析师变成正经职业。我们具体来看看格雷厄姆的理念。

第一，强调安全边际。简单说就是"低买高卖"，给自己留足安全垫。1929 年大萧条的惨痛教训，让格雷厄姆对低价股抱有相当的执念。他首创**"烟蒂投资法"**，形容买低价股就像是在地上捡烟头，成本为零，只要能抽几口就赚到了，然后扔掉，接着找下一个。因此他认为做投资就要以极低的价格买入，降低投资风险，但对公司品质和所处行业并未过多要求。这也使得格雷厄姆持仓分散，不得不频繁寻找和更换烟蒂。

第二，关注内在价值。 格雷厄姆擅长用盈利收益率（也就是市盈率的倒数）来给股票估值。当某只股票的盈利收益率大于10%，且在国债利率的两倍以上时，这只股票才值得入手。同理，如果股票的盈利收益率低于低风险理财产品，就卖出股票。

第三，不被市场影响。 格雷厄姆将行情波动比作"市场先生"变幻莫测的情绪，如果我们每天被"市场先生"影响，轻易改变自己的判断，就很容易使自己陷于被动局面。唯有独立判断，才能在市场疯狂的时候保持理性。

站在今天的时点回看，"烟蒂投资法"可能不再适用于当下。如果仅以低价为判断依据，就容易陷入贪小便宜吃大亏的陷阱。但这并不能抹杀掉格雷厄姆作为"华尔街之父"的功绩，他开创的价值投资理念，仍启蒙着一代代的投资者。

第二节 "成长投资之父"费雪和他的长期主义

费雪是与格雷厄姆同时代的大师，他开创性地提出了"成长股"概念，其代表作是《怎样选择成长股》。

菲利普·费雪（Philips A.Fisher）于1907年生于美国，1928年时于斯坦福大学商学院毕业，先后在银行和证券经纪公司工作过。但随之而来的大萧条让他失业了，因此他索性自己创业。1931年费雪投资管理咨询公司成立，最初办公室只能容纳一张桌子和两把椅子。但就是在这间简陋的办公室里，费雪通过服务一大批客户积累了宝贵的口碑。第二次世界大战结束后，服役归来的费雪主要服务于一小批忠实的高净值客户，将更多精力投入到成长股的研究中，成功挖掘了德州仪器、摩托罗拉之类的超级大牛股。他后来也在大学执教，其1958年出版的《怎样选择成长股》开创性地提出了"成长股"这一概念。费雪直到92岁才退休，2004年去世，终年97岁。

如果说格雷厄姆是"以极低的价格买入三流公司"，那么费雪强调的就是"以合理的价格买入一流公司"，筛选优质的成长股且以合理的价格买到后，长期持有。具体来看：

第一，坚持长期主义。费雪驰骋股市大半个世纪，但真正投资的股票数量极少，在一次采访中他说道："我只有4只核心股票，另外我还会用少量的钱买一些有潜力的股票，通常不超过5只。"费雪持有德州仪器10年之久，其间该股票上涨30倍，他持有摩托罗拉21年，其间该股上涨19倍。费雪坚信真正出色的成长股，其长期利润应足以弥补正常犯错造成的损失。

第二，如何找到值得投资的成长型企业？费雪首创"闲聊"法。此处的闲聊并不是漫无目的地闲扯，而是同公司高层、行业专家、竞争对手进行交流以获得对某个公司的初步认知，并以此初步筛选出值得进一步调查的公司。也许在费雪时代（20世纪50年代）获取公司信息的渠道极其有限，但如今网络的发达，不仅可以使我们轻松获得公司年报等规范信息，还可以帮助我们通过使用微博、搜索引擎多维度了解公司，认识行业前景。

第三，优质成长股的标准。费雪总结出判断值得投资的企业的15条准则，这里可以简单概括为四大方面：一是看公司是否有成长潜力，研发投入如何，如何维持销售额持续增长，此处涉及4条准则。二是看公司利润率如何，成本分析和会计记录做得如何，以及盈余展望，此处涉及 3 条准则。三是看独特性，专门有 1 条准则强调公司产品是否有独到之处。四是看人，多达 7 条准则，包括劳资关系、管理层能力和诚信度、与投资人的关系，等等，这是该企业长期是否可以持有的决定性因素。

第四，何时买入或卖出。费雪认为大幅低估的机会是可遇不可求的，因此要在被市场适度低估的时候买入。而卖出的理由有且只有三个：一是事实证明之前错误地买进了。二是随着时间流逝，公司的经营状况已不再契合前述 15 条准则。三是发现了比原先所持股票好很多的股票。

第三节 "股神"巴菲特是如何炼成的？

"股神"巴菲特的投资方法可谓是集大成者，巴菲特有两位老师，正是我们前文提到的"价值投资之父"格雷厄姆，以及开创成长股投资先河的费雪。

巴菲特的传奇人生和投资方法

沃伦·巴菲特（Warren Buffett）于 1930 年出生于美国奥马哈。父亲是证券交易员，但在大萧条中从富裕陷入拮据，这让巴菲特从小就埋下了对财富的渴望。1947 年，巴菲特进入大学，相比于在课堂上学习枯燥的理论，他更爱博览群书，并被其中一本书深深吸引，这就是格雷厄姆的《聪明的投资者》。之后他考入哥伦比亚大学，如愿拜师在格雷厄姆门下。

25 岁时，巴菲特成立了合伙投资公司，1956 ～ 1966 年公司累计回报增长了 11 倍。这时的股市一路高歌猛进，但巴菲特却觉得市场泡沫太大，急流勇退，于 1969 年解散了公司，躲过了 20 世纪 70 年代初的市场危机。回到故乡奥马哈，巴菲特把濒临倒闭的纺织厂"伯克希尔"改造为保险公司。保险为其提供源源不断的现金流，使其投资标的从二级股票扩展到一级实体企业，产业遍布金融、零售、传媒、铁路、能源等各个行业，五十多年来年化收益率保持在 20% 以上，凭寥寥数人之力以滚雪球的方式实现了巨大的财富积累。巴菲特也在 2008 年问鼎世界首富，2020 年财富总额为 960 亿美元。

股神不是一朝一夕炼成的，巴菲特的投资思想也经过了时间的洗礼。巴菲特在早期完全模仿格雷厄姆的"烟蒂投资法"，以定量指标测算有形资产价值，严格筛选低价股，收购纺织厂"伯克希尔"就是这个思想下的产物。后来在芒格的影响下，巴菲特逐渐吸收费雪的投资优秀成长型企业的理念，关注定性指标和企业的无形资产，比如 1964 年投资美国运通时，虽然其市盈率并不低，但巴菲特仍然看好这家公司在信用卡领域的护城河，全面押注，最终赚取了可观的利润。1985 年，巴菲特自己说到："格雷厄姆倾向于单独地看统计数据，而我越来越看重的，是那些无形的东西。"

在巴菲特的执掌下，伯克希尔已经成为一家多元投资集团，这背后是价值投资理念的成功落地。具体来看，其投资理念如下：

第一，用护城河思维挑选好资产。巴菲特将公司比作城堡，城堡的四周要有足够深的护城河，而且护城河中最好还有一群凶猛的鳄鱼或者食人鱼，让竞争者无法走进，从而变得坚不可摧。护城河可被看作是一种垄断资源，企业的护城河都有哪些呢？比如企业品牌、产品特性、商业模式、特许权等，都可以帮助企业避免陷入过度的市场竞争，增厚利润。有护城河的企业通常具备规模大、持续盈利、ROE高且负债少、业务简单的特点。同时，巴菲特将好的管理也视为一种护城河，要求管理者具有三种品质，分别是对股东负责、坦承和独立思考。

第二，以安全边际的思维找到好价格。 安全边际，是指买入价格低于公司的内在价值，确保投资的相对安全性。我们统计了巴菲特的投资案例，他买入时股票的市盈率基本在 14 倍左右。如何才能找到价格洼地呢？最重要的就是"逆向思维"，正所谓"在别人贪婪时我恐惧，在别人恐惧时我贪婪"，巴菲特在早期急流勇退，金融危机时果断出手，都是在用真金白银践行这个道理。

杰出的投资大师并不少，但为什么只有一个巴菲特呢？ 首先，巴菲特曾坦言"投资就是赌国运"，他所处的时代正是美国经济快速发展的阶段，可以说他是搭上了时代的顺风车。其次，巴菲特利用保险的重资产商业模式，使其掌管资金的体量（和投资难度）远超一般的基金经理，并成功把伯克希尔带入世界 500 强行列，这是他区别于其他投资大师的关键。最后，是他个人的能力、洞见和坚持，年过九旬的巴菲特依然坚持在投资事业中，坚持价值投资，最终成为世人景仰的投资楷模。

"股神"巴菲特的经典投资案例

巴菲特是当之无愧的投资大师，投资喜诗糖果、可口可乐、吉列公司的案例堪称经典，从"捡烟蒂"到"滚雪球"，是什么让巴菲特的投资逻辑发生转变的？我们通过研究以上几个巴菲特的经典投资案例来看看大师的投资逻辑。

喜诗糖果：滚雪球的首次实践

喜诗糖果是喜诗家族在 1921 年创立的一家糖果连锁店。经历过大萧条和第二次世界大战后，美国当时糖料非常紧俏，但这家企业即使限量供应也不减用料，收获了好口碑，其品牌优势深深扎根于一代消费者的心里。

1971 年，喜诗家族打算出售这家公司，当年的销售额是 3000 万美元，净利润是 200 万美元。喜诗家族报价 3000 万美元，相当于 15 倍市盈率。15 倍市盈率并不便宜，而且喜诗糖果还不是上市公司，所以流动性不好，不符合"捡烟蒂"的投资理念，因此巴菲特起初拒绝收购。但身边的同事坚持认为这家企业现金流良好、品牌优势无可比拟，因此巴菲特重回谈判桌，最终以 2500 万美元收购了这家企业。

这笔投资是当时巴菲特最大的一笔投资，不但为他创造了十几亿美元的利润（后来这些利润为他收购可口可乐提供了源源不断的资本金），还帮助巴菲特完成了投资思路的转型，从"捡烟蒂"到"护城河 + 安全边际"，巴菲特开启了滚雪球之路。

可口可乐：30 年长坡厚雪的赛道

巴菲特曾说过"自己身体的四分之一都是由可口可乐构成的"，其对可口可乐的钟爱程度可见一斑。对于巴菲特来说可口可乐不仅是消费品，还是绝佳的投资标的。为了以合适的价格买入可口可乐股票，巴菲特足足等待了半个世纪。

可口可乐创建于 1892 年，一直占据全球饮料市场的头把交椅。20 世纪 70 年代，可口可乐因管理层经营不善，导致其业绩乏善可陈，直到出现新的领导层，才逐渐恢复。当时正值 1987 年美股崩盘，可口可乐股价下跌 25%。巴菲特瞄准时机豪掷 10 亿美元，以 15 倍市盈率收购可口可乐 6.2% 的股份，约占其仓位的三分之一，印证了那句"在别人恐惧时我贪婪"。20 世纪 90 年代，可口可乐创造了"十年十倍"的收益，但在 21 世纪的头 10 年里，可口可乐市值一直震荡，2008 年一度下跌 40%，正当大家质疑巴菲特是不是没能逃顶时，2011 年可口可乐又开启了一波上行势头。

巴菲特持有可口可乐三十多年，为什么能沉住气呢？一方面，他作为长期投资者，更关注企业的商业模式和现金流；另一方面，巴菲特每年收到的股息就有上亿美元，无惧股价和市值波动。

吉列刀片：买入好企业才是正确的事

巴菲特认为吉列与可口可乐是当今世界上最好的公司中的两家。吉列公司创建于 1901 年，创始人发明了一种用完后就丢弃的刮胡刀片，一副刀架配若干刀片，刀片用完后可以再购买。吉列剃须刀在两次世界大战中成为美国士兵的军需品，由此开始了快速的发展，全球市占率不低于 60%。

1981 年吉列的市盈率是 23 倍，不符合巴菲特投资的安全边际，所以巴菲特买入了 6 亿美元的吉列可转换优先股。他认为，投资可转换优先股，在任何条件下都能确保安全。当公司业绩不佳或股票价格下降时，优先股还能收回成本并得到股息；如果公司的股价表现良好，优先股就可以转换成普通股获利。1991 年，巴菲特将吉列的优先股转成普通股，伯克希尔持有吉列股票的总市值为 13.47 亿美元，是购买成本 6 亿美元的 2.25 倍，收益率为 125%。

第四节 "当代投资大师"达利欧的投资原则

要说起活跃在当代投资界的大师，达利欧可以算是一位。他被誉为"投资界的乔布斯"，创办的桥水基金是当今世界最大的对冲基金，他的著作《原则》《债务危机》风靡全球。

瑞·达利欧（Ray Dalio）于 1949 年出生在美国纽约的中产家庭。20 世纪五六十年代，美国正处于战后黄金年代，崇尚自由独立，嬉皮士运动兴起，给这一代人打下了深深的烙印。小时候的达利欧不喜欢循规蹈矩，不善于记忆，学习成绩平平。12 岁时他利用打工赚取的零花钱，买入东北航空的股票，所幸这家即将破产的公司被收购，股价翻了三倍，从此达利欧打开了投资兴趣的大门。之后达利欧进入长岛大学主修金融，毕业后逆袭考入哈佛商学院。

1971 年，布雷顿森林体系瓦解，大宗商品期货交易迎来黄金时期，达利欧感受到身处风暴中心的刺激与兴奋，摩拳擦掌准备大干一番。但性格桀骜不驯的他并不适合当雇员，经常和老板发生争执。1975 年，达利欧在自己的公寓里创立了桥水基金，做得风生水起。但一次误判让他跌入低谷，1982 年，达利欧押注拉美债务危机会拖垮美国经济，大举做空美股，做多避险资产，但没想到美联储降息救了股市，达利欧赔掉了所有积蓄，最困难的时候不得不借钱维持生计。

事后，达利欧反思："我当时的一败涂地是在我身上发生过的最好的事情之一，因为它让我变得谦逊。"经此一役，他更加注重在历史中找寻规律，坚持记录投资原则，按照原则行事。20 世纪 80 年代初，很多养老金、主权基金都交给桥水基金管理。达利欧也不负众望，经历了 1987 年的美股"黑色星期一"、2008 年的次贷危机、

2011 年的欧债危机，桥水基金在数次市场起伏波动中仍能保持不俗业绩。截至 2020 年，桥水基金规模达 1019 亿美元，是全球最大的对冲基金，过去 20 年的平均年化收益率为 12%。

达利欧的投资原则以宏大的历史观著称，从历史的高空俯瞰当前我们所处的市场环境，从纷繁复杂的经济运行规律中寻找资产配置线索。

在达利欧看来，任何投资回报都可以拆分为三部分，也就是现金收益（cash）+ 市场收益（Beta）+ 超额回报（Alpha）。现金回报率是央行控制的，在全球货币超发的环境下，持有现金是不明智的；市场收益取决于不同市场间的风险对冲；超额回报则取决于管理者的水平。基于此，桥水打造出两种旗舰产品。

第一类是"纯粹阿尔法"基金，寻找"投资圣杯"。做投资的人都知道，风险与收益成正比，但有没有方法既能控制风险，又能获得较高收益呢？传统的资产配置方法建立在投资品种仓位管理的基础上，比如经典的债股四六原则，将 60% 的资产放在股票上，但这却导致其承担了组合 90% 以上的风险。达利欧坚信"风险平价"理念，要配置平衡的是风险，而不是金额。如果股票风险是债券的三倍，那么就应该降低股票仓位，让股票和债券贡献的风险敞口大致相同，并适度加杠杆，以获得稳定的收益。

通过系统研究上千种资产的现金流，并在计算机中大量测试不同经济环境下现金流的表现，达利欧惊奇地发现如果拥有 15 ～ 20 个良好的、互不相关的回报流，就能大大降低投资的风险，同时又不减少预期收益，达利欧将其描述为"投资圣杯"，并开发出"纯粹阿尔法"策略和相应基金。这个策略自 1991 年启用以来，采取市场中性策略，投资股票、债券、货币、大宗商品等多种资产，在超过 26 年的时间里取得了接近 300% 的累计收益。

第二类是"全天候策略"。"纯粹阿尔法"是一只搏取超额收益的基金，而桥水的另一大旗舰产品"全天候基金"的目标就是获取稳定的市场回报。所谓"全天候"，意思就是在各种市场环境下都能保持稳定收益。如图 9-1 所示，达利欧构建了一个以经济增长和通胀驱动的资产配置框架，并设想了高增长、低增长、高通胀、低通胀四种情形，再根据情况配置低相关性的资产，使它们能适应各种情形，风险相互抵消，进而实现穿越牛熊。例如，高通胀时主要采用通货膨胀保值国债、大宗商品、黄金的配置；低增长情形下，国债将成为后盾；低通胀时主要靠投资股票。

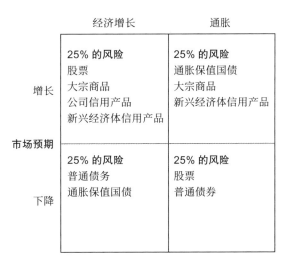

图 9-1 "全天候策略"示意图

资料来源：桥水基金官网。

在投资圈没有永远的神，也没有万能的策略，即使是桥水基金，在 2020 年的极端环境下也表现不佳。但最宝贵的是，在信息碎片化的时代，达利欧用他的原则，教给我们一种分析框架和系统性思考方式，这是理解我们所处时代的不二法门。

第五节 "金融大鳄"索罗斯的投资哲学

索罗斯的人生和投资哲学

1930 年，乔治·索罗斯（George Soros）出生在匈牙利的一个犹太家庭，第二次世界大战期间，在父亲的机智庇护下免受纳粹劫难。战乱动荡的成长环境教会索罗斯如何生存、冒险。之后，索罗斯辗转来到英国，原本希望过上安稳的生活，但由于身无分文，不得不靠打工度过艰辛的日子。1949 年，索罗斯考上伦敦政治经济学院。他的导师是著名哲学家卡尔·波普尔，证伪主义的代表，主张人类社会没有规律可循，受其影响，索罗斯也认为市场是无规律、非理性的，这成为贯穿他一生的投资哲学。

毕业后，索罗斯在英国伦敦积累了一些短暂的套利经验，于1956 年赴美国纽约淘金，深谙多国语言和欧洲金融市场的他在美国如鱼得水。1969 年，索罗斯与罗杰斯共同创立"双鹰基金"，初始资金只有 400 万美元，1979 年更名为"量子基金"，取自量子力学，寓意股票市场每时每刻都处在波动状态，需要寻找不同的市场套利机会。量子基金以私募方式募集资金，受监管少，采取对冲策略，投向各个市场的商品、外汇、股票和债券，并大量运用金融衍生品和杠杆。20 世纪 90 年代，索罗斯和量子基金声名大噪，1992 年狙击英镑大赚近 20 亿美元，1997 年抛售泰铢，引发东南亚金融海啸，之后又打算沽空香港地区市场，在遭到强烈反击后才收手。截至 1997 年，量子基金年化投资回报率高达 30% 以上，资产总值逼近 60 亿美元，成为当时全球最大的对冲基金。

然而 1998 年后，随着量子基金几次投资失误，索罗斯也改变了投资风格，专注低风险的套利交易。2011 年量子基金不再接受外部投资，2015 年索罗斯宣布退休，将 80% 的个人资产投入慈善事业。

索罗斯一生钟爱哲学，他的投资思想也渗透着哲学的光芒，大部分记录在他的投资日记《金融炼金术》中，其中最著名的莫过于"反身性"和"易错性"理论。

第一，提出经典的"反身性"。索罗斯有一句名言，"世界经济史是一部基于假象和谎言的连续剧。要获得财富，做法就是认清其假象，投入其中，然后在假象被公众认识之前退出游戏"。传统理论认为市场是均衡的，股票价格总是围绕价值波动，这是价值投资的基础。但索罗斯提出投资者与市场相互影响，人的认知有局限性，因此也会"反射"到市场上，预期就会变成现实，这就是索罗斯强调的"反身性"理论。比如一家银行原本经营不错，但有谣言说它要倒闭了，引发人们挤兑，最后果然倒闭了。因此，与价值投资关注基本面不同，索罗斯更关注研究人们的预期，根据他们的反应作出决策，并利用羊群效应影响预期和股价。

第二，强调"易错性"。很多投资者认为市场永远是对的，但索罗斯提出任何人都会犯错误，包括他自己，但他的过人之处是可以认识到自己的错误，同时洞察到其他人思想的错误。索罗斯最擅长的"对冲策略"，就是对不同市场进行研究，买卖不同市场上的同一只证券，从市场的错误中挖掘套利机会，再通过衍生品和借款放大杠杆，撬动巨额收益。1992 年索罗斯狙击英镑时，利用了欧盟汇率联动机制导致的错误定价。在东南亚金融危机中，索罗斯盯上了这些经济体金融体系脆弱、过度依赖外国资金的制度漏洞。

　　这就是投资大师索罗斯。如何评价他，我想每个人都有自己的答案。但是在投资领域中，他建立在哲学上的思想和方法，为我们提供了一个不同的观察视角，值得细细反思。

索罗斯的三场货币狙击战

　　谈过了索罗斯的投资哲学，接下来让我们看看他的辉煌战绩。索罗斯是如何搅动世界资本市场的？这还要从三场经典的货币狙击战说起。

1992 年狙击英镑，一战成名

　　事情还要追溯到欧盟的前身欧共体，欧共体达成共识要保持各国汇率锚定德国马克，再逐步推进统一货币。这套机制看似巧妙，但其实埋下了隐患。正如"蒙代尔不可能三角"所言，如果一国实行固定汇率，就会丧失资本自由流动性或货币政策独立性。当时德国经济强劲，马克升值，而英国经济比较低迷，但为了维持英镑与马克的固定汇率，英国不能通过降息来下调利率刺激本国经济。索罗斯敏锐地捕捉到了这套机制的脆弱性。

　　1992 年 9 月，索罗斯全面押注做空英镑、意大利里拉等疲软货币，其他国际游资纷纷跟进。9 月 13 日，危机爆发，意大利里拉率先暴跌，引爆市场对英镑贬值的担忧，英国央行顽强反抗，动用了价值 269 亿美元的外汇储备，甚至还加息将利率提高到了 15%。然而面对来势汹汹的国际空头，英国央行的资金只是杯水车薪。9 月 16 日，英国无奈宣布退出欧洲汇率机制，让英镑自由浮动，之后的几天英镑一路下跌。索罗斯以低成本归还英镑，获利近 10 亿美元。从此，索罗斯名声大噪，成为"打垮英格兰银行的人"。

掀起 1997 年亚洲金融危机

大胜英格兰银行后，索罗斯把目标瞄准了东南亚，这场以泰铢为导火索，并掀起一场亚洲金融危机的货币狙击战，让索罗斯率领量子基金迎来了高光时刻。20 世纪 90 年代的泰国是当时经济增长最快的国家之一，繁荣背后是过急过快的金融开放、高度依赖外国资本……，但对索罗斯来说这无疑又是一次扬名立万的机会。

当时，泰铢锚定美元，1 美元兑换 25 泰铢。1997 年 2 月，索罗斯对泰铢发起一次试探性的攻击，先散布消息唱空泰铢，紧接着在市场上抛售泰铢，泰国央行消耗了 20 亿美元的外汇储备、提高利率才稳住局面。1997 年 5 月 12 日，索罗斯又发动了第二次进攻，仅仅两天时间，泰铢汇率下跌到近 11 年来最低水平，泰国央行见状紧急联合新加坡和中国香港对外汇市场进行干预，阻止银行拆借泰铢，才勉强保住汇率。经过前两次交锋，泰国国内坏账增加，资产泡沫岌岌可危，执政党民心大失。1997 年 6 月，以索罗斯为代表的国际资本发动第三次围剿，继续舆论施压，大量借钱做空泰铢，这次索罗斯抛售了 20 亿美元的泰铢，泰铢暴跌，最终泰国外汇储备耗尽，泰国央行迫于压力，宣布放弃固定汇率，至此，这场金融战以国际炒家大获全胜而告终。

在这场金融战中，量子基金不但挽回了前两次 1500 万美元的损失，还获利 3 亿美元。随后，印度尼西亚、缅甸、马来西亚、菲律宾也卷入亚洲金融危机。

1998 年折戟香港金融保卫战

索罗斯在成功狙击英国和泰国之后，信心爆棚，自然盯上同样实行固定汇率制的中国香港。但这一次事态却没有按照索罗斯的剧本进行。

索罗斯在外汇市场、股市和期货市场全面做空香港市场，最初先试探抛售港币，香港金融管理局加息应对，银行间拆借利率一度达到300%，市场上的资金很快枯竭，香港股票被大量抛售，恒生指数从15 000点跌到9000点，这让索罗斯和国际投机者士气大涨。1998年8月，索罗斯声势浩大地带领国际炒家再度袭来，恒生指数暴跌到6600点。这一次，香港金融管理局破釜沉舟，摒弃一味提高利率的老方式，动用外汇储备将国际资本抛售的港币照单全收，誓要将港币与美元的兑换比例稳定在7.75∶1的水平。这份底气正是来自中央政府的支持，香港特区政府在股市、期市和汇市大举买入，当天香港恒生指数大幅回升至7200点，随后双方展开拉锯战，直到8月底索罗斯坚持到交割日最后一搏，香港特区政府也不甘示弱，直接动用200亿元以上的港币对国际游资围追堵截。

最终，恒生指数成功固守7800点的关口，索罗斯铩羽而归。香港特区政府与索罗斯这场惊心动魄的金融战被很多国家搬进了金融教科书，也让索罗斯看到，除市场因素以外，政府的决心与实力同样重要。

第六节　揭秘量化投资：模型与人脑的较量

量化投资是近十年风靡全球的投资方式，它颠覆了人们对传统投资的认知，造就了无数财富奇迹，但也有顶级机构因它而破产。量化交易是做什么的？高收益的外表下隐藏着哪些风险？

什么是量化交易

简单理解，量化交易就是利用量化模型替代人脑的主观判断，找到影响资产收益率和波动性的因子，制定投资策略。自从 20 世纪 80 年代西蒙斯开创性地将数学模型引入投资，量化交易逐渐兴起，如今美国量化交易额占比超过 60%，中国约 20%。相比于人脑决策，量化投资更加理性，能克服人性的弱点，而且策略从简单到复杂，风险从低到高，都可以量身定制。

在这里，我们简单介绍两种最具代表性的策略——高频交易和量化对冲。

高频交易，主要依靠计算机程序来捕捉毫秒间的投资机会。 计算机会自动监测全市场交易，哪怕是微小的价差，都能在毫秒内自动下单。单笔利润虽然很低，但由于交易频率很高，也能保障获得高额收益。高频交易的关键在速度，交易者往往使用超高速的计算机系统，甚至将系统硬件搬到交易所附近。

量化对冲，则是利用资产价格相关性或风险因子进行套利。 20 世纪 90 年代名震一时的美国长期资本管理公司（LTCM）做的就是这件事。具体来看，长期资本管理公司的模型显示德国国债和俄罗斯国债波动方向一致，利差长期稳定，如果在一段时间里俄罗斯国债价格下跌，长期资本管理公司会大量借钱买入俄罗斯债券，卖出德国债券，等待价值回归后再平仓套现。经过缜密测算，长期资本管理公司建立起庞大的债券和衍生工具组合，用以捕捉不同市场、不同区域、不同期限的资产之间的价差，并放大杠杆。1995 年、1996 年其收益率都超过 40%，可谓是盛极一时。

然而量化投资并不是永恒的印钞机，资本市场也不会像天体那般规律地运行，人们可以量化资产走势，但无法量化国债违约的发生。1998 年俄罗斯竟然宣布国债违约，俄罗斯国债瞬间一文不值。持仓巨大的长期资本管理公司亏得血本无归。后来巴菲特评价道："**他们在铁轨上不停地捡硬币，坏就坏在没注意冲过来的火车不总是鸣笛……**"

如何看待这种投资方式呢？在个人投资者主导的资本市场，市场有效性较差，在这种情况下，量化投资确实能赚取一定的超额收益，这是量化交易的优点。但其风险也不容忽视：第一，黑天鹅事件、系统性危机的发生可能使模型失效；第二，量化投资在我国有一定政策风险，由于量化投资可能使用趋同的策略，比如设置相似的平仓线，放大市场波动，故而会引发监管关注；第三，随着资本市场发展，市场有效性加强，量化套利超额收益也会趋于减少。

普通投资者能否参与呢？目前个人投资者参与量化交易的方式主要包括这样几个渠道：一是私募基金或海外基金，投向全球市场，但资金门槛相对较高；二是一些公募基金也带有"量化"字眼，但更多只是把模型当作选股和择时的工具之一，与真正的量化有一定区别；三是自己设计量化模型，或套用一些现成的模型。需要提醒大家，**能够"捡钱"的模型固然诱人，量化投资本质上是一种工具，即使模型的力量再强大，也需要投资者真正理解模型原理、识别风险。**尤其是我国资本市场发展还不成熟，风险对冲工具也不完备，不乏一些鱼龙混杂的机构打着"量化投资"的旗号割"韭菜"，需要投资者擦亮双眼。

"量化投资先驱"西蒙斯如何打造赚钱机器

有这样一家投资公司，创始人 40 岁转行投资，不按常理出牌，被华尔街视为另类，但旗下基金却被称为赚钱机器。这家公司就是开创了量化投资先河的文艺复兴公司，我们来聊聊它的创始人——"量化基金之王"西蒙斯。

詹姆斯·西蒙斯（James Harris Simons）于 1938 年出生于美国波士顿，父亲是鞋厂老板，从小西蒙斯就展露出惊人的数学天赋，高中毕业后，他如愿考入麻省理工学院数学系，年仅 23 岁就获得博士学位，一直到他 40 岁，主要作为大学教授从事学术研究，与美籍华人数学家陈省身创立了著名的陈 – 西蒙斯定理，获得几何学最高奖项——维布伦奖。其间有两年，不安分的西蒙斯还从事过国防情报分析，但因公开发表反对越战的观点而被辞退。

可以说在进军金融圈之前，西蒙斯已经在学术道路上功成名就，也许是出于挑战新事物的好奇心，1977 年西蒙斯半路出家，创立了自己的私人投资基金。他最初采用传统的基本面分析法投资外汇，积累了一些经验后，他突发奇想地用数学模型来预测货币市场走势，从此一发不可收拾。1982 年西蒙斯创立文艺复兴公司，招募了一批数学、物理学高精尖人才，专门从事量化交易。该公司在 1988 年设立的旗舰产品"大奖章"基金，号称"最赚钱的机器"，从设立到 2018 年，年化收益率高达 66%！扣除管理费和绩效报酬后年化收益率为 39%。西蒙斯也被冠以"量化投资之王"的称号，2009 年西蒙斯从文艺复兴公司退休，致力于慈善事业，在数学教育和自闭症治疗方面投入颇多。

西蒙斯的量化投资为何如此赚钱？这就要从量化投资这种另类方法说起。这一方式起源于 20 世纪 70 年代的美国，八九十年代随着计算机技术的成熟得到广泛应用，近十年来，大数据、机器学习技术使量化交易得到突飞猛进的发展。传统的投资方法，无论是价值投资、成长投资，还是一些对冲策略，大部分是基于基本面分析，这就需要投资经理主观判断。而量化投资是用定量模型替代人的主观判断，克服人性弱点，严格按照模型结果交易。

西蒙斯和文艺复兴公司以低调神秘著称，交易策略从未公开过，我们只能管中窥豹。

一是"壁虎式投资"短线交易。西蒙斯曾打过一个比方，"要像壁虎一样，平时趴在墙上一动不动，蚊子一旦出现就迅速将其吃掉，然后恢复平静，等待下一个机会"。其投资风格以短线为主，同时交易很多品种，依靠在短期内完成的大量交易来获利。

二是坚信模型的力量。西蒙斯自称"模型先生"，将数学理论与投资完美融合，理性面对海量交易数据和信息资讯，基本不依靠基本面分析，办公室最中间是24小时运转不歇的计算机，充分利用机器学习、大数据推演、复杂的算法，对市场状态进行判断和择时，降低交易中的系统性风险。

西蒙斯的投资标的也极为严格：一是必须公开交易，二是流动性足够高，三是必须适合用数学模型来交易。正是遵守这样严苛的交易纪律，即便在2008年全球金融危机时，"大奖章"基金收益率也能高达80%。

如今，西蒙斯已经离开投资舞台了，但他开创的量化投资流派，一直颇具争议。不过不可否认，量化投资已经深刻改变了市场格局。有国际机构统计，现在量化基金的交易量占比已经超过30%，中国也涌现出越来越多的量化对冲基金。对于这种纯粹依靠模型的投资方法，你会相信模型的力量吗？

第十章

投资大师如何度过至暗时刻

巴菲特说："在别人贪婪时我恐惧，在别人恐惧时我贪婪。"

涨上去的是风险，跌下来的是机会。真正的投资者对于好公司、好股票应该越涨越悲观，越跌越乐观。投资是反人性的，所以注定只有少数人能够成功。我们所需要做的是提升自己的思维能力和认知水平，投资本质上是认知的变现。

无论是个股还是大盘，底部都不是一个点，而是一个区间。如果买早了，你可能会经历至暗时刻，但是，"买得便宜是硬道理，伟大都是熬出来的"。价值投资是做时间的朋友。

第一节　巴菲特如何度过至暗时刻

不惧"黑色星期一"，果断逆势抄底可口可乐

在 1987 年 10 月 19 日的"黑色星期一"，美国股市崩盘。道琼斯工业指数下跌了 508.32 点，跌幅达 22.62%。如果用市值来算，这一天蒸发了近 5000 亿美元，美国当年的 GDP 约 4.87 万亿美元，股市单日下跌超过 GDP 的 1/10。美股暴跌引发了全球性的金融海啸，伦敦、法兰克福、东京、悉尼、香港、新加坡等地的股市，接连出现暴跌。

这天股神巴菲特损失了 3.42 亿美元。一周的时间内，巴菲特控股的伯克希尔·哈撒韦公司股价便暴跌了 25%。不过与普通投资者不同，大亏后的巴菲特没有急于抛售股票，也没有四处打听消息。据媒体报道，整整一天，他都和往常一样安静地在办公室里打电话、看报纸、看上市公司的年报。

在之后召开的巴菲特集团股东大会上，有媒体问他 1987 年这次股市崩盘意味着什么，巴菲特当时平静地回答："也许它上涨得过高了吧。""长期投资，做时间的朋友""以合理的价格买进优秀的公司""预测市场没有意义，应该关注公司本身"等都是巴菲特彼时提出的投资信条。

巴菲特坚信股灾会过去，股市会恢复正常，优质公司的股价最终会反映其内在价值。他坚信自己的投资理念，努力寻找那些具有长期持续竞争优势的公司。在股市暴跌后，平静的巴菲特开始"捡便宜"。也就是在 1988 年，巴菲特买入了未来几十年让他赚取可观利润的好股票——可口可乐。从 1988 年初次买入后，可口可乐一直是巴菲特的重仓股之一。2022 年，面对全球金融市场不稳定，可口可乐逆流

而上，股价创下历史性新高。

如果你等到知更鸟叫，你将错过整个春天

2008 年金融危机来袭，在市场充满恐慌情绪的至暗时刻，巴菲特于当年 10 月在《纽约时报》发表了著名的《我在买入美国》：

"无论是在美国还是在世界其他地方，金融市场都陷入了混乱。金融危机已经渗透到总体经济中，现在这种渗透变为井喷式爆发，近期，失业率还将上升。商业活动将停滞不前，头条新闻仍是令人害怕的消息。因此我开始购买美国股票。

"为什么？因为我奉行一条简单的信条：在别人贪婪时我恐惧，在别人恐惧时我贪婪。

"当然，在多数情况下恐惧会蔓延，即使是经验丰富的投资者也无法抗拒这种恐惧感。不过有一点是肯定的，投资者应对竞争力弱且杠杆过度的实体或企业保持警惕。但对于很多竞争力强的公司，没有必要担心他们的长期前景。这些公司的利润也会时好时坏，但多数大公司在 5 年、10 年、20 年后都将创下新的利润纪录。

"要澄清一点，我无法预计股市的短期变动，对于股票 1 个月或 1 年内的涨跌情况我不敢妄言。然而有个情况很可能会出现，在市场恢复信心或经济复苏前，股市会上涨而且可能是大涨。如果你等到知更鸟叫，你将错过整个春天。"

《我在买入美国》发表 5 个月后，美股开始触底反弹，迎来了长达 10 年的牛市，巴菲特和他的伯克希尔再次实现资产增值。从 2009年开始到 2021 年末的 12 年内，道琼斯指数从最低 6440 点上涨到36 952 点，上涨 5.7 倍；标普 500 指数从最低 666 点上涨到 4818

点，上涨 7.23 倍；纳斯达克指数从最低 1265 点上涨到 16 212 点，上涨 12.8 倍。

投资名言

1. 在别人贪婪时我恐惧，在别人恐惧时我贪婪。

2. 当一些大企业暂时出现危机，或股市下跌，并出现有利可图的交易价格时，我们就应该毫不犹豫买进它们的股票。

3. 好机会是那种尖叫着要你买入的。比如 2008 年，资产价格便宜了，这时候就不能怕。在你们一辈子的投资生涯之中，这种天上掉金子的大好机会，大概能遇到 6 次。

4. 投资的好处在于你不需要对每个扔过来的球挥棒。投资的诀窍就是坐在那里看着一个个扔来的球，并且等待你能打到最佳位置的那个。

5. 当好企业因受制于市场逆转、股价不合理而下跌时，大好的投资机会就即将来临。我更愿意看到市场下跌，大跌的时候更容易买到好货，更容易把钱用好。

6. 投资企业而不是股票。拥有一只股票，期待它明天早晨就上涨是十分愚蠢的。

7. 当一家有实力的大公司遇到一次巨大但可以化解的危机时，一个绝好的投资机会就悄然来临。

第二节　芒格如何度过至暗时刻

辉煌成绩背后亦有艰辛时刻，投资要善于"等待"，伟大都是熬出来的

　　芒格是巴菲特的黄金搭档，伯克希尔·哈撒韦公司的副主席。他和巴菲特联手创造了有史以来最优秀的投资纪录——年均 20% 以上的复合收益率。

　　辉煌投资成绩的背后亦有艰辛时刻。芒格在 1973 年损失了 31.9%，相比之下，道琼斯工业指数下跌了 13.1%；在 1974 年损失了 31.5%，当年道琼斯指数下跌了 23.1%。提起那两年，芒格自己后来也说："这是一段艰难的经历——1973 年至 1974 年是一个非常不愉快的经历。"

　　尽管如此，回过头再看那场下跌，芒格依然认为，那两年大多数股票价格都已经跌到令人流口水的低位，是一个非常好的机会，他甚至曾感慨，自己和巴菲特可能再也看不到这些机会了。芒格说："我们在 1973 年到 1974 年间被市场碾压了，这是因为我们的股票不得不在低于其真正价值的一半以下的价格交易。"

　　在最艰难时刻做出的正确选择，终会为你带来回报。1974 年底，其 61% 的资金投资于蓝筹印花公司。在大萧条以来最糟糕的熊市里，蓝筹印花公司给芒格的投资组合带来了较大程度的回撤。然而，后来蓝筹印花公司作为基金的重要资产，为之后收购喜诗糖果、《布法罗晚报》和韦斯科金融公司等提供了大量的资金。

　　芒格投资成功的秘诀不在于靠买进卖出获得财富，而在于等待。芒格认为，如果你想赚大钱，你必须善于等待，宁愿看起来很傻，也不要没有耐心地随波逐流。芒格的投资智慧，其实并不是什么高深的道理，难的是认真执行和坚持，等待的过程是反人性的，很多人是做不到的。

　　巴菲特和芒格能够成为大师的最重要的原因之一，就是他们在很年轻的时候就明白了核心的道理，并且用一生的时间坚持下去。在芒格看来，如果你对于在一个世纪内发生两三次或者更多次市场超过50%的下跌不能泰然处之，你就不适合做投资，并且和那些能理性处理市场波动的投资者相比，你也只能获得相对平庸的投资收益。

在芒格的引导下，巴菲特也对自己的投资理念进行迭代更新，不再是执着于早期的"烟蒂投资法"，而是开拓视野，投资了苹果等一批科技成长公司，也放眼全球，投资了比亚迪等崛起中的中国公司。

投资名言

1. 巴菲特和我所做的是，我们买了有前景的东西。有时我们遇到经济的顺风，有时我们遇到逆风，但不管怎样，我们都在继续前行。
2. 要进行投资，你需要的不是大量的行动，而是大量的耐心。
3. 如果你对于市场超过 50% 的下跌不能泰然处之，你就不适合做投资。
4. 学会承受损失，你需要即使遭受损失和身处逆境也不会疯掉的能力。

第三节　霍华德·马克斯如何度过至暗时刻

充分认知牛熊市"套路"，逆势而行，不从众

霍华德·马克斯是著名的投资大师，美国橡树资本管理有限公司创始人。刚入行的时候，有个老前辈和他讲了一个关于牛市的套路。老前辈说，牛市其实非常简单，一共分成三个阶段：第一阶段，少数有远见的人开始相信一切会更好；第二阶段，大多数投资者意识到进

步的确已经发生；而当到了第三阶段，人人断言一切永远会更好——当共识超越常识，牛市就到了终点。

霍华德·马克斯在2008年次贷危机时发现了熊市同样有三个阶段：先是少数投资者在狂热中嗅到了风险，然后大多数投资者开始感受到了形势的恶化，最后所有人都沉浸在悲观之中，相信形势只会更糟，熊市可能就见到了底部。

马克斯认为，成功投资的关键在于逆势而行——不从众。投资中最有趣的事情是它的矛盾性，最显而易见、人人赞同的事，往往被证明是错误的。只有当多数人看不到投资价值的时候，价格才会低于价值。成功的关键不可能是群体的判断，趋势与群体共识是阻碍成功的因素。因此，大多数投资者是趋势跟踪者，而杰出的投资者恰恰相反，他们使用第二层次思维，避开雷同的投资组合，进行逆向投资。

参悟市场并非完全"有效"，寻找绝佳时刻

支撑马克斯敢于逆市操作的核心逻辑，是他对市场有效性的参悟。有效市场假说认为，在相关法律健全、透明度高、竞争充分的股票市场，一切可获得的信息已经及时、准确、充分地反映在资产价格当中了，除非存在市场操纵。在马克斯看来，有效市场理论并非金融市场的全部真相，主流市场的确变得愈加有效，但无效性永远都在。因为，人是理性与感性的综合体，大多数人都会受贪婪、恐惧、妒忌及其他破坏客观性、导致重大失误的情绪所驱动，所以人给出的市场价格不可能绝对公允，也就是不会一直有效或无效。

2008年，随着雷曼兄弟轰然倒下，华尔街人心惶惶，甚至有人预测整个金融体系即将崩溃，资产抛售狂潮随之而来。但在雷曼兄弟

破产后的三个月里，橡树资本逆市斥资 60 多亿美元，以低于实际面值约 50% 的价格收购了公用事业公司等高杠杆公司的优先担保债券。最终，随着经济复苏的到来，接盘的大多数债券在几个月内都按面值偿付，橡树资本取得了翻倍的收益，成为此次金融危机中为数不多的大赢家。

霍华德·马克斯投资的成功之道在于他善于逆势而为，不在危机来临时恐慌，通过自己的第二层思维和对市场有效性的参悟进行逆市操作。成功的投资不在于"买好的"，而在于"买得好"，即以低于价值的价格买进，等待资产价格向价值靠拢，才是投资的真谛，是最可靠的赚钱方法。

投资名言

1. 卓越投资需要第二层次思维，一种不同于常人的更复杂、更具洞察力的思维方式。什么是第二层次思维？

第一层次思维说：公司会出现增长低迷、通货膨胀加重的前景，让我们抛掉股票吧。第二层次思维说：公司前景糟糕透顶，但是所有人都在恐慌中抛售股票，我们应该买进。

第一层次思维说：这家公司的利润会下跌，卖出。第二层次思维说：这家公司的利润下跌得会比人们预期的少，会有意想不到的惊喜拉升股票，买进。

第一层次思维说：这是一家好公司，让我们买进股票吧。第二层次思维说：这是一家好公司，但是人人都认为它是一家好公司，因此它不是一家好公司。股票的估价和定价都过高，让我们卖出股票吧。

第一层次思维单纯而肤浅，几乎人人都能做到。第二层次思维深邃、复杂而迂回。

2. 你不可能期待在和他人做着相同事情的时候胜出，突破常规不是目的，但是却是一种不错的思维方式。当发生危机时，要想赚钱，第一得有钱，第二得有勇气，敢投资这笔钱。当两者都具备时，这就是成功的公式。

3. 某种程度上来说，趋势、群体共识是阻碍成功的因素，雷同的投资组合是我们要避开的。由于市场存在钟摆式的摆动或周期性，所以取得最终胜利的关键在于逆向投资。

4. 牢记万物皆有周期。周期永远胜在最后。任何东西都不可能朝同一个方向永远发展下去，树木不会长到天上，很少有东西会归零。坚持以今天的事件推测未来是对投资者的投资活动最大的危害。

5. 证券市场的情绪波动类似于钟摆运动。当形势良好、价格高企时，投资者迫不及待地买进，把所有谨慎都抛诸脑后。当周围环境一片混乱、资产廉价待沽时，投资者又完全丧失了承担风险的意愿，迫不及待地卖出。永远如此。

第四节 达利欧如何度过至暗时刻

桥水基金的"全天候策略"，强调主动把握合适的市场机会

达利欧是全球最大对冲基金桥水基金的创始人，资产管理规模超2000亿美元。

如上一章所述，达利欧提出"全天候策略"，强调运用科学的经济量化模型进行主动资产管理，融合宏观经济预判、资产类别选择、组合风险管理，创建出一套完整的资产管理体系。通过对宏观经济环境进行分析，根据经济增长和通胀水平划分不同情形，寻找适合每一种情

形下的资产类别，进而配置股票、商品、债券，构建最终的投资组合。

应对危机：与其抱怨危险，不如把握机遇

达利欧向众多投资人证明，与其消极抱怨市场，不如积极应对风险，根据市场状态调整投资心态，重构投资组合。桥水基金凭此在多次危机中表现优异。

1987 年的"黑色星期一"，达利欧的桥水基金逆势取得 22% 的高收益。

2008 年，对冲基金行业整体惨淡，很多基金的表现都非常差。许多著名金融机构面临风险，雷曼兄弟倒闭，贝尔斯登也被其他金融机构接管。桥水基金却逆势获得 14% 的正收益。

2010 年欧洲爆发主权债务危机，行业整体表现也非常惨淡，但是桥水基金再次表现优异。旗下"纯粹阿尔法"基金，规模达 700 亿美元，在 2010 年获得了 45% 的收益率，这一年桥水基金的整体回报率也达到了历史新高。

危机可以使人成长，危机既是危险也是机遇，危险之中蕴藏着机会。知易行难，但是达利欧是真正做到了这一点，化危险为机会，在市场动荡中获取了高额的收益。

在《原则》一书中，达利欧分享了他在市场崩盘中学到的三件事情：

第一，不应该离谱地过度自信，并放纵自己被情绪左右。无论我知道多少东西，无论我多么勤奋，我都不应该自信地做出绝对的断言。

第二，我再次领会到研究历史的价值。

第三，要把握市场的时机，虽然这对大多数人来说相当困难。

投资名言

1. 投资者犯的最大错误是，认为最近发生的事情可能会持续下去。
2. 我不会沉浸在当下。
3. 投资者在市场出现下跌时，总是容易做出抛售的决定。屈从于恐惧并不是个明智的策略，因为这样做并不会取得成功。相反，在市场下跌时，投资者需要进行反向操作。当你不再感到恐惧时，你可能需要卖出；当你感到恐惧时，你也许需要买进。
4. 明智的人在经历各种沉浮时都始终盯着稳健的基本面，而轻浮的人跟着感觉走，做出情绪化的反应，对于热门的东西一拥而上，不热门的时候又马上放弃。

第五节　格雷厄姆如何度过至暗时刻

低价买入＋风险防护，不以撤离应对股市低迷

本杰明·格雷厄姆有"华尔街教父"的美誉，代表作品有《证券分析》《聪明的投资者》等。他认为世上本没有一夜暴富的方法，往往最简单的方法就是最好的方法。他建议投资者应该持有正确的态度，相信常识的判断，为自己着想。一个投资者必须既具备良好的企业分析判断能力，又具备一种能把自己的思想行为和那些在市场上盘旋的情绪隔绝开来的理性，才能取得投资成功。

1936年，华尔街再度陷入低迷，对于大多数投资者而言，即将面对又一轮的严峻考验。此时格雷厄姆并未像其他投资者一样陷入一

片悲观之中，而是充分运用股票投资分析方法去搜寻值得投资的股票。他不重视以个股过去的表现来预测证券市场的未来走势或个股未来的展望，而主要以股票市值是否低于其内在价值作为判断标准，特别是那些低于其清算价值的股票更是他关注的重点。

格雷厄姆在股市低迷期为格雷厄姆纽曼公司购入大量的低价股，而且格雷厄姆像1929年股市大崩溃之前一样，对各项投资均采取了各种避险措施，并且这次他将资产保护得更周全。格雷厄姆一方面采取分散投资的方法规避风险，另一方面投资于优先股，利用优先股再获得低利率的融资，同时又可获得约半成的股利，而普通股并不保证有股利，从而达到规避风险的目的。

格雷厄姆的这些投资策略和投资技巧既表现出了在持续低迷期的抗跌能力，又表现出了在弱市中的获利能力。当股市开始反转时，格雷厄姆在股市低迷期购入的大量低价股上涨，由此获得了巨大的回报。在1936年至1941年，虽然股市总体来讲呈下跌趋势，但格雷厄姆纽曼公司在此期间的年平均投资回报率大大超过了同时期标普股票的表现，同时期的标普股票平均亏损0.6%。

拉长时间线来看，格雷厄姆从1936年到1956年，记录的投资收益率，年均不低于14.7%，可以跻身于华尔街有史以来最佳的长期收益率之列。

投资名言

1. 牛市是普通投资者亏损的主要原因。
2. 买股票是买一宗生意的一部分。
3. 市场总是在过度兴奋和过度悲观间摇摆，智慧的投资者是从过度悲观的人那里买来，卖给过度兴奋的人。

4. 你自己的表现远比证券的表现本身更能影响投资收益。

5. 对股票价格要斤斤计较，要像超市购物，不要像买化妆品。

6. 上涨的股票风险增加了而不是减少，下跌的股票风险减少了而不是增加。

7. 在牛市时很难见到上市公司手持的现金超过股价，但熊市时这种机会比想象的要多，要抓住。

8. 投资者与投机者最实际的区别在于他们对股市运动的态度上：投机者的兴趣主要在参与市场波动并从中谋取利润，投资者的兴趣主要在以适当的价格取得和持有适当的股票。

9. 一般的投资者认为，为了规避投资风险，最好是从股市上撤离，斩仓出局。但撤离股市并不是股市低迷时期的最好应对方法。

第六节　彼得·林奇如何度过至暗时刻

拒绝被恐惧支配的抛售

彼得·林奇是一位卓越的股票投资家和证券基金经理。从 1977 年到 1990 年，彼得·林奇管理麦哲伦基金 13 年，创造了一个投资奇迹和神话。麦哲伦基金管理的资产规模由 2000 万美元成长至 140 亿美元，基金的持有人超过 100 万人，是当时全球资产管理金额最大的共同基金。

林奇管理的麦哲伦基金，13 年里年化复合收益率高达 29%。但在 1987 年 10 月 19 日这天，麦哲伦基金的资产净值损失了 18%，损失高达 20 亿美元。恐慌之下，投资者争相赎回，导致麦哲伦基金的赎回份额在 10 月高达 13 亿份，而买入的份额仅有 6.89 亿份。

他在《彼得·林奇的成功投资》一书中，记录了 1987 年股灾时的心路历程："在那一时刻，我真的不能确定，到底是到了世界末日，还是我们即将陷入一场严重的经济大萧条，又或者是事情并没有变得那么糟糕。"林奇总结说，这场股灾让自己汲取了很多教训：

一是投资者应该忽视股票市场的起起落落。如果你在股市暴跌中绝望地卖出股票，那么你的卖出价格往往会非常之低。

二是即使很恐慌，也应该保持清醒，不应该一下抛售那么多，而是应该逐步减持，这样才能最终获得比那些由于恐慌而将股票全部抛出的投资人更高的投资回报。

三是优秀的公司最终将会胜利，而普通公司将会失败，投资于这两类完全不同的公司的投资者也将会相应得到完全不同的回报。事实也证明确实如此。到 1988 年 6 月时，市场已经反弹了 400 多点，回升了 23%，如果在 1987 年 10 月时卖出，损失可谓惨重。

投资名言

1. 股市的崩盘，犹如科罗拉多州 1 月的暴风雪一样寻常。如果你有所准备，它就不会对你造成多大影响。股市大跌其实是一个买入股票的大好机会，那时惊恐万分的投资者们纷纷抛售股票，股价自然就很低了，你就可以趁机挑选很多便宜的股票。

2. 通常，在几个月甚至几年内公司业绩与股票价格无关，但长期而言，两者 100% 相关。这个差别是赚钱的关键，要耐心持有好股票。

3. 每个人都有头脑在股市赚钱。但是并不是每个人都有这样的胆魄。如果你很容易在股市恐慌的时候抛售股票，你应该远离股市和基金。

4. 当你投资短期的时候，你只能赚到 90%，当你投资长期时，你可以赚 10 倍。

5. 股市波动的历史规律告诉我们，所有的大跌都会过去，股市永远会涨得更高。历史经验还表明，股市大跌其实是释放风险，创造投资的一次好机会，使投资者能以很低的价格买入那些很优秀的公司股票。

6. 情绪可能是一个真正的业绩杀手，市场下跌容易让你在恐慌中抛售，或者市场暴涨容易让你贪婪地抢购高估的股票。

7. 股灾发生的真实原因，无论从历史经验来看，还是从市盈率、股息收益率等统计指标来看，都是当时的市场涨得太过头了。

8. 人们只记住了股灾的时候股市在 2 个月的时间里猛跌了 1000 点，其中一半还是在 1 天之内跌掉的，却忘记了股灾发生之前的 9 个月里，股市上涨了不止 1000 点。

第七节　约翰·邓普顿如何度过至暗时刻

逆向投资之路

约翰·邓普顿与乔治·索罗斯、彼得·林奇、沃伦·巴菲特并列全球四大传奇投资人，被美国《福布斯》杂志称为"全球投资之父"。

作为 20 世纪最著名的逆向投资者，邓普顿的投资方法被总结为，"在大萧条的低点买入，在疯狂非理性的高点抛出，并在这两者间游刃有余"。他在全球范围内梳理、寻求已经触底但又具有优秀远景的国家以及行业，投资标的都是被大众忽略的企业。作为逆向价值投资者，邓普顿相信，完全被忽视的股票是最让人心动的便宜货——尤其是那些投资者们都尚未研究的股票。

从零到一，从一到一百，他经常把低进高出发挥到极致，在"最大悲观点"时进行逆势投资。1937 年，是大萧条最低迷的时候，邓普顿成立了自己的公司——Templeton, Dobbrow & Vance（TDV）。1939 年，在大萧条与战争的双重恐怖气氛中，36 岁的邓普顿依靠 1 万美元的借款购买了 104 家公司各 100 股股票。几年后，整个投资组合的价值大幅回升，其中 100 家公司的成功为邓普顿赚得第一桶金。到 1967 年，他的管理规模已经超过 4 亿美元。邓普顿创立了全球闻名的邓普顿共同基金集团，而且，他的基金公司从不雇用销售人员，完全依靠投资表现来吸引顾客。1992 年，他管理的资产已经高达 220 亿美元。

邓普顿在全球范围内梳理、寻求已经触底但又具有优秀远景的国家以及行业。20 世纪 60 年代到 20 世纪 70 年代，邓普顿是第一批到日本投资的美国基金经理之一。他以较低的价格买进日本股票，抢在其他投资者之前抓住了机会，在他买进后，日本股市一路蹿升。后来，他发觉日本的股市被高估了，在 1988 年就对股东们说，日本的股市将会缩水 50%，甚至更多。与此同时他又发现了新的投资机会，重投美国。

投资名言

1. 街头溅血是买入的最佳时机。
2. 牛市在悲观中诞生，在怀疑中成长，在乐观中成熟，在兴奋中死亡。
3. 即使周围的人都在抛售，你也不用跟随，因为卖出的最好时机是在股市崩溃之前，而非之后。
4. 你应该检视自己的投资组合，卖出现有股票的唯一理由，是出现了更具吸引力的股票，如没有，便应该继续持有手上的股票。

第三篇

预见未来：
投资就是投未来

| 第十一章 |

新基建：未来中国经济的新引擎

第一节　新基建的内涵与意义

内涵：符合中国经济高质量发展要求，重点是"五新"

新基建兼顾短期扩大有效需求和长期扩大有效供给，具有稳增长、稳就业、调结构、促创新、惠民生的综合性意义，正成为国家政策和各地方高质量发展的重要抓手、拉动经济增长的新亮点、实业界和资本市场的重大新机遇。

2020 年 4 月，国家发改委提出新基建主要包括三类（见图 11-1）：一是，信息基础设施，如 5G、物联网、人工智能等；二是，融合基础设施，即新技术和传统基建的融合，比如智能交通系统、智慧能源系统等；三是，创新基础设施，即用于支持科技创新的基础设施，比如大科学装置、科教基础设施等。

当前，资本市场聚焦七大领域：① 5G 基建；②特高压；③城市高速铁路和城市轨道交通；④新能源汽车充电桩；⑤大数据中心；⑥人工智能；⑦工业互联网。

未来"新"一轮基建主要应有五"新"：

一是新的领域。在补齐铁路、公路、轨道交通、机场等传统基建的基础上大力发展新一代信息技术、特高压、人工智能、工业互联网、新能源、充电桩、智慧城市、城际高速铁路和城际轨道交通、大数据中心、教育、医疗等新型基建。以改革创新稳增长，发展创新型产业，培育新的经济增长点。

二是新的地区。基础设施建设最终是为人口和产业服务的，未来城镇化的人口将更多地聚集到城市群、都市圈，如长三角、粤港澳、京津冀等，未来上述地区的轨道交通、城际铁路、教育、医疗、5G等基础设施将面临严重短缺，在上述地区进行适度超前的基础设施建设能够最大化经济社会效益。

三是新的方式。新基建需要新的配套制度变革。新基建大多属于新技术、新产业，需要不同于旧基建的财政、金融、产业等配套制度支撑。财政政策方面，研发支出加计扣除，高新技术企业低税率；货币金融政策方面，在贷款、多层次资本市场、并购、IPO、发债等方面给予支持，规范 PPP；产业政策方面，将新基建纳入国家战略和各地经济社会发展规划中。

四是新的主体。要进一步放开基建领域的市场准入，扩大投资主体，尤其是有一定收益的项目要对民间资本一视同仁。区分基础设施和商业应用，前者政府和市场一起，后者更多依靠市场和企业，在市场做到能干尽干的同时，由政府提供财税、金融等基础支持。

五是新的内涵。除了硬的"新基建"，还包括软的"新基建"，即制度改革：补齐医疗短板，改革医疗体制，加大汽车、金融、电信、电力等基础行业开放，加大知识产权保护力度，改善营商环境，大幅减税降费，尤其是社保缴费费率和企业所得税，落实竞争中性，发展多层次资本市场，建立新激励机制调动地方政府和企业家积极性等。

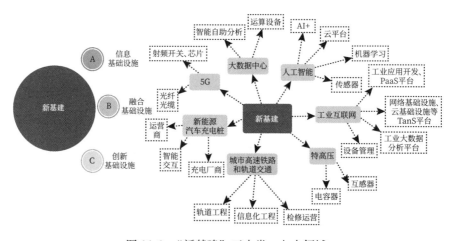

图 11-1　"新基建"三大类、七大领域

资料来源：Wind，泽平宏观。

政策：国家高度重视新基建，各地积极布局

表 11-1 梳理了有关"新基建"的政策。

表 11-1 中央有关"新基建"表态政策梳理

时间	来源	相关内容
2021 年 12 月~2022 年 2 月	国家发展和改革委员会、中央网信办、工业和信息化部、国家能源局印发	关于同意各地区启动建设全国一体化算力网络国家枢纽节点的复函，在京津冀、长三角、粤港澳大湾区、成渝、内蒙古、贵州、甘肃、宁夏等 8 地启动建设国家算力枢纽节点，并规划了 10 个国家数据中心集群。至此，全国一体化大数据中心体系完成总体布局设计
2022 年 1 月 12 日	国务院印发	《"十四五"数字经济发展规划》提出，到 2025 年，数字经济核心产业增加值占 GDP 比重达到 10%，数据要素市场体系初步建立，产业数字化转型迈上新台阶，数字产业化水平显著提升，数字化公共服务更加普惠均等，数字经济治理体系更加完善
2021 年 12 月 10 日	中央经济工作会议	**适度超前开展基础设施投资**
2021 年 7 月 15 日	国家发展和改革委员会、国家能源局	到 2025 年，实现新型储能从商业化初期向规模化发展转变
2021 年 3 月	国务院政府工作报告	推进产业基础高级化、产业链现代化，改造提升传统产业，发展壮大战略性新兴产业。统筹推进传统基础设施和**新型基础设施建设**
2020 年 12 月	中央经济工作会议	大力发展数字经济，加大**新型基础设施**投资力度。扩大制造业设备更新和技术改造投资
2020 年 5 月 22 日	国务院政府工作报告	**"新基建"写入政府工作报告**；加强新型基础设施建设，发展新一代信息网络，拓展 5G 应用，增加充电桩，推广新能源汽车，激发新消费需求、助力产业升级
2020 年 3 月 4 日	中央政治局常务委员会	要加大公共卫生服务、应急物资保障领域投入，加快 5G 网络、数据中心等新型基础设施建设进度
2020 年 2 月 14 日	中央全面深化改革委员会第十二次会议	基础设施是经济社会发展的重要支撑，要以整体优化、协同融合为导向，统筹存量和增量、传统和新型基础设施发展，打造集约高效、经济适用、智能绿色、安全可靠的现代化基础设施体系
2020 年 1 月 3 日	国务院常务会议	大力发展先进制造业，出台信息网络等新型基础设施投资支持政策，推进智能、绿色制造
2019 年 3 月 5 日	国务院政府工作报告	再开工一批重大水利工程，加快川藏铁路规划建设，加大城际交通、物流、市政、灾害防治、民用和通用航空等基础设施投资力度，加强新一代信息基础设施建设
2018 年 12 月 21 日	中央经济工作会议	要发挥投资关键作用，加大制造业技术改造和设备更新，加快 5G 商用步伐，**加强人工智能、工业互联网、物联网等新型基础设施建设**，加大城际交通、物流、市政基础设施等投资力度，补齐农村基础设施和公共服务设施建设短板，加强自然灾害防治能力建设

资料来源：新闻资料整理，泽平宏观。

第二节 数字经济：经济增长新引擎

在经历了农业经济时代、工业经济时代后，世界正式迈入了数字经济时代。习近平总书记撰文《不断做强做优做大我国数字经济》，提出发展数字经济是把握新一轮科技革命和产业变革新机遇的战略选择。

数字经济有狭义（数字产业化）和广义（产业数字化）之分。据《中国数字经济发展白皮书》，2005～2020 年，中国广义数字经济规模从 2.6 万亿元增长到 39.2 万亿元，上涨 14.1 倍，复合增速为 19.8%，同期名义 GDP 复合增长率为 12.8%，占 GDP 比重从 14.2% 上升到 38.6%。其中，2020 年数字产业化规模为 7.5 万亿元，产业数字化规模为 31.7 万亿元。**根据国务院《"十四五"数字经济发展规划》的要求，我国数字经济核心产业占 GDP 的比重要从 2020 年 7.8% 的水平提升至 2025 年的 10%。**同时，进一步推进产业数字化转型，并提升数字产业化水平。

如图 11-2 所示，数字经济包括区块链、人工智能、虚拟现实和增强现实、云计算、大数据、物联网、工业互联网七大领域，底层技术归结于三个战略核心：芯片和半导体是数字经济的心脏，负责信息的计算处理；软件和操作系统是大脑，负责信息的规划决策、资源的调度；通信技术是神经纤维和神经末梢，负责信息的传输与接收。

在数字经济浪潮下，以 5G 为代表的新型信息基础设施为数字经济的发展提供底层支撑。以 5G 为代表的通信技术如同"信息高速公路"，为庞大数据量和信息量的传递提供了高速传输信道；人工智能如同云端大脑，依靠"高速公路"传来的信息学习和演化，完成机器智能化进程；工业互联网如同"桥梁"，依靠"高速公路"连接人、机、物，推动制造走向智造。5G 使万物互联变成可能，将推动整个社会生产方式的改进和生产力的发展，对整体经济社会发展具有明显的辐射作用，也是当前及未来各国科技竞赛的制高点。能否抓住智能时代变革的机遇，是中国建设现代化强国的关键。

图 11-2 数字经济主要包含的七大领域

资料来源："十四五"规划和 2035 年远景目标纲要，泽平宏观。

大数据中心：数字经济（数字产业化）的基础设施

狭义的数字经济，即数字产业化，可简单分为基础层和应用层两部分。基础层指大数据中心，应用层包含了智慧出行、智慧家居、泛娱乐、新零售等方面。

数据作为数字经济时代的核心生产要素，需要强大的数据中心作为支撑。数据中心的整体产业链包含众多行业（见图 11-3），其中上游包括服务器、交换机、路由器以及光模块等，中游包括互联网以及移动互联网、物联网以及工业物联网、IDC、云服务、IAAS、SAAS以及数据安全等，下游包括智慧出行、智慧家居、泛娱乐、新零售、智慧医疗等行业。

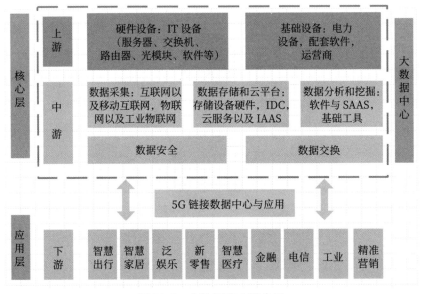

图 11-3　大数据产业链全景

资料来源：Wind，泽平宏观。

具体来看，产业链上游主要是为算力中心提供基础设施建设的行业，也是数据中心投资资金的主要流动方向。从投资占比看，服务器最大，为 69.28%，其次为交换机的 8.31%，第三是光模块的6.91%。因此数据中心投资拉动较大的行业依次为服务器相关行业、交换机、光模块以及供配电系统。产业链中游的部分企业，主要涉及数据中心的生产、建造和管理，包括电信运营商、第三方 IDC 以及云厂商等。产业链下游主要是数据中心的使用者，云计算、互联网、金融、电力以及政府等均处于产业链下游。未来随着去中心化金融、互联网以及元宇宙等领域的数据不断扩容升级，数据中心的产业链下游需求有望进一步提振。

"东数西算"：优化数据中心建设布局的重大工程

2022 年 2 月 17 日，发改委牵头联合多部门印发通知，正式启动重大战略部署工作："东数西算"工程。该工程将建设包括京津冀、长三角、粤港澳大湾区、成渝、内蒙古、贵州、甘肃、宁夏在内的 8 个国家算力枢纽节点，同时规划了 10 个国家数据中心集群。"东数西算"是我国继"南水北调""西电东送"后的又一个重大跨区域资源调配政策。

"东数西算"指的是将东部大量需要运算的数据（数）通过光纤信息通道传输至西部，并使用西部的算力枢纽进行计算（算）后将结果返回东部供分析、研究、使用。"东数西算"实施后，城市中心的算力中心用作"边缘算力"，对一些对速度要求较高的业务如工业互联网、金融证券、灾害预警、远程医疗等，进行实时低延迟运算。同时，工信部也对全部数据中心的上架率以及 PUE（能源使用效率）进行了严格限制，防止盲目发展。

"东数西算"能够优化算力中心布局，实现资源合理配置，带动西部地区整体数字经济相关产业的发展。我国目前大部分数据中心集中在东部，西部数据中心分布少、上架率低。根据《2021 年中国数据中心市场报告》的数据，2020 年华北、华东以及华南三地机柜数量占 79%，上架率在 60% ～ 70%。但东部土地少，能源相对缺乏，导致算力成本高。同时，土地广、能源较丰富的东北、西北、西南以及华中四地机柜数量只占总机柜数量的 25%，上架率在 30%～40%。"东数西算"将缓解上述情况。

此外，"东数西算"相对于"西电东送"能够在保证低成本的前提下更好地执行"双碳"目标。由于数据中心电力消耗大，未来对清洁电力需求增强，而输电的损耗较传输数据来说更大，因此"东数西算"更节能。

第三节 特高压：能源互联网的关键一环

特高压是建设能源互联网、保障能源供应安全的关键一环。虽然中国发电量、能源生产总量已经位居世界第一，但人均耗能水平与发达国家还有较大差距。**并且，以 5G 基站、大数据中心为代表的信息新基建均是耗电大户**。从区域看，中国 80% 以上的煤炭、水能、风能和太阳能资源分布在西部和北部地区，70% 以上的电力消费集中在东中部地区，供需分布严重不均。上述情况表明我国迫切需要进一步开发新能源以保障能源供应。而风能、太阳能等新能源发电的随机性、波动性问题，需以推进建立清洁能源大规模开发、大范围配置、高效利用的能源互联网来解决，即"智能电网 + 特高压电网 + 清洁能源"。

特高压能更好地连接电力生产与消费，并变输煤为输电，是落实"碳达峰、碳中和"战略的关键一环。特高压指电压等级在交流 1000 千伏及以上和直流 800 千伏及以上的输电技术，其输电能力是现有电网的 5～6 倍。发展特高压有三个原因：一是，特高压将电力生产与消费更好"连接"起来，优化资源配置；二是，特高压能够有效消纳清洁能源，将"三北"地区的清洁能源输送出去，有助于提高能源综合利用效率，保护生态环境；三是，风电、水电、太阳能电等清洁能源大部分产生于中西部地区，而目前新能源发电输送通道少，需要利用特高压形成完整高效的输电体系。此外，特高压的工程建设能够推进高端制造业发展，符合国家产业转换和升级的趋势。

中国的特高压电器标准已经成为国际标准，我国也已成为继美、德、英、法、日之后第六个国际电工委员会常任理事国。此外，国产化的特高压核心设备技术指标全面超越欧美，在全球竞争力较强。通过制定标准抢占技术制高点，中国标准已经成为世界特高压的核心技术标准，在国际标准制定方面的话语权和影响力显著提升。根据国家电网数据，中国特高压工程累计线路长度从 2011 年的 0.25 万公里提升至 2020 年的 3.59 万公里，年复合增长率达到 34.2%。中国特高压输电不仅实现了技术上对国外的赶超，更率先实现大规模的商业化应用。

特高压工程投资规模大，增加就业岗位多，在稳增长与惠民生中作用强。"十四五"规划和 2035 年远景目标纲要提出，提高特高压输电通道利用率，加快电网基础设施智能化改造和智能微电网建设，提高电力系统互补互济和智能调节能力。"十四五"期间，南方电网规划投资 6700 亿元以加快数字电网建设和现代化电网进程，推进以新能源为主体的新型电力系统构建；国家电网规划建设特高压工程"24 交 14 直"，投资规模约 3800 亿元，同时计划未来五年投入 3500 亿美元，推进电网转型升级。从上下游产业链来看，特高压产业链包括电源、电工装备、用能设备、原材料等，产业链长且带动力强。根据赛迪智库《"新基建"之特高压产业发展及投资机会白皮书》，到 2025 年全社会用电量预计在 9 万亿 ~ 10 万亿 kW·h 之间，年均增速 4% ~ 6%。以新能源为发电主体的新型电力系统将持续构建。届时，特高压产业与其带动产业整体投资规模将达到 5870 亿元。

第四节　充电桩：助力新能源产业革命

目前新能源产业主要包括四大板块：新能源车、光伏和风电、储能产业、电力设备（新基建充电桩等）。

为扶持新能源汽车发展，我国充电桩行业发展一直颇受重视。早在"十三五"规划中，就提到"严格执行新建小区停车位、充电桩等配建标准"。"十四五"规划和 2035 年远景目标纲要再次提及，要求加快扩建充电桩。

未来我国将加速建设充电桩以确保公共需求。如图 11-4 与图 11-5 所示，据中国充电联盟披露，我国充电桩保有量从 2015 年的 6.6 万台增加到 2021 年的 261.7 万台，累计增长超 38 倍。对应车桩比从 2015 年的 6.4：1 下降到 2021 年的 3：1。根据赛迪顾问，预计，到 2030 年，我国新能源汽车保有量将达 6420 万辆，按照车桩比 1：1 的建设目标来计算，未来十年我国充电桩建设将存在 6300 万台的缺口，预计将形成 1.02 万亿元的充电桩基础设施建设市场。显然，充电基础设施建设也将成为重中之重。

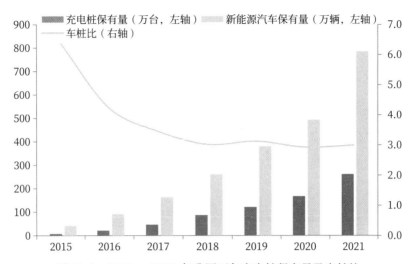

图 11-4　2015 ～ 2021 年我国历年充电桩保有量及车桩比

资料来源：中国充电联盟，公安部，泽平宏观。

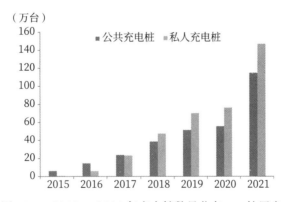

图 11-5　2015 ～ 2021 年充电桩数量分布——按用户

资料来源：中国充电联盟，泽平宏观。

未来充电桩前景广阔，体现在以下四个方面：

一是不同类型充电桩的配置需求高。《新能源汽车产业发展规划（2021—2035 年）》指出，要积极推广智能有序慢充为主、应急快充为辅的居住区充电服务模式，加快形成适度超前、快充为主、慢充为辅的高速公路和城乡公共充电网络。即建立以交流电慢充为主的私人充电网和以直流电快充为主的公共充电网，形成科学合理的充电基础设施体系。需加快私人充电桩建设，支持社区改造、私桩共享、将充电桩设备纳入新建小区建造规划等，逐步提高私人充电桩配建率。同时，优化公共充电桩现有配置，增加快速充电桩数量，提高公共充电桩利用率。

二是具备"跨站""跨运营商""跨城"等充电需求的集合式平台市场前景广阔。充电市场供给侧呈现分散状态，存在着众多品牌的充电桩运营商。根据《2021中国电动汽车用户充电行为白皮书》，超86%用户有跨运营商充电行为，超95%用户具有跨站充电行为，有19.9%用户具有跨城市充电行为。

三是充电基础设施服务场景升级。同等建设基数下，用户倾向于有充电配套设施的场景。《2021中国电动汽车用户充电行为白皮书》显示，现阶段仅有30.3%的充电场站配备卫生间、餐饮、休息室、便利店等配套设施，选择有配套设施的充电场站的用户占比达到43.4%。

四是提前布局充电桩的出口。国际能源署预测，2030年全球充电桩总数将达到2.15亿台。未来我国可以配合电动汽车整车的出口增加随车装配的充电桩出口量，增加国际市场份额。

第五节　城际高铁和轨道交通：推进城市群一体化、都市圈同城化

传统的高速铁路建设是我国逆周期调节经济的重要手段，对经济

的拉动作用极为明显。据国铁集团《新时代交通强国铁路先行规划纲要》，到 2035 年，中国铁路网将达到 20 万公里左右，其中高铁约 7 万公里。到 2050 年，全面建成更高水平的现代化铁路强国。

城际高铁和轨道交通，作为新基建的一大领域，具有逆周期调节、拉动经济的作用，同时又与传统的高速铁路建设不完全相同。它的"新"主要体现在两大方面：

第一，从应用层面来说，城际高铁轨道交通是指服务于相邻城市间或城市群，为其居民和旅客提供的一种新型交通模式，因此，城际高铁、城际轨道交通是推进城市群一体化、都市圈同城化的"血脉"。从国内外经验看，城市发展的高级形态是城市群、都市圈。城市群、都市圈更具生产效率，更节约土地、能源等，是支撑中国经济高质量发展的主要平台，是中国当前以及未来发展的重点。

第二，从技术层面来说，数字经济革新智慧交通体系，赋能铁路发展，推进前沿技术与铁路的深度融合；推进大数据协同共享，提升铁路智能化水平，支撑交通强国综合交通体系的构建和升级。

我国高铁里程、城市轨道交通里程已居世界前列，但人均水平仍较低，未来仍有发展空间（见图 11-6）。2019 年 9 月国务院发布《交通强国建设纲要》，要求到 2035 年，基本形成"全国 123 出行交通圈"（都市区 1 小时通勤、城市群 2 小时通达、全国主要城市 3 小时覆盖）和"全球 123 快货物流圈"（国内 1 天送达、周边国家 2 天送达、全球主要城市 3 天送达）。通过加强城际高速铁路和城际轨道交通建设投资，促进基础设施互联互通，这是推进城市群和都市圈发展的基础。"十四五"规划和 2035 年远景目标纲要提出，推进城市群都市圈交通一体化，加快城际铁路、市域（郊）铁路建设，构建高速公路环线系统，有序推进城市轨道交通发展，计划新增城际铁路和市域（郊）铁路运营里程 3000 公里，基本建成京津冀、长三角、粤港澳大湾区轨道交通网，新增城市轨道交通运营里程 3000 公里。

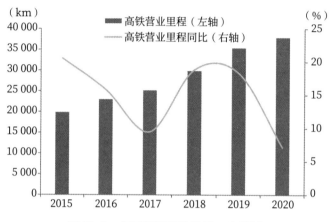

图 11-6　中国高铁建设维持一定增速

资料来源：Wind，泽平宏观。

|第十二章|

新能源革命：换道超车与汽车强国梦

第一节　全球新能源汽车发展规划

　　根据 2009 年我国工信部发布的《新能源汽车生产企业及产品准入管理规则》，新能源汽车是指采用非常规的车用燃料作为动力来源（或使用常规的车用燃料、采用新型车载动力装置），综合车辆的动力控制和驱动方面的先进技术，形成技术原理先进且具有新技术、新结构的汽车。**根据中国汽车工程学会牵头修订编制的《节能与新能源汽车技术路线图 2.0》，预计 2035 年，燃料电池汽车保有量将达到 100 万辆左右。**

发展目标方面，挪威最激进，中国相对积极稳健。从各国官方的披露来看，新能源汽车新车销售占比为：挪威预计 2025 年达 100%；美国预计 2030 年达 50%；根据《节能与新能源汽车技术路线图》，中国预计 2025 年达 20%、2030 年达 40%、2035 年达 50%。

中国受到人口较多、国土面积及地区差异较大等因素的影响，因此没有推出强制禁售燃油车的方案，但国家全面支持新能源汽车发展的态度是明确的。

未来我国新能源汽车长期发展规划主要基于《新能源汽车产业发展规划（2021—2035 年)》，其中明确了我国新能源汽车长期规划要点：

到 2025 年，①纯电动乘用车新车平均电耗降至 12.0 千瓦时 / 百公里；②新能源汽车新车销售量达到汽车新车销售总量的 20% 左右；③高度自动驾驶汽车实现限定区域和特定场景商业化应用；④完善充换电、加氢基础设施建设；⑤放宽市场准入、完善双积分政策等。

力争 2035 年，纯电动汽车成为新销售车辆的主流，公共领域用车全面电动化，燃料电池汽车实现商业化应用，高度自动驾驶汽车实现规模化应用，充换电服务网络便捷高效，氢燃料供给体系建设稳步推进，有效促进节能减排水平和社会运行效率的提升。

第二节　新一轮能源革命与新能源汽车

能源消费结构升级，世界第三次能源革命节点

为保证国家的可持续发展，能源消费结构需要升级。我国目前是仅次于美国的全球第二大石油消费国，但 2018 年中国石油探明储量

只占全球总探明储量的 1.5%。我国原油长期以来依赖进口，对外依存度超过 70%（见图 12-1 与图 12-2）。这样的能源消费结构对我国未来经济发展是极为不利的。因此，发展新能源汽车，有效将化石能源消费转变为电力消费，缓解国家能源压力，对我国具有十分重要的战略意义。

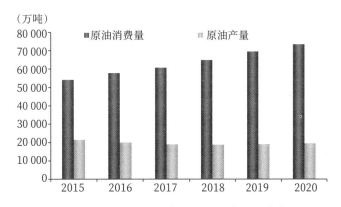

图 12-1　2015～2020 年中国原油产量及消费量

资料来源：国家统计局，泽平宏观。

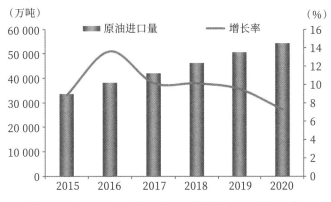

图 12-2　2015～2020 年中国原油进口量及增长率

资料来源：海关总署，泽平宏观。

国际社会责任，实现国家长久"双碳"可持续发展

气候问题是全球面临的最重大的挑战之一，我国是全球最大的碳排放国，因此积极参与国际社会碳减排，提出碳中和、碳达峰的"双碳"目标。2020年9月22日，我国在第75届联合国大会上正式提出2030年实现碳达峰、2060年实现碳中和的目标。

我国汽车碳排放占比较大，且主要集中在燃料周期，因此发展新能源汽车是实现"双碳"的重要一环。我国汽车碳排放占交通领域碳排放比超过八成，占全社会碳排放的7.5%左右。传统燃油汽车使用阶段的燃料燃烧，是造成汽车使用阶段碳排放高的主要因素。

未来，新能源汽车将持续在燃料周期和生产周期上降低碳排放，实现全产业链碳中和，其主要方式包括：一是上游电网清洁化，提升清洁能源发电占比。2021年全国风电、光伏发电量占全社会用电量的比重达11%，国家能源局预计，到2025年此比重约达16.5%。二是整车和电池生产利用环节持续降耗。包括生产技术创新、循环材料使用比例提升、动力电池和氢燃料电池使用能效提高等。

第三节　中国新能源汽车发展正进入快车道

中国新能源汽车市场由政策驱动转向市场驱动

回顾我国新能源汽车行业发展历程，产业发展初期以政策引导为主，大致可分为三个阶段：

萌芽期（2009～2013年）：前期政策偏向政府端和企业端，此时以公共领域示范为主，各项政策工具逐渐丰富，技术和市场尚在培育，车型销量增速缓慢；

成长期（2014～2018年）：2014年补贴开始发力于私人用户端，高额的购车补贴鼓励私人购买，财政部等发布《关于免征新能源汽车车辆购置税的公告》免征新能源车辆购置税，并在2017年年底又将免征新能源车购置税的期限延长至2020年年末，此阶段电动车销量快速增长；

调整期（2019～2020年）：2017年之后，财政补贴进入退坡时期，2019年开始加速退坡。其中，2019～2020年补助标准在2016年基础上下降40%。2021年，新能源汽车补贴标准在2020年基础上退坡20%。2021年12月31日，财政部、工业和信息化部等四部委发布了《关于2022年新能源汽车推广应用财政补贴政策的通知》，要求2022年，新能源汽车补贴标准在2021年基础上退坡30%；城市公交、道路客运、出租（含网约车）、环卫、城市物流配送、邮政快递、民航机场以及党政机关公务领域符合要求的车辆，补贴标准在2021年基础上退坡20%，并且明确新能源补贴退出时间是2023年。

从历年销售量增速来看，过去我国新能源汽车销量增速变化基本与政策方向保持同步，政策驱动明显。根据中汽协数据，在政策发力私人购车后，2014年、2015年我国新能源汽车销量分别同比增长320%和340%。之后的2016年、2017年、2018年，市场进入稳定发展期，销量增速同步放缓，分别同比增长53%、53%、62%。随后政策开始拐弯，财政补贴大幅退坡，2019年、2020年销量同比增长为-4%和13%，销量增速大幅降低并首次出现负增长。

未来中国新能源汽车发展五大趋势

第一，渗透率将进入高增长快车道。 从全球来看，预计到 2025 年，全球新能源汽车销量将达到 1800 万辆；到 2030 年，全球电动汽车销量预计在 3000 万辆规模以上。从国内来看，到 2035 年，我国新能源汽车销量粗略估计有 6 至 8 倍的成长空间。按照中国汽车工程学会牵头修订编制的《节能与新能源汽车技术路线图 2.0》，我国新能源汽车总体渗透率规划到 2025 年为 20%、2030 年为 40%、2035 年为 50%。（见图 12-3 与图 12-4）。

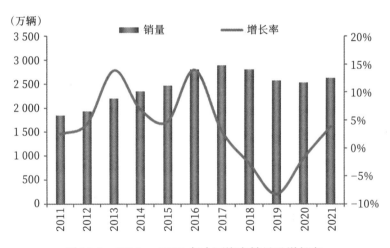

图 12-3　2011 ～ 2021 年中国汽车销量及增长率

资料来源：中汽协，泽平宏观。

第二，国产自主品牌有望持续超越国外老牌车企。 从销售数据来看，在 2021 年，车企端的比亚迪、上汽通用五菱、特斯拉等三家企业占据了近 50% 的市场份额，同时"蔚小理"等造车新势力表现亮眼，小鹏、蔚来、理想等国内品牌的销量排名分别为第 7、第 8 和第

10；从车型端来看，新能源车型销售量高的几乎全是国内自主品牌，销量排前 15 的车型中，除了特斯拉的 Model 3 和 Model Y，其余均为国内自主品牌，并且这是近两年的常态。相对于国外车企，国内自主品牌在新能源汽车的销售上凭借其贴近国民的设计理念及黑科技实现快速增长，反而占据一定的先发优势。

第三，行业市场化加速，未来的增长点将在三四线城市等非限行限购地区。从需求端看，中国新能源汽车行业加速市场化已经具有四个方面的特征，一二线城市渗透率已基本保持稳定，未来的市场增长点在三四线城市。从技术上看，BEV 纯电动汽车受到消费者青睐，占据主导地位，市场占比维持在八成。分地区看，三线城市新能源汽车上险的占比超过一线城市，非限行限购地区购买意愿加强（见图 12-4）。分级别看，A00 级和 B 级车销量增长明显，呈现两极化，低端代步和拥有高端技术优势的新能源汽车消费前景广阔。分用户看，私人的新能源汽车购买量明显上升。

第四，国民对于新能源汽车的接纳度持续提升。目前中国新能源汽车可以较好地满足人们日常出行，未来有望进一步代替燃油车。2020 年中国用户购买新能源汽车的前十大原因分别为：一是认同新能源理念，节能环保（52%）；二是用车成本低（46.4%）；三是有税费减免和价格补贴（45.4%）；四是追求科技感和智能配置（43.9%）；五是尝试新鲜事物（33.8%）；六是有购车需求，但没有燃油车牌照（32.5%）；七是不限行（27.2%）；八是跟随潮流趋势（26.4%）；九是车内杂音小（24.8%）；十是其他（0.9%）。从主要用途来看，有73.6% 的用户选择上下班代步；有 80% 左右的用户经常在市区范围用车；跨省长途用车的用户仅为 20% 左右。

第五，汽车智能化将与电动化协同发展。汽车的智能化发展，即"软件定义汽车"是这次新能源汽车革命的下半场。可以说，在新能源汽车发展前期，电动化挑起了人们对汽车智能化的兴趣，带动了人们对于智能化的探索。在新能源汽车发展后期，车辆自身高度智能的辅助驾驶、影音娱乐等软件的嵌入将会给人们带来全新的驾驶体验，反过来继续促进电动车的全面替代，智能化与电动化必将协同发展，让汽车最终演变成一个移动智能终端。

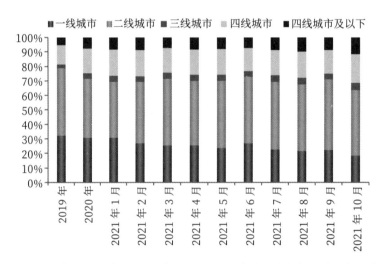

图12-4 2019年、2020年及2021年1月至10月各线城市新能源乘用车上险占比

资料来源：交强险，泽平宏观。

第四节 "新四化"：电动化是上半场，智能网联是下半场

"新四化"即电动化，网联化，智能化，共享化。其中，电动化指的是新能源动力系统领域，是目前新一代汽车变革的基础，我

国具备一定先发优势；智能化指的是智能驾驶或者辅助驾驶相关系统，实现真正的"人车"全面交互，目前行业发展重心普遍聚焦于智能驾驶和智能座舱；网联化指的是万物互联、车联网布局，实现"人车路"全面融合，将汽车从原先简单的交通运输工具变为一个全智能移动载体；共享化指的是新的出行模式，包括汽车共享与移动出行。

电动化、智能化、网联化天生互补互融、相辅相成，智能网联的发展将进一步推进全面电动化的进程。电动汽车反应时间短（电动车约 30 毫秒，燃油车约 500 毫秒）、电池容量大（停车时可长时间给车联网通信模块供电），是汽车智能化、网联化最好的载体，反过来智能化、网联化可极大提升电动汽车驾驶体验，扩大新能源汽车差异化竞争优势。**我国汽车"新四化"整体进程较快，电动化、网联化提升尤其明显**（见图 12-5）。

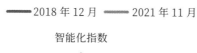

图 12-5　我国汽车电动化、网联化、智能化提升较为明显

资料来源：乘联会，泽平宏观。

电动化

　　区别于传统汽车技术，汽车电动化细分下来有三大全新领域，分别是电池、电机、电控，俗称"三电"系统（见图 12-6）。三电系统是纯电动车的动力系统核心，其重要性就如同燃油车的发动机，是电动车的根基所在。"三电"系统目前占整车成本的 50% ～ 60%。具体来看，电池系统主要为汽车提供动力来源，而不是单纯为车辆提供照明、空调等所需的电力；电机系统是为汽车提供扭矩的高压电机，就是为汽车提供向前和倒退的力；电控系统可以理解为一台车载电脑，它采集驾驶途中如油门、制动踏板、方向盘转向等各种驾驶信息并为汽车的下一步动作发出指令，犹如人体的神经中枢。

　　关于动力电池详情请参考第十三章：动力电池：新能源时代的"心脏"。

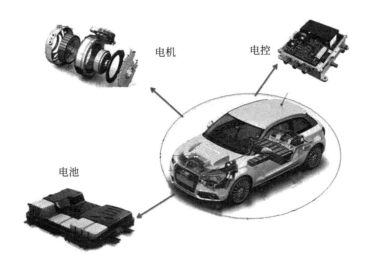

图 12-6　电动车"三电"系统

资料来源：公开资料整理，泽平宏观。

电机与电控

电机驱动系统是新能源汽车行驶中的主要执行结构，相当于燃油车的发动机，其性能决定了汽车的加速、爬坡能力以及最高车速等，主要参数有峰值效率（%）、功率密度（kW/kg）、峰值功率（kW）、最高转速（rpm）等（见表 12-1）。按工作原理划分，主要有直流电机、感应电机、永磁电机、开关磁阻电机，其中永磁电机以其高功率密度、高峰值效率等优势成为市场的主流。

表 12-1　不同类型电机性能参数表

生产企业	直流电机	感应电机	永磁电机	开关磁阻电机
转速范围（rpm）	4 000 ~ 8 000	12 000 ~ 20 000	4 000 ~ 10 000	> 15 000
负荷效率（%）	80 ~ 87	90 ~ 92	85 ~ 87	78 ~ 86
峰值效率（%）	85 ~ 89	90 ~ 95	95 ~ 97	< 90
功率密度	低	中	高	较高

资料来源：中汽协，泽平宏观。

近年来，我国新能源汽车电机配套供应商中，自主品牌一直占据绝对份额。2018 年我国驱动电机自主配套比例超 95%。2021 年 1 ~ 10 月我国新能源乘用车电驱系统累计装机数量达到 259.2 万套，相较 2020 年增长近 1 倍。2021 年电机配套数量前十的厂商分别为特斯拉、弗迪动力、方正电机、蔚然动力、宁波双林、日本电产、上海电驱动、汇川技术、联合汽车电子、精进电动，合计占比 65.5%。2025 年国内驱动电机规模有望扩大 5 倍，破千亿元。

汽车电子控制系统主要包括传感器、电子控制器、驱动器和控制程序软件等部分。我国电子控制器国产替代化脚步加快，比亚迪、斯达半导、中车时代电气等优质企业已经开始努力追赶。

如图 12-7 所示，根据 EVTank 的预测，2025 年我国新能源汽车驱动电机装机量有望突破 1000 万台，为目前装机量的 3 ～ 4 倍，按此计算未来 4 年年复合增长率为 35.1%，市场潜力较大。

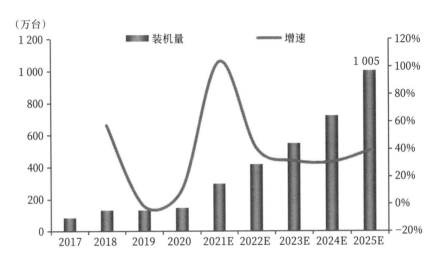

图 12-7　2025 年中国新能源汽车驱动电机装机或超 1000 万台

资料来源：EVTank，泽平宏观。

智能化、网联化

智能网联汽车，是指车联网与智能车的有机联合，搭载先进的车载传感器、控制器、执行器等装置，并融合现代通信与网络技术，实现车与人、路、后台等智能信息交换共享，实现安全、舒适、节能、高效行驶，并最终可替代人来操作的新一代汽车。

2016 年节能与新能源技术路线图战略咨询委员会和中国汽车工程学会在发布的《节能与新能源汽车技术路线图》中提出了智能网联汽车"三横两纵"技术架构，之后又在 2017 年修改为"三纵三横"新技术架构（见图 12-8）。**三横强调技术，包含车辆 / 设施关键技术、**

信息交互关键技术、基础支撑技术；三纵强调场景，对应公路自动驾驶、城区自动驾驶、共享自动驾驶。

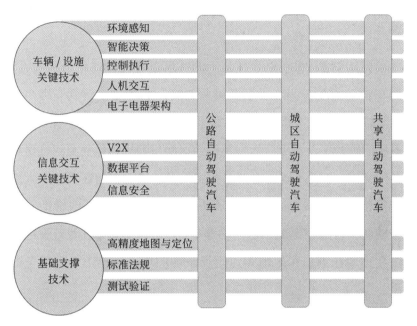

图 12-8　智能网联汽车"三纵三横"新技术架构

资料来源：《中国智能网联汽车产业发展报告》，泽平宏观。

智能网联汽车产业链上游主要是：①感知系统，其中涉及摄像头、激光雷达、毫米波雷达、高精地图、定位系统等；②控制系统，其中涉及算法芯片、操作系统等；③通信系统，包括电子电器架构和云平台。产业链中游则主要分为：①执行系统，比如 ASAS 执行、智能中控、语音交互等；②整车制造。最后下游则是维护运营等服务类行业，包括开发测试、出行服务、物流服务等。

据中国汽车工程学会测算，2025 年智能网联汽车新增产值约 8000 亿元。从智能网联整体行业来看，目前我国国产企业已经在产业链多个环节完成布局。智能网联汽车产业链中，比较有代表性的公司有德赛西威、中科创达、四维图新、科大讯飞、东软集团等。

智能驾驶

根据工信部 2020 年 3 月公示的《汽车驾驶自动化分级》，国内将汽车自动驾驶分为 0 级至 5 级共 6 级。主要要了解到 0 级～2 级都属于辅助系统，3 级～5 级才能称之为自动驾驶系统。在 0 级～2 级系统的辅助下，对于目标和事件的探测与响应仍然需要驾驶员和系统共同完成，3 级及以上才可由系统负责。目前市场在售车绝大部分搭配的都是 2 级或以下的驾驶辅助系统，熟悉的有并线辅助、主动刹车辅助、自适应巡航、自动泊车等。3 级、4 级等自动驾驶目前还是主要运用在港口和矿地等封闭场景内的重卡运输上，乘用车很少使用。

如图 12-9 所示，智能汽车区别于传统汽车最核心的增量部分就是智能驾驶系统，自动驾驶按功能可划分为感知层（环境感知、位置感知和速度与压力等其他感知）、决策层（智能规划与决策）、执行层（控制执行）三大核心模块。自动驾驶系统最终是为了取代人，如果将其类比人的话，感知层相当于人的五官，感知周围的环境，搜集数据传输到决策层；决策层相当于人的大脑，处理感知层传输的数据，输出相应的执行指令给执行层；执行层相当于人的四肢，执行大脑给出的指令。其中感知层主要包括三部分，环境感知、位置感知和速度与压力等其他感知。

感知层的核心技术在传感器，主要技术方案有摄像头、激光雷达、超声波雷达、毫米波雷达四种；自动驾驶决策层的核心在计算平

台，计算平台由软件和硬件组成，软件的核心在算法（专用算法，与芯片配套），硬件的核心在芯片。

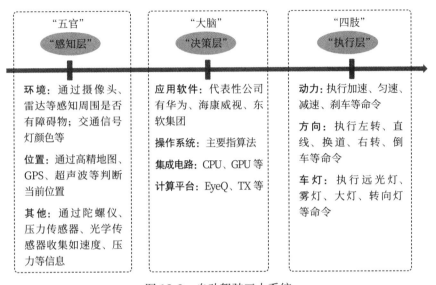

图 12-9　自动驾驶三大系统

资料来源：工信部，中国信息通信研究院，泽平宏观。

当前我国计算平台供应商尚处于商业化初期阶段，其实际应用效果还需客户验证，故当前国内自动驾驶芯片基本还是完全外购的。以部分造车新势力为例，智能驾驶系统和智能人机交互系统都可以自研，但是智能驾驶芯片基本被 Mobileye 和英伟达垄断。

预计我国 2025 年智能驾驶空间将超过 2200 亿元，2030 年达到 5000 亿元。麦肯锡发布的研究报告《展望 2025：决定未来经济的 12 大颠覆技术》将自动驾驶列为 12 大颠覆技术的第 6 位。目前市场预测，2030 年全球自动驾驶的市场规模将会达到 5000 亿美元，是 2020 年 1138 亿美元的 4 倍之多。

　　细分赛道上，计算平台和激光雷达的成长性和确定性较强，未来10年的复合增速或将超过30%，这将极大地带动我国在芯片、传感器、软件算法等领域的持续发展。

　　未来，智能驾驶的发展将依托于车企端和客户端的双向刺激。一方面，在客户端，智能驾驶的进一步发展将依托于用户的强烈购买需求和用户对于更为安全的驾驶方式的需求；另一方面，在车企端，售卖智能驾驶相关软件，将会成为车企新的盈利增长点。

智能座舱

　　智能座舱是除智能驾驶外另一个汽车发展的重点赛道，这里主要是针对用户端，即"对人智能""人车交互"。相比于自动驾驶的"车路交互"，智能座舱现在算是智能化中已经比较成熟的板块。智能座舱是由不同的座舱电子组合成的完整体系，逐步融合电子、人工智能领域的先进技术，以人车交互为最终目标，使消费者对汽车从"单一的交通工具"的认知向"第三空间"转变，汽车座舱的娱乐性与功能性不断增强。

　　目前智能座舱细分种类众多，其基本功能包括：导航、影音娱乐、通信、车辆信息查询、车辆控制等。主要硬件则可归纳为四大部分：中控大屏（包括车载信息娱乐系统）、流媒体中央后视镜、抬头显示系统 HUD、全液晶仪表。据统计，2020 年中控大屏、流媒体中央后视镜、抬头显示系统 HUD、全液晶仪表车载渗透率分别为 80%、7%、10%、30%，预计 2025 年，其渗透率能分别达到100%、30%、30%、70%。

　　未来，智能座舱或将最先迎来发展潮流，主要是因为有消费需

求和技术支撑。从消费需求来看，驾驶者和乘客在车内都有着更高的生活需求，对于驾驶者来说，更便捷的座舱主动辅助会为其带来更加智能化的驾驶体验；对于乘客来说，其对汽车智能化的期待会主动对标手机智能化的发展，希望车载娱乐信息系统能满足自己的个性化需求。

目前中国市场的新车中，智能座舱配置渗透率接近50%，预计到2025年可以超过75%。到2025年，智能座舱预计市场规模或超过1000亿元，年复合增长率将达到12.7%，2030年市场规模有望达到1500亿元（见图12-10）。

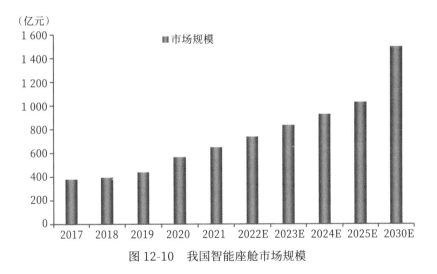

图 12-10　我国智能座舱市场规模

资料来源：ICVTank，泽平宏观。

共享化：全新的商业模式

在汽车领域，汽车共享指的是许多人合用一辆车，这种全新的出行模式将提高出行效率，减少空气污染。共享化这个概念实际上更像是"互联网+"时代的产物，因为未来如果真正想要实现共享化，其实是需要建立庞大且合理的数据系统，即通过平台化建设强化信息配置能力。

目前汽车共享主要有两种模式，一是在汽车租赁领域中的分时租赁模式，就是指企业以小时或天计算提供汽车的随取即用租赁服务，消费者可以按个人用车需求预订租车的时间，其收费将按小时或天来计算。二是在出行服务领域中形成的网约车模式，例如大家所熟知的滴滴出行、首汽约车等。从网约车市场看，根据中国互联网络信息中心发布的《中国互联网络发展状况统计报告》数据，截至 2021 年 6 月，我国网约车用户规模达 3.97 亿，占网民整体数量的 39.2%。整体来看，网约车的发展已经成功积累了不错的用户基础。

|第十三章|

动力电池：新能源时代的"心脏"

第一节　新能源时代到来，电池重要性凸显

电池是新能源汽车的"心脏"

当前动力电池在新能源乘用整车成本中占比40%以上，电池技术的发展、性能的提升是决定新能源车实现长久发展的核心动力。展望未来，一方面燃料电池技术突破式发展将会拓展新能源车商用领域的应用空间，丰富大型客车、物流车、重卡、牵引车、港口拖车等更多应用场景。另一方面，随着新能源乘用车市场渗透率逐步提升，动力电池装机规模增势显著，未来将持续爆发式增长。

从装机容量看，如图 13-1 所示，2021 年全球动力电池锂电池累计装机量 296.8 GW·h，较 2020 年呈翻倍式增长，较 2011 年装机总量更是实现了超越百倍的增长。预计到 2025 年，全球汽车装机规模约达 1000 GW·h 以上，中国汽车电池装机量约达 600 GW·h 以上；到 2030 年，全球装机规模或将达 2000 GW·h 以上，未来增量空间显著。

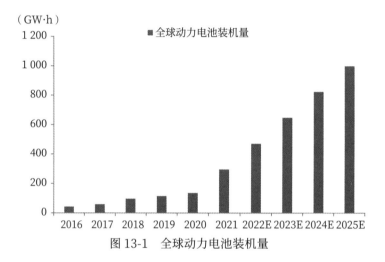

图 13-1　全球动力电池装机量

资料来源：Wind，泽平宏观。

从市场规模看，根据 Research and Markets 调研数据显示，2020 年全球装机量约 136 GW·h，对应全球锂离子电池市场价值约为 405 亿美元。而 2021 年装机总量对应的锂离子电池全球市场规模约 800 亿美元以上。预计到 2025 年，全球动力电池市场规模或将达 3000 亿美元水平。

新能源电池发展战略规划

中国新能源电池发展战略规划明确（见图 13-2）。技术发展路线方面，《节能与新能源汽车技术路线图 2.0》将动力电池和燃料电池作为未来新能源重点领域发展技术：

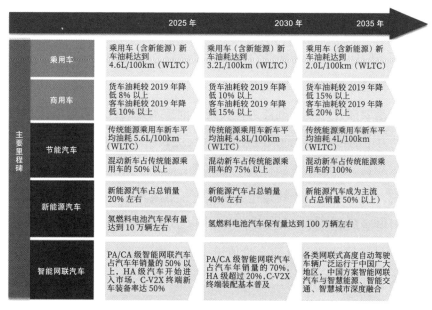

图 13-2 《节能与新能源汽车技术路线图 2.0》对新能源电池发展提出新规划

资料来源：《节能与新能源汽车技术路线图 2.0》，泽平宏观。

动力电池领域，将涵盖能量型、能量功率兼顾型和功率型三大技术类别，涵盖乘用车和商用车两大应用领域，面向普及、商用、高端三类应用场景，实现动力电池单体、系统集成、新体系动力电池、关键材料、制造技术及关键装备、测试评价、梯次利用及回收利用等产业链条全覆盖。

燃料电池领域，将发展氢燃料电池商用车作为整个氢能燃料电池行业的突破口，以客车和城市物流车为切入领域，重点在可再生能源制氢和工业副产氢丰富的区域推广中大型客车、物流车，逐步推广至载重量大、长距离的中重卡车、牵引车、港口拖车及乘用车等。2030～2035年，实现氢能及燃料电池汽车的大规模推广应用，燃料电池汽车保有量达到100万辆左右；完全掌握燃料电池核心关键技术，建立完备的燃料电池材料、部件、系统的制备与生产产业链。

国务院印发的《新能源汽车产业发展规划（2021—2035年）》亦对新能源电池发展提出新战略布局：

一是要提升产业基础能力，实施电池技术突破行动。开展先进模块化动力电池与燃料电池系统技术攻关，突破氢燃料电池等汽车应用支撑技术瓶颈。开展正负极材料、电解液、隔膜、膜电极等关键核心技术研究，加强高强度、轻量化、高安全、低成本、长寿命的动力电池和燃料电池系统短板技术攻关，加快固态动力电池技术研发及产业化。

二是要推动动力电池全价值链发展，建设动力电池高效循环利用体系。立足新能源汽车可持续发展，落实生产者责任延伸制度，加强新能源汽车动力电池溯源管理平台建设，实现动力电池全生命周期可追溯。支持动力电池梯次产品在储能、备能、充换电等领域创新应用，加强余能检测、残值评估、重组利用、安全管理等技术研发。优化再生利用产业布局，推动报废动力电池有价元素高效提取，促进产业资源化、高值化、绿色化发展。

新能源电池发展格局

"十四五"期间将是新能源快速发展、大规模对传统能源形成替代、逐步形成环保和成本优势的重要时期。一方面，中国仍将作为世界上最大的动力电池生产基地，继续发挥动力电池技术研发和产业集群优势，实现动力电池装机量突破式增长、动力电池全价值链跨越发展。另一方面，中国将在氢燃料电池、固态电池等领域超前实现产业化，拓展新能源车商用领域应用空间和场景，继动力电池之后将继续突破形成大规模产业。

中国电池行业将会形成"一大支柱，两大应用场景，多元化技术发展路线"的发展格局。具体来看：

一大支柱是指：以磷酸铁锂和三元锂电池等为代表的动力电池发展将继续作为新能源电池产业第一大支柱。

两大应用场景是指：基于现有动力电池技术成本优势，加速推动新能源乘用车应用场景落地；并以氢燃料等燃料电池为切入点，丰富和扩展新能源车乘用、商用应用场景。

多元化技术发展路线是指：以固态、钠离子、高镍多元、铝空气等为代表的众多新兴电池技术，将补充、丰富新能源电池市场发展的多元化战略格局。

第二节　一大支柱：动力电池已步入商业化量产，实现跨越式发展

当前磷酸铁锂和三元锂等动力锂电池技术应用在乘用纯电动和混动汽车中占绝对主导地位，已处于商业化量产阶段，是支撑新能源汽车发展的第一大支柱。

三元电池和磷酸铁锂电池双雄并立

三元电池是指以镍、钴、锰聚合物作为正极材料的锂离子电池，

其中，镍可提升电池的体积能量密度，从而提升续航能力，高镍三元电池成为三元电池能量密度升级的一个发展方向。钴决定了电池的充放电性能，也可以提升电池稳定性、延长电池寿命。三元电池最大能量密度高，充放电效率高，低温性能更好，因此纯电续航里程更长，应用地域更广。但其耐高温性相对较差，在高温条件下安全性有待提升。

磷酸铁锂电池是指以锂、铁、磷和碳等元素为主要原料的正极材料电池。磷酸铁锂电池成本相对较低，耐高温、安全性能更好、使用寿命较长，但其低温性能和总能量密度有待提升。

我国动力电池产业发展经历了以下几个阶段：

2015 年以前，磷酸铁锂电池因具有成本、安全性和循环寿命优势，成为主流厂商选择的布局技术，装机占比最高超过 70%。

2017 年前后随着政策对高能量密度电池补贴力度加大，三元电池取得较大发展，阶段性成为市场主流。

2021 年以来，磷酸铁锂和三元电池产量格局再度出现逆转（见图 13-3）。随着政策补贴退坡，磷酸铁锂电池的安全性和成本综合优势再度凸显。尤其是伴随宁德时代 CTP 和比亚迪刀片电池等技术应用的发展，磷酸铁锂电池能量密度取得突破性进展，未来或再度成为市场主流。2021 年全年，磷酸铁锂电池装机量累计 79.8 GW·h，占动力电池总装机量的 51.7%，特斯拉、比亚迪、上汽、小鹏汽车等汽车厂商均大规模采用磷酸铁锂电池，预计未来几年磷酸铁锂电池占比将会提升到 70% ～ 80%。

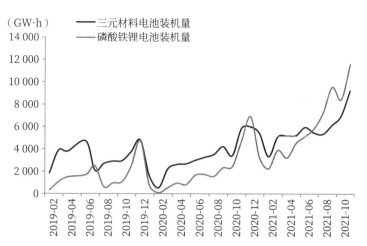

图 13-3　动力电池装机变动趋势，磷酸铁锂电池再度成为主流选择

资料来源：Wind，泽平宏观。

国产电池全球份额占据绝对优势

全球动力电池产能仍集中于中、日、韩三国，全球出货量占比连续多年保持 90% 以上。其中，前两大巨头企业宁德时代、LG 新能源电池全球装机量占比达 50% 以上，松下、比亚迪和 SK 紧随其后，2021 年装机量占比分别约为 12%、10% 和 6%。

国内电池企业经过多年积累，技术和产能优势凸显，国产电池全球份额已占据绝对优势。自 2015 年赶超日本成为全球最大的动力电池生产国后，我国连续多年全球占比份额仍不断上升，国产电池全球装机量多年占比 50% 以上，未来或持续有所突破。

四大发展趋势：新能源主力军、成本优势凸显、技术优势迭代、回收利用"新蓝海"

一是在未来 5 至 10 年内，动力锂电池仍将主导新能源电池产业的发展，是新能源车电池的"主力军"。动力电池将在新能源电池整体产业中保持产品技术、量产成本和产业链配套等方面的惯性优势，步入渗透率高速增长、加速发展的快车道。动力锂电池目前是最成熟的一条技术路线，在能量密度、批量化生产成本、循环寿命等综合评估体系中与整车的匹配度高，仍将是未来新能源车渗透率迅速提升的助推器。

二是动力电池技术日趋成熟，量产成本下降优势逐步凸显。EVTank 发布的《中国锂离子电池行业发展白皮书（2021 版）》显示，汽车用动力锂电池的价格由 2011 年的 3800 元 /（kW·h）下降到 2020 年的 578 元 /（kW·h），量产电池的能量密度由 2011 年的 80 W·h/kg 上升到 2020 年的 270 W·h/kg。2021 年受全球大宗商品涨价的影响，动力电池使用的原材料如碳酸锂、六氟磷酸锂等产品价格阶段性波动较大，使整体电池成本阶段性抬升。总的来看，未来一段时间内，在量产规模效益优势以及能量密度技术提升等因素的作用下，预计汽车用动力电池成本仍将保持年均 5% 的降幅，成本优势下将助推新能源车对传统燃油车替代优势进一步显现。

三是基于现有动力电池技术优势进行迭代，促进新型电池技术兴起。国务院印发的《新能源汽车产业发展规划（2021—2035 年）》中，明确要求"加快固态动力电池技术研发及产业化"。固态电池将包括正极、负极、电解质三大材料，未来固态锂电池产业的发展将基于现有的液态锂电池技术，实现"液态—半固态—固态"的转变，逐步完成对电解液隔膜和正负极材料的替代。中汽数据预计，全球固态电池有望在 2030 年实现产业化。

四是基于动力电池回收循环利用和梯级利用的"新蓝海"细分市场发展空间广阔。动力电池最大使用年限一般为 5～8 年，其中电池衰减在 20% 以内为有效动力电池，有效使用年限为 4～6 年。2016
年以来全球动力电池装机进入加速阶段，对应 2021 年以后的存量动
力电池加速"退役"。据 Trend Force 研究，2025 年预计中国动力
电池报废量将达 91 GW·h。据 Markets and Markets 预测，预计
2025 年全球动力电池回收行业规模将达到 122 亿美元，到 2030 年
达 181 亿美元，动力电池回收循环利用和储能等领域的梯级利用等市
场空间广阔。

第三节　两大场景：动力电池加速乘用场景落地，氢燃料电池扩展商用空间

　　动力电池和氢燃料电池均是新能源电池领域的重要技术路线。未
来动力电池和氢燃料电池将加速新能源车应用的两大场景落地：一是
动力电池将加速新能源车在城市、短途等乘用领域场景进一步落地，
二是氢燃料电池将大幅扩展新能源车在长途等商用领域的应用空间。

　　未来以发展氢燃料电池商用车作为发展新能源商用车领域的切入
点，解决商用车电池续航里程和充电时间"焦虑"问题，研发更多适
合商用车的新能源电池，对提升新能源商用车渗透率至关重要。

氢燃料电池产业化预期提前

　　氢燃料电池系统由电堆、氢气循环系统、空压机构成。其中燃料
电池堆栈，即电堆为电池内部重复单元，是最关键、最昂贵的部分之
一。电堆由膜电极组件和双极板构成。双极板包括燃料电极和空气电
极，膜电极组件包括电解质膜和催化剂。氢气循环系统将氢气罐中的

氢气从高压条件转移到低压条件，并输送至电池堆栈。空压机通过空气净化系统清除颗粒物和其他杂质，以增加供应洁净度。

氢燃料电池无须燃烧，通过将储氢罐中的氢气和空气中的氧气转换成水这一化学反应产生电能，是一种能产生电能、水和热量的电化学能量转换装置。将氢和氧分别供给阳极和阴极，氢通过阳极向外扩散，和电解质发生反应后放出电子，通过外部的负载到达阴极。

氢燃料电池其本身具备零排放、零污染、无噪音、充氢快、续航强等优势。相较于动力电池，氢燃料电池在质量能量密度、体积功率密度、充氢效率方面具备优势。

质量能量密度方面，氢气约为 140 MJ/kg，远超煤、汽油、柴油、天然气，较动力锂离子电池亦有显著优势。

体积功率密度方面，根据《节能与新能源汽车技术路线图 2.0》，2025 年商用、乘用氢燃料车电堆体积功率密度分别有望达 2.5 kW/L、4 kW/L 以上。（见图 13-4）

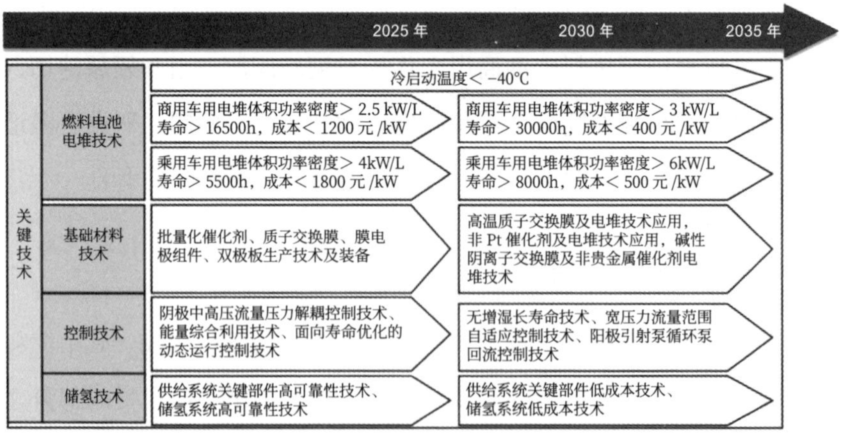

		2025 年	2030 年	2035 年
关键技术	燃料电池电堆技术	冷启动温度 < −40℃		
		商用车用电堆体积功率密度 > 2.5 kW/L 寿命 > 16500h，成本 < 1200 元 /kW	商用车用电堆体积功率密度 > 3 kW/L 寿命 > 30000h，成本 < 400 元 /kW	
		乘用车用电堆体积功率密度 > 4kW/L 寿命 > 5500h，成本 < 1800 元 /kW	乘用车用电堆体积功率密度 > 6kW/L 寿命 > 8000h，成本 < 500 元 /kW	
	基础材料技术	批量化催化剂、质子交换膜、膜电极组件、双极板生产技术及装备	高温质子交换膜及电堆技术应用，非 Pt 催化剂及电堆技术应用，碱性阴离子交换膜及非贵金属催化剂电堆技术	
	控制技术	阴极中高压流量压力解耦控制技术、能量综合利用技术、面向寿命优化的动态运行控制技术	无增湿长寿命技术、宽压力流量范围自适应控制技术、阳极引射泵循环泵回流控制技术	
	储氢技术	供给系统关键部件高可靠性技术、储氢系统高可靠性技术	供给系统关键部件低成本技术、储氢系统低成本技术	

图 13-4　《节能与新能源汽车技术路线图 2.0》对氢燃料电池发展规划路线图

资料来源：《节能与新能源汽车技术路线图 2.0》，泽平宏观。

补充燃料时间方面，氢燃料电池可以极大缓和充电时间"焦虑"，加氢时间一般在 5 分钟内，续航里程能达到 600 公里以上。

我国氢燃料电池发展经历了以下阶段：

2017 年起，国家陆续出台政策推动氢能及氢燃料电池产业发展。2017 年公布《中国燃料电池汽车发展路线图》、2019 年的《中国氢能源及燃料电池产业白皮书》分别对相关技术和产业路线做出指引。

2020 年，氢燃料电池加速进入示范导入期。2020 年出台《关于开展燃料电池汽车示范应用的通知》确定了以商用车为抓手，约定示范的期限、城市群、产业化目标及奖励支持力度。氢燃料电池客车续驶里程、百公里氢耗量、最高车速等指标，商用车燃料电池系统额定功率、功率密度、冷启动温度、寿命等指标，均实现或超额完成，商用车燃料电池系统多项技术指标与国际先进技术水平同步，实现了电堆、压缩机、变换器、氢气循环装置等关键零部件的国产化。

2021 年后，包括技术路线、产业规划和示范应用方案在内的全产业商业化发展思路更加清晰。2021 年 10 月，国务院印发的《2030 年前碳达峰行动方案》指出"大力推广新能源汽车，推动城市公共服务车辆电动化替代，推广电力、氢燃料、液化天然气动力重型货运车辆"。2021 年 11 月，国务院《关于深入打好污染防治攻坚战的意见》特别提出要"持续打好柴油货车污染治理攻坚战。深入实施清洁柴油车（机）行动，全国基本淘汰国三及以下排放标准汽车，推动氢燃料电池汽车示范应用，有序推广清洁能源汽车"。

氢燃料电池参与者格局未定，未来具备技术和市场先发优势企业空间广阔

当前全球氢燃料电池领域竞争格局未定，部分企业已具备先发优势。一方面，氢燃料电池涉及的产业链较长，上游包含制氢、加氢、储氢、氢能产业装备制造，中游包含燃料电池核心零部件制造，下游应用于氢能整车制造领域。氢燃料电池参与厂商在上游资源和下游客户领域的战略布局都将对未来竞争格局造成影响。另一方面，当前全球氢燃料电池应用发展尚处于商业化早期，尚未形成类似宁德时代、LG新能源在动力电池领域具备绝对领先优势的龙头企业，市场参与者竞争格局将在未来较长时间处于不稳定状态，具备技术先发、市场和资源卡位优势的企业未来空间广阔。

从海外企业来看，部分加拿大、美国、日韩企业均着手于氢燃料电池的研发。总部位于加拿大的巴拉德公司和水吉能公司、美国普拉格能源公司等为全球氢燃料电池制造厂商。巴拉德是零排放质子交换膜燃料电池生产商，其客户主要包括奔驰、奥迪、大众等整车制造商以及军工、叉车企业，2018年潍柴动力通过投资成为其大股东。水吉能公司主营业务包括燃料电池及水电解制氢设备，并为客户提供储能整体解决方案，在德国、比利时、美国均有生产基地。其产品广泛应用于以阿尔斯通、液化空气集团为代表的下游大型交通运输作业企业中，为阿尔斯通的Coradia iLint客运列车开发和维护氢燃料电池系统。该公司于2019年被美国建筑机械与重型卡车企业康明斯收购。美国普拉格能源氢燃料电池叉车产品在美国的保有量约为2.5万辆，在欧洲的保有量约为7000辆，在沃尔玛、亚马逊、联合利华、通用汽车等大型企业车间中均有应用。日韩车企如现代、丰田均在氢

燃料电池汽车方面有所发力，现代推出氢燃料电池车 NEXO，丰田推出氢燃料车 Mirai，单次充氢续航里程可达 1000 公里以上。

从国内企业来看，氢燃料电池参与者主要分为燃料电池厂商、整车企业和燃料电池系统集成类企业。

氢燃料电池厂商方面，主要有雄韬股份、国鸿氢能、重塑股份、新源动力等参与布局。雄韬股份成立较早，在国内多地投资设立子公司推进氢能产业规划与布局，投资制氢、膜电极、电堆等多家产业链企业，致力于打造氢能产业平台，整合和拓展氢能产业链相关资源。国鸿氢能是一家以氢燃料电池为核心产品的高科技企业，主要产品包括柔性石墨双极板、电堆、燃料电池系统、燃料电池备用电源等。重塑股份除与丰田合作金属板路线电堆技术外，也与富瑞氢能、嘉化能源合资，从事加氢站等氢能基础设施的建设和运营业务。

整车厂商方面，主要有长城汽车、上汽集团、宇通客车等厂商参与氢燃料电池布局。长城汽车最早于 2016 年开始氢燃料电池研发，并在 2019 年成立了未势能源科技有限公司。未势能源主要业务涵盖燃料电池发动机及其核心零部件开发、低成本加氢站集成化解决方案等领域，并于 2020 年发布了 95 kW 乘用车燃料电池系统发动机、最大可拓展至 150 kW 的平台化燃料电池堆及 70 MPa 高压储氢瓶阀及减压阀等产品，已于 2021 年 12 月完成 A 轮融资。上汽集团则主要通过子公司捷氢科技进行氢燃料电池核心技术的研发，目前具有第三代车用质子交换膜燃料电池电堆，且产品已应用于大巴、乘用车和商用车等多重车型中。

燃料电池系统集成类企业，主要有亿华通、潍柴动力、大洋电机、江苏清能等公司。亿华通主要为商用车提供氢燃料电池发动机系统及相关的技术开发、技术服务，主要客户包括宇通客车、北汽福田等整车制造商，并与丰田合作金属板路线电堆技术。潍柴动力积极布局新能源动力总成业务，先后作为第一大股东参股加拿大巴拉德和英国锡里斯动力两家世界领先的氢燃料电池、固态氧化物燃料电池技术公司，推进新能源产业布局。大洋电机氢燃料电池业务主要产品包括氢燃料电池模组、氢燃料电池控制系统及系统集成等，其于 2016 年认购巴拉德公司 9.9% 股权，通过引入国际技术和品牌逐步拓展燃料电池发动机系统及相关零部件等业务，目前已与中通客车、顺达客车等整车厂合作开发多款燃料电池车型。江苏清能重点发展以商用车为主的燃料电池电堆及系统，并与整车制造商和加氢基础设施开发商进行合作，其在美国成立的海易森汽车成功在纳斯达克上市。

核心零部件方面，雪人股份于 2015 年通过公司旗下的并购基金投资 4 亿元收购了瑞典 OPCON 核心业务两大子公司 SRM 和 OES 100% 股权，掌握了氢燃料电池空气循环系统核心技术，并拥有瑞典品牌 AUTOROTOR 氢燃料电池双螺杆形式空气循环系统。目前已开发 12 个型号的燃料电池系统，为克莱斯勒、奔驰、通用、沃尔沃等众多汽车生产商提供过燃料电池系统。

氢燃料电池市场展望：商用化提速，自主率提高、规模化降成本，上中下游协同发展

受限于主客观因素，当前氢燃料电池在新能源领域渗透率远低于锂电池，未来随着技术进步、量产和加氢基础设施进一步落地，氢燃料电池有望在新能源商用车领域大有所为。未来新能源氢燃料电池行业发展有三大展望：

　　一是氢燃料电池起步虽晚，但未来亦将步入商用化和产业化快速发展阶段，市场可扩展空间广大。2015～2019年，我国燃料电池车市场初步有所突破，中汽协数据显示，其间年销量从2015年的10辆上升至2019年的2737辆，年复合增长率为306.7%。2020～2025年，新能源燃料车和氢燃料电池进入发展起步阶段，2021年全国氢燃料电池汽车保有量约为6000辆。根据《节能与新能源汽车技术路线图2.0》的发展目标，预计到2025年，氢燃料电池汽车保有量有望达到10万辆，氢燃料商用车年销量达约1万辆。"十四五"期间，氢燃料电池汽车增幅达约15倍。2030～2035年，燃料电池汽车保有量将达约100万辆。

　　二是未来国产自主可控和规模化提速，氢燃料电池成本下降，成为助推市场加速渗透的关键因素。一方面，未来国产自主可控率加速提升。2017年到2020年，我国燃料电池系统国产化率从约30%上升至约70%，从掌握系统集成、双极板技术，到电堆、膜电极等核心部件自主可控率大幅提升，未来质子交换膜等核心材料加速研发将推动燃料电池国产化率进一步提升。另一方面，规模化对燃料电池成本下降影响显著。与2010年以来锂离子电池成本下降过程相似，规模化将成为影响燃料电池系统成本下降的助推因素，燃料电池成本降幅约为70%。

　　三是氢燃料电池将依托于氢能产业链，上中下游全方位协同发展。氢燃料电池市场发展是一项系统性工程，氢燃料电池商业化应用加速需要相对完善的氢能产业链配套。氢能产业链上游包括氢气制取、氢气纯化、氢气液化等环节，中游包括发展储氢运氢装置，实现气态、液态、固态储运等，下游包括加氢基础设施建设及氢的综合应用。氢燃料电池商业化迅速普及，需依托于氢能产业上中下游协同发展，上游获得环保、成本低廉的氢能源，中游实现安全储运，下游实现大规模便利加氢。《中国氢能源及燃料电池产业白皮书》预计，到2050年氢能产业链产值将超过 10 万亿元。

第四节　多元化技术战略布局

近年来，以钠离子电池、固态电池等为代表的新型新能源电池技术逐步得到发展。2021 年 7 月宁德时代正式发布第一代钠离子电池，单体能量密度达 160 W·h/kg，是全球最高水平。三峡能源将打造全球首条钠离子电池规模化量产线，于 2022 年正式投产。未来电池路线多元化是新能源时代必然发展趋势。

一是因为发展各具特色、各显优势的新型电池技术，有助于新能源电池在不同适用市场拓展应用。二是因为发展多元化电池技术路线，可缓解原材料压力。目前我国相关原料供应紧张，一方面，新能源电池和储能需求爆发对锂、镍、钴需求迅猛增长；另一方面，我国的钴、镍等资源探明储量全球占比较低，其中钴储量约占全球 1%，镍储量不足全球储量的 4%。因此发展例如高镍低钴、无钴、钠离子电池等新技术电池品类，走多元化技术路线可以一定程度减少对特定上游资源的依赖，降低上游大宗原料供应不稳定性对电池厂商生产成本的影响。

因此，以固态、钠离子、高镍多元、铝空气等为代表的众多新兴电池技术，将极大程度地补充丰富新能源电池市场发展的多元化战略格局。

钠离子电池：成本低廉、安全性高、低温性能佳

钠与锂在元素周期表中处于同一族，钠离子电池与锂离子电池的工作原理相似，即通过钠离子在正负极之间移动实现充放电过程。

钠离子电池的优点主要在于成本低廉与安全性高，同时兼具低温性能。

成本方面，一是钠元素在地球的储量高，钠元素的获得较锂元素更为容易；二是钠元素不与铝发生反应，电池正负极均可以选择成本较低的铝箔。因此总体成本相对低廉。

安全性能方面，若在钠离子电池中采用集流体铝箔，更不易氧化，电池可完全放电，从而使运输过程更加安全。同时，钠电池快充相较锂电池更不易由于温度过高导致起火事故，从而将具备更好的安全性能。

低温性能方面，钠电池在高、低温下都能保证较高的容量保持率，决定了其比磷酸铁锂电池在冬天放电性能更优。

但是，对钠离子电池而言，寻找低成本、结构稳定的正负极材料，以及更大程度增强其循环寿命，是其技术得到大规模推广落地的重中之重。由于钠离子的体积更大，对正负极材料的要求会更高，否则正负极材料容易在充放电过程中崩塌。此外，钠离子电池的能量密度会更低，如何更大程度增强其循环寿命是需要继续在应用中解决的问题。未来钠离子电池或会作为锂电池的重要补充。

固态电池：热效能表现佳、极限能量密度高、量产成本优化空间大

固态电池是基于现有液态锂电池技术，在其基础上实现进一步技

术发展，实现"液态—半固态—固态"的转变，逐步完成对电解液隔膜和正负极材料的替代。

固态电池的优点主要在于能够提高电池热效能表现、能量密度，未来量产后成本优化空间较大：

热效能方面，固态电池的固态电解质将降低电池组对温度的敏感性，较大程度降低电池短路的可能，提高电池使用寿命。

能量密度方面，固态电解质同样有利于提高电池正负极之间的电压差，在匹配更加合适的正负极材料后，可较大程度提升锂电池的能量密度。

成本控制方面，未来固态电池降成本的空间或比现有锂电池更大，彭博数据预计，2028～2035 年，采用固态电池的电动车将增长37 倍，而固态电池的成本将下降至 40 美元 /（kW·h）。

但是，对于固态电池而言，需要在电解质、正负极材料，以及充导电效率方面取得突破。一方面，固态电池无法大规模量产的主要原因是未寻找到成本低、稳定性高的固态电解质，固态电池电极的锂金属的粉化与循环寿命的问题也需解决。另一方面，固态电解质的电阻更高，导电率更低，电解质材料与正负极之间连接不如液态电解质紧密，所以在充电效率表现方面或需技术提升。未来随着固态电池技术突破，叠加成本优势凸显，锂电池将会逐步过渡到半固态到固态的阶段。

铝空气电池：比能量大、电池自重轻、环境友好性高

铝空气电池是以高纯度铝作为负极，以氢氧化钠或氢氧化钾水溶液作为电解质，摄取空气中的氧气并以其作为正极，在电池放电时以

氧和铝生成氧化铝的一种空气电池。

铝空气电池的优点主要在于其比能量大、电池自重轻、环境友好性高：

比能量和续航能力方面，铝空气电池理论比能量可达到 8100 W·h/kg，远高于当今各类电池的比能量上限，因此采用铝空气电池车辆理论续航能力比现用电池种类强。

电池自重方面，铝空气电池质量轻，可以减少车载负荷。

环境友好程度方面，铝空气电池生成的氧化铝对人体和环境无害，可以将电池回收后进行还原反应，循环投入使用。

但是，对于铝空气电池而言，需要在放电速度、替换效率，以及电解质膜解决方案等方面弥补其自身短板。铝空气电池中电子只能从阳极流向阴极，导致铝空气电池需更换新的电池以实现持续使用，这就对电池替换技术和效率有较高要求。另外，未来铝电池取得量产的主要条件之一是需要完善电解质膜解决方案，使其既能保护金属在碱液中的稳定性，又能以离子的方式传输电流。未来铝空气电池技术的突破不仅将影响电动汽车等行业的发展，而且对军用、民用的应急、备用领域也有很大的意义。

第十四章

5G 时代：抢占新一代信息技术制高点

第一节　从 1G 到 5G，十年一代演进

　　移动通信技术每十年更新一代，目前经过 1G 到 5G 的演进，应用场景不断扩展。1G 网络于 20 世纪 80 年代投入使用，为模拟信号，仅具备语音通信能力，传输速度仅为 2.4 kbps。1G 带动了通信产业的快速发展，但发展初期通信技术应用成本高、商业模式单一、整体市场规模小是产业的主要特征；2G 网络发展于 20 世纪 90 年代，由模拟信号转换为数字信号，支持文本和语音通信，传输速度提升至 64 kbps，这一时期手机实现了互发短信、低速上网，通信技术和手

机生产相关产业链复杂程度上升，市场规模急剧扩大；3G 被视为移动通信新纪元的关键，拥有高频宽和稳定的传输并实现了互联网接入，视频电话和大数据传输变得更加普遍，移动通信有了更加广阔的应用；4G 时代网络应用全 IP 组网，传输速度是 3G 的 10 倍，实现智能手机、平板电脑等无线终端设备的普及，孕育了直播、移动购物、移动社交等多种广阔的应用场景。**5G 是第 5 代移动通信的简称，与 4G 相比，5G 在用户体验速率、连接设备数量、时延方面具备明显优势。**

5G 网络具有低时延、广连接、大带宽三大特点，及三大公认应用场景（见图 14-1）。一是增强移动宽带（enhanced mobile broadband，eMBB），eMBB 场景要求大带宽，对应的是人与人之间极致的通信体验，对应的是 3D/ 超高清视频等大流量移动宽带业务。二是大规模物联网（massive machine type communications，mMTC），mMTC 要求广连接，满足物与物之间的通信需求，面向智慧城市、环境监测、智能农业、森林防火等以传感和数据采集为目标的应用场景。三是超高可靠低时延通信（ultra-reliable and low-latency communication，uRLLC），uRLLC 对时延和可靠性具有极高的指标要求，面向如车联网、工业控制等垂直行业的特殊应用需求。

全球 6G 研究仍处于起步阶段。目前 6G 的发展技术路线尚无定论，但可以确定的是，6G 总体将针对 5G 在信息交互方面的空间范围限制做出进一步突破。6G 将具有更加广泛的连接、更大的传输带宽、更低的端到端时延、更高的可靠性和确定性以及更智能化的网络特性。我国早在 2019 年就已成立 6G 研发专家组，战略性布局 6G 研究，华为轮值董事长徐直军表示，6G 将在 2030 年左右推向市场。

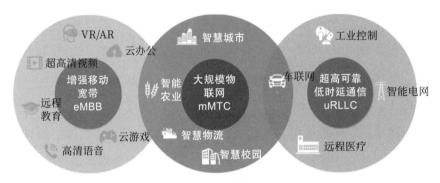

图 14-1 5G 三大应用场景

资料来源：IMT-2020，泽平宏观。

第二节 以 5G 为代表的通信技术具有重要战略意义，是各国科技竞争的制高点

5G 以万亿级美元的投资拉动十万亿元级的下游经济价值

5G 对经济的贡献可分为直接和间接两个方面。5G 的直接贡献为带动电信运营商、相关设备企业和信息服务业务的快速增长。如图 14-2 所示，在 5G 商用的初期，电信运营商首先投资于 5G 基站等网络基础设施，拉动对于 5G 设备的投资；在 5G 商用的中后期，大量社会资本涌入，成立相关互联网企业提供 5G 相关信息服务，带来大量收入。根据全球移动通信系统协会 GSMA 发布的《2021 中国移动经济发展报告》，预计至 2025 年，我国移动运营商将投资近 2100 亿美元来建设网络，其中 90% 投向 5G，即 5G 相关产业投资规模将到达万亿元人民币，发展空间巨大。

5G 的成熟会激活现有行业并创造新的场景与需求，间接刺激经济的增长。截至 2020 年 10 月，国家层面在建"5G+工业互联网"

项目超 1100 个，占据全部项目的近三分之一，因此可以预测，未来 5G 在工业互联网领域的融合建设会进一步加速，成为我国经济增长的新活力点。

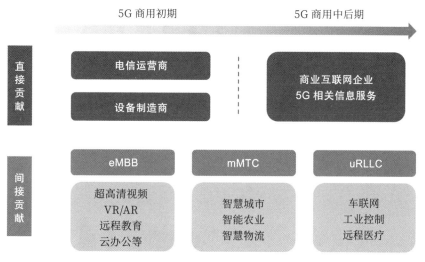

图 14-2　5G 对经济的贡献

资料来源：泽平宏观。

　　中国有最广阔的无线通信市场，在 5G 时代掌握主动权可以带来巨大的经济利益，同时也是决定中国在全球新一代信息技术竞争中地位的关键。 从 5G 用户基数来看，2021 年我国 5G 用户数增长迅猛，从 2020 年的 1.6 亿户，增长至 2021 年的 3.55 亿户。庞大的用户基础带来的广阔市场是带动经济利益的原动力，根据中国信息通信研究院的统计，预计 2030 年 5G 直接贡献的总产出、经济增加值分别为 6.3 万亿元、2.9 万亿元，间接贡献的总产出、经济增加值分别为 10.6 万亿元、3.6 万亿元，同时也将带动 1150 万个就业机会（见图 14-3 与图 14-4）。

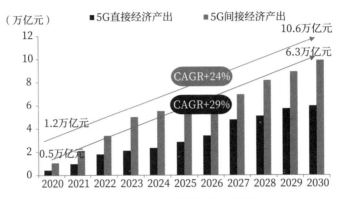

图 14-3 5G 对中国经济产业的影响

资料来源：中国信通院，泽平宏观。

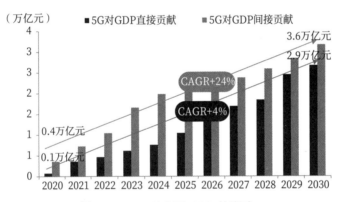

图 14-4 5G 对中国 GDP 的影响

资料来源：中国信通院，泽平宏观。

注：CAGR 为年均复合增长率。

未来我国金融市场愈加成熟，5G 行业投融资活跃度将会持续提升。一方面投资方向及类型愈加广阔。近年来，我国国内工业互联网发展较为迅速，其发展有力地支撑了工业数字化、网络化以及智能化的发展；另一方面，5G 产业规模不断扩大，在政府及国有资产的主导下众多产业投资基金加速启动。

新一代信息技术的持续发展对国家安全有重要意义

一方面，我们看到全球对于 5G 核心技术的竞争日趋白热化。虽然中国企业在 5G 上的知识产权数量和技术水平在国际上是领先的，但仍有要攻克的"卡脖子技术"，其中最为核心的技术是 5G 射频芯片。目前世界上最好的 5G 射频芯片技术基本都被美、日、韩所包揽。而华为一度无法销售 5G 手机，也正是因为射频芯片受到了美国的制裁。

另一方面，5G 技术将被广泛应用于国民经济、军事等领域，未来其发展对国家安全具有重要意义。因此，在未来大国博弈中，通信技术领先程度或将决定一个国家能走多快，而信息安全防御能力则注定了这个国家能走多远。随着 5G 技术的不断成熟并在各个领域逐步应用，移动通信网络、社会关系网络与国家治理高度融合，5G 产业安全与国家总体安全联系越发密切。

5G 产业安全体现在 5G 产业链安全、信息安全、网络安全等多个领域：

第一，5G 产业链安全又可具体为技术安全、设备安全和终端安全。在 5G 的发展过程中，我国通信行业遭遇了以美国为首的相关国家对 5G 安全问题进行的全方位打压。2018 年 4 月，美国限制中兴通讯的业务，中兴通讯业务一度陷入停摆，随后美国又多次对华为进行打压，对其 5G 设备进行封杀。中国只有在 5G 技术积累、设备制造以及终端操作系统、技术标准等方面取得优势，才能在层层重压下保证 5G 产业链的安全，赢得 5G 产业正常、稳定的发展环境。

第二，5G 信息安全在万物互联时代面临更大的考验。未来随着物联网技术进一步成熟与应用，人际互联网和物际互联网并行发展，高度融合。未来每平方公里范围内终端连接数量可达百万量级，社交网络、无人驾驶、远程医疗产生的海量信息将给 5G 信息安全带来前所未有的挑战。

第三，5G 网络安全对保障国家安全、经济社会稳定具有重要意义。网络功能虚拟化、网络切片等新技术的应用会使 5G 网络更易受到攻击。未来 5G 将广泛应用于工业制造、物联网、车联网等重点行业，此时一旦遭遇网络攻击，将会危害经济社会稳定和人民生产生活。

第三节　5G 之争：我国各方面布局充分，美日韩欧紧随其后

根据对各国在频谱可用性、5G 部署进度、政府相关政策扶持与财政支持、行业企业投入情况、市场空间等多方面因素的比较，我国处于领先地位（见图 14-5）。

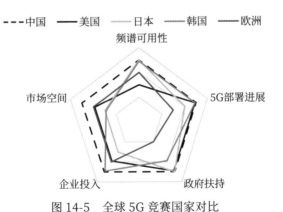

图 14-5　全球 5G 竞赛国家对比

资料来源：CTIA，泽平宏观。

战略之争：中国将"5G 引领"纳入国家战略，美国不断施压遏制中国崛起

中国：政府主导，企业攻坚，研发、网络建设、产业化全面推进

我国 5G 布局以政府为主导积极推动产业发展。我国政府高度重视 5G 发展，提出"5G 引领"的发展目标将 5G 纳入国家战略，在"十三五"规划纲要、《国家信息化发展战略纲要》等规划中对 5G 发展做出明确部署，要求在 5G 方面成为技术、标准、产业、服务与应用的领先国家之一，综合竞争实力和创新能力进入世界前列。为实现该目标，国家层面会在从制定标准、研发、发展网络基础设施技术、建立产业链到参与重点应用情景等方面加以支持。2021 年的《"十四五"信息通信行业发展规划》再次提出，我国在"十四五"时期力争建成全球规模最大的 5G 独立组网网络，力争每万人拥有 5G 基站数达到 26 个。

中国政府积极扩大标准制定的影响力，未来将进入产业融合阶段。2013 年，我国工信部、发改委及科技部联合成立了 IMT-2020（5G）组织，积极推进标准的编制，后续国内及国际的移动通信运营商及设备商均纳入组织。目前我国 5G 方面标准必要专利（Standard Essential Patents，SEPs）达到全球第一的水平。研发方面，政府积极推动 5G 产学研一体化；网络基础设施建设方面，中国倡导新基建并利用财政政策大力扶持；产业化方面，政府一方面积极推动 5G 商用，另一方面培育成熟的生态环境，促进下游应用的开发。

积极的政府支持和产业资本投资帮助中国形成了一个自给自足的 5G 环境。我国致力打造由设备制造商、芯片供应商、电信运营商、应用和平台提供商组成的丰富生态系统。随着对 5G 服务需求的增

加，应用程序开发商等新公司和设备销售商将会蓬勃发展。这将为电信运营商和硬件制造商带来新的收入，并使互联网公司和应用程序开发商在较长时期内受益。

美国：政府推动、私营部门主导，5G 商业化推动坎坷

美国 5G 发展主要依靠私营企业投入、研发和推动，在迅速推进 5G 建设的同时关注网络安全，力求在 5G 网络竞赛中获得主导权。2018 年 9 月，美国联邦通信委员会（FCC）发布"5G 加速计划"，作为一个全面的 5G 发展战略，包括三大重要内容：①采取措施为 5G 服务提供更多频谱，向市场投放近 5000 MHz 的 5G 高频频谱，并在中低频段以及免许可频段为 5G 进行有针对性的改变；②加快对小型蜂窝设施的各级政府审查，鼓励私营部门投资 5G 网络；③更新 5G 相关法规，鼓励投资和创新，并确保美国 5G 通信供应链的完整和安全。然而 2021 年美国 5G 商业化推动陷入停滞状态，主要原因在于，美国联邦航空管理局（FAA）在当年 11 月向飞机制造商、无线电高度计（飞行用）制造商、电信网络运营商和飞行员发布了一份公告，警告基于 C 波段的 5G 网络将会严重干扰从直升机到商用飞机等所有机种所使用的无线电高度计的正常运行，进而严重影响飞行安全。2022 年 1 月，白宫宣布推迟 5G 网络的推广，而这一决定引起了美国两大电信运营商的不满。

韩国、日本和欧洲：政府、企业合作，共同推进 5G 发展

韩国制定了清晰的 5G 发展规划，基础设施建设和商用推进突出。2014 年韩国未来创造科学部发布了以 5G 发展总体规划为主要内容的"未来移动通信产业发展战略"，决定投入 15 亿美元支持 5G 发展，并在 2020 年推出全面 5G 商用服务。同年，韩国政府设立由公共及私营部门、电信服务商和制造商代表、专家组成的 5G 论坛，推动 5G 标准化及全球化。2017 年，韩国发布 5G 频谱规划，对 5G 中频段及毫米波频谱资源进行划分。2018 年韩国冬运会期间，韩国电信联合国内外多家运营商和设备商推出 5G 服务，开始了 5G 全球首次商用。2019 年 2 月，韩国公布《5G 应用战略推进计划》，致力于建设基础环境，提出提前分配 5G 频谱资源，为新建 5G 网络减税等政策。同年 4 月，韩国三大运营商正式推出 5G 服务，成为全球首个启用民用 5G 网络的国家。韩国还发表 "5G+ 战略"，选定五项核心服务和十大 "5G+ 战略产业"。韩国 5G 推进速度整体较快，截至 2020 年 6 月，韩国三大运营商的 5G 基站数量为 12.1 万座。

日本积极布局 5G，前瞻性地开展应用研究。2014 年，日本设立 5G 移动论坛推动 5G 的研究和发展。2016 年，日本内政和通信部发布了《2020 年实现 5G 的无线电政策》，并提出三项措施：一是举办 5G 移动峰会，组织协调各机构工作，促进 5G 发展；二是推进政产学研协作，完成频谱分配工作和 5G 演示；三是在国际电信联盟和第三代合作伙伴计划指导下开展标准制定工作。2018 年，总务省提出积极推动以 eMBB 为主的应用研究，重点研究车联网、远程医疗、智能工厂、应急救灾等应用的新型商业模式，要求在 2025 年左右使 "后 5G" 标准实现商业化，并公布以 2030 年为设想时间的频谱利用战略方案。2019 年 4 月，日本向四家运营商完成了中频段频谱及毫米波的分配。2020 年 3 月，日本 5G 发展步入正轨，日本三大电信运营商正式推出了 5G 网络商用服务。2020 年 6 月底，NTT docomo 在东京奥运会主要设施中建立 5G 区域，并将最大通信下行速率提高到 4.1 Gbit/s，上行提高到 480 Mbit/s。但整体来看，日本 5G 发展不尽如人意，主要是由于其用户规模发展缓慢，截至 2020 年 8 月 1 日，NTT docomo 的 5G 套餐用户数仅为 24 万，其他两家公司 5G 套餐用户数量则更少。

欧洲注重欧盟内部标准统一，力求在 5G 竞赛中保持竞争力。欧盟 5G 建设战略主要有三点：一是北欧五国充当"先锋"，领跑欧盟 5G 发展进程。二是英、法、德等国将 5G 研究和发展作为争夺未来工业 4.0 制高点的战略举措。三是重点突出 5G 的网络安全举措。为达到战略目标，欧盟主要采取以下三大举措：①全力支持 5G 移动通信标准化活动；②制定统一的 5G 实验路线图；③推动 5G 生态系统的建设。

部署之争：中国 Sub-6 频段丰富，引领 5G 商用化进程

丰富的 Sub-6 资源是 5G 部署取得先发优势的关键。国家 5G 部署受到国家战略、运营商投资、频谱资源分配等多方面影响。其中频谱资源分配是最为关键和基础的因素。目前世界主流国家主要采用 Sub-6 和毫米波两个频段对 5G 进行部署（见图 14-6），其中 Sub-6 具有覆盖范围广、建设成本低的特点，而毫米波作为 5G 新开发的频谱，覆盖范围小、相关技术尚不成熟且部署成本远高于 Sub-6 频段，因此世界主流国家均选择 Sub-6 作为 5G 初期建设主要频段。

频谱分配：中国优先发展中频段，美国中频资源不足转向毫米波

中国在中频段向移动业务分配了 300MHz 频谱，分布在 3.4 ～ 3.6 GHz 和 4.8 ～ 4.9 GHz 两个频段，并向三家运营商颁发了实验用频许可。

欧盟也在《5G 行动计划》中提出是 3400 ～ 3800 MHz 频段为欧盟 2020 年前 5G 部署的主要频段。欧盟 5G 部署没有偏重毫米波

频段，而是从不同的低、中、高频段满足不同的 5G 需求。

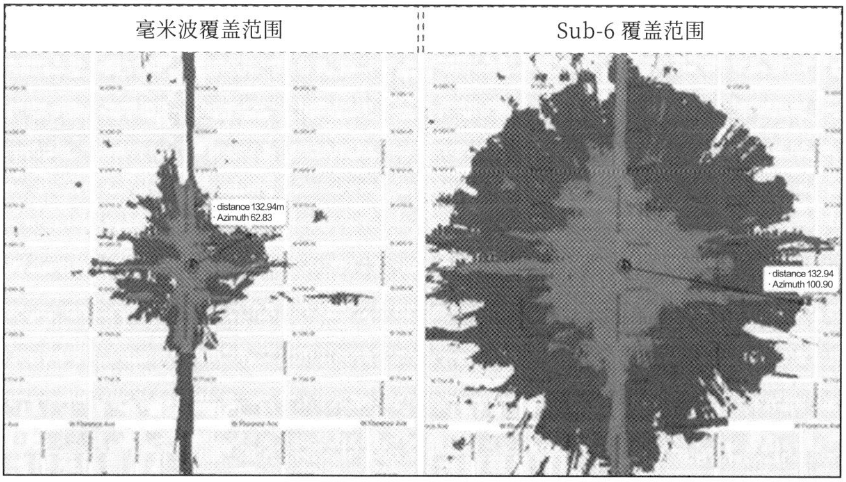

图 14-6　毫米波覆盖范围

资料来源：美国国防部《5G 生态系统：对美国国防部的风险与机遇》，泽平宏观。

韩国抢跑毫米波，低频资源分配不足。韩国在 2018 年 6 月成功拍卖了 26.5 ～ 28.9 GHz 频段频谱 2.4 GHz，平均每个运营商 800 MHz，并拍卖了 3420 ～ 3700 MHz 频谱 280 MHz，成为第一个对毫米波完成分配的国家。但韩国低频资源分配相对不足，供分配低频谱资源为 477 MHz，在国际主流国家中排倒数第 2。由于低频资源稀缺，韩国在 2016 年进行 700 MHz 频段的 2×20 MHz 频谱拍卖时，由于价格昂贵而流拍。

日本高、中、低频段均分配了丰富的频谱资源，已经为四家运营商分配 5G 频谱，涉及 39 GHz、28 GHz、4.5 GHz、3.7 GHz 等多个频段。

美国中段频谱主要是军用或商用，划分上比较困难，因此美国在

5G 建设上采取毫米波优先的战略，把拍卖高频频谱作为优先发展规划，分配了丰富的高频谱资源。美国于 2016 年、2017 年连续两年发布了 5G 频谱规划，授权包括 24.25 ～ 24.45 GHz、24.75 ～ 25.25 GHz、47.2 ～ 48.2 GHz、27.5 ～ 28.35 GHz、37 ～ 40 GHz、64 ～ 71 GHz 等频段用于 5G，共计 12.55 GHz。美国中频段拥挤，短期难以协调。3.5 GHz 为国际主流 5G 建设波段，而美国 3.45 GHz 波段被军用雷达系统占用，很难清理。3 GHz 和 4 GHz 频谱大部分是美国国防部广泛使用的频段，美国可用于 5G 部署的中频段资源非常有限。

全球大多数国家未来 5G 生态系统建立在 Sub-6 中频频谱之上，美国也将面临毫米波设备通用性的挑战和 Sub-6 基础设施安全问题。无线网络的领导地位要求全球市场认可并遵循领导者所制定的频谱频段规范，因此，如果美国继续探索与世界其他国家不同的频谱范围，一方面会导致 5G 组网缺乏全球供应链基础，另一方面美国即使在毫米波取得较强的技术优势，由于缺乏追随者，仍然无法主导 5G 标准话语权，美国本土供应商无法投资研发未来的 5G 产品，进一步失去市场主导权。

商用进展：5G 商用进度超预期，大规模商用时刻临近

全球来看，5G 商用进展超预期。5G 商用在 2019 年正式启动，截至 2021 年底，根据全球移动供应商协会（GSA）的数据，全球共有 145 个国家或地区的 487 家运营商正在进行 5G 计划、试验、部署或已经实现 5G 商用，其中 78 个国家或地区拥有至少一个符合标准的 5G 网络，99 家运营商在评估独立（5G SA）技术。

表 14-1 总结了主要国家的 5G 商用进度。

表 14-1　主要国家 5G 商用进度

国家	商用进度
中国	• 中国三大运营商在 2019 年 11 月已正式推出 5G 商用服务 • 中国移动提出 5G+ 计划，"5G+4G" 满足用户数据业务和话音业务需求，"5G+AICDE" 推动人工智能、物联网、大数据、边缘计算等新技术紧密结合，提供更多更丰富的应用，"5G+Ecology" 联合设备厂商，通过垂直行业应用构建 5G 生态 • 中国联通与中国电信达成 5G 共建共享协议，双方合计开通共建共享基站 5 万个，并就各自建设的地理范围做出了详细规划 • 2021 年 6 月，中国广电以国内第四大通信运营商的身份正式入场 5G 建设和 5G 运营
美国	• 美国电话电报公司在 2018 年 12 月采用毫米波推出 5G，计划在 2019 年底实现全国 21 个州覆盖，2020 年初实现全国覆盖 • 威瑞森 2019 年 4 月在芝加哥的部分市中心地区使用毫米波推出 5G，计划在 2019 年底之前完成 30 个城市的 5G 覆盖，但尚未发布全国覆盖时间表 • T-Mobile 与 Sprint 合并，T-Mobile 原计划在 2020 年前采用 600 MHz 频谱实现 5G 网络全国覆盖，在城市热点区域采用毫米波，2019 年下半年在 30 个城市推出 5G 服务，Sprint 拥有 2.5 GHz 频段频谱是其实现广覆盖的竞争力所在 • 2021 年，美国航空业提出了 5G 不安全的论断，白宫宣布计划推迟 5G 网络在美国的运营和推广
韩国	• 2018 年 12 月，韩国三大移动通信运营商共同宣布提供 5G 网络服务，韩国成为首个 5G 网络商用国家 • 韩国三大运营商注重打造 5G 服务生态圈 ① SK 注重 5G 产品广覆盖，致力于高清视频、移动通信、互联网及大数据等诸多领域的发展 ② KT 制定了在智能城市、智能工厂、车联网、传媒、B2B 等 5G 领域推出 5G 服务的计划③ LG U+ 推出 "U+ 棒球" "U+ 高尔夫" "U+idol" 等产品，为用户提供体育赛事和演唱会直播等视频服务
日本	• 日本在 2020 年东京奥运会和残奥会上开展 5G 商用，各运营商将率先在东京都地区启动 5G 商业服务，另外，日本在远程医疗、移动办公、观光领域、8K 影像传输上开展相关实验 • 2019 年 4 月，日本为四大运营商分配了 5G 中高频段频谱，四大电信运营商将在今后 5 年里向 5G 建设投入近 3 万亿日元，在全国分阶段推进 5G 基站建设 • 软银宣布 2020 年 3 月 27 日开始 5G 商用服务
欧洲	• 根据欧盟规划，2020 年各成员国至少选择一个城市提供 5G 服务。截至 2020 年底，已有 23 个成员国推出了商用 5G 服务，并实现了至少一个主要城市可以使用此类服务的中期目标 • 2019 年，英国、瑞士、意大利、芬兰、西班牙等国已经率先实现 5G 商用 • 2021 年 3 月欧委会提出 2030 年实现 5G 全面覆盖的目标

资料来源：网络新闻整理，泽平宏观。

标准之争：中国 SEPs 数量领先，华为 Polar 码在关键领域取得突破

　　5G 标准制定权决定产业话语权，具体体现在标准必要专利的数量与分布领域。5G 作为新一代移动通信网络，其网络架构发生较大变革，其调制、编码、空口等都需要运用新的技术方案。为保证无线通信的通用性，实现规模效应，各国加入 3GPP 组织，以 3GPP 选定的最优技术方案作为标准进行 5G 网络建设。5G 关键技术相关的标准必要专利（Standards-Essential Patents，SEPs）的分布和构成，体现了各企业在不同关键技术及其产业实践中的话语权。

　　中国在无线通信标准上实现了从全面落后，2G 追随，3G 突破，4G 同步到 5G 领跑的过程（见表 14-2），目前中国在 5G SEPs 数量上遥遥领先，在移动通信最关键的底层编码技术上也取得突破。2G 时代，国外企业主导技术标准，在市场上占据主导地位；3G 时代，中国推出了自主网络制式 TD-SCDMA，但行业话语权依然很低，国内企业逐步开始与欧美企业在市场上直接竞争；4G 时代，中国企业在标准的话语权提高，TD-LTE 迅猛发展，让我国通信技术走在了世界前列；5G 技术标准研发是我国赶超世界先进水平的历史机遇，也是中国通信业的一个必争之地。

表 14-2　中国无线通信发展

技术标准	2G	3G	4G	5G
通信制式	GSM CDMA	WCDMA CDMA2000 TD-SCDMA	FDD-LTE TDD-LTE	5G NR
调制技术	GMSK	CDMA	OFDMA SC-FDMA	OFDMA NOMA

（续）

技术标准		2G	3G	4G	5G
标准确定时间			2000 年	2008 年	2018 年
商用进度	中国	—	2009 年	2013 年	2019 年
	美国		2003 年	2010 年	2018 年底
	欧洲		2003 年	2009 年	2020 年
	日本		2001 年	2010 年	2020 年
	韩国		2001 年	2011 年	2019 年

注：TDD-LTE 国内也称 TD-LTE。

资料来源：泽平宏观。

从 SEPs 数量看，中国 5G SEPs 数量遥遥领先。近年来，5G SEPs 数量急剧增加，主要来自中国、美国、韩国、欧洲和日本。根据 Iplytics 数据，截至 2021 年 2 月，从 5G 专利声明数来看，华为以 15.39% 的份额领先，第 2 至第 5 名分别是高通、中兴通讯、三星、诺基亚，市场份额分别为 11.24%、9.81%、9.67%、9.01%。值得注意的是，前 22 家上榜企业中，中国企业占 8 家，其中大陆 7 家，台湾地区 1 家。

从质量上看，中国在 5G 信道编码这一关键技术上已取得突破。5G 网络可以分为接入网和核心网，其中接入网相应的无线接口协议又可分物理层、数据链路层和网络层。物理层是整个系统设计中最核心的部分，占到了 5G 接入网标准必要专利申请量的 67%，其中，新型调制技术、信道编码技术是物理层设计中最核心、最深奥的部分。在 5G 通信技术标准制定中，华为主推的 Polar Code 方案成了 5G 控制信道 eMBB 场景编码方案。

设备之争：中欧企业四强争霸，华为中兴异军突起

在 5G 产业链中，通信网络设备是价值含量最大、产业链地位最

高的一环（见图 14-7 与图 14-8）。通讯网络设备是移动通信系统的核心环节，涉及无线、传输、核心网及业务承载支撑等系统设备，而主设备商在整个网络建设中类似于总承包商的角色，为运营商提供完整解决方案，处于统筹地位。5G 产业链的上下游情况，以及周边产业的价值量可参阅图 14-7 与图 14-8。

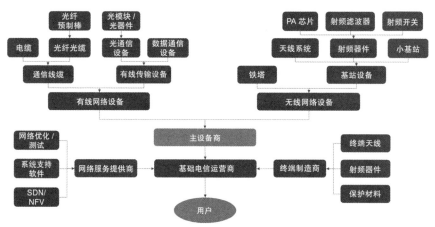

图 14-7　5G 相关产业链

资料来源：泽平宏观。

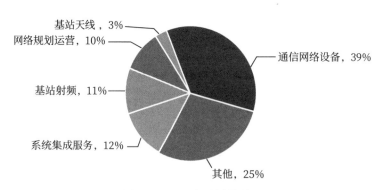

图 14-8　5G 产业链价值量

资料来源：C114 通信网，泽平宏观。

　　全球网络通信网络设备厂商经过多年兼并整合，目前呈四强争霸格局，未来短期市场格局难以改变。自 2018 年至 2021 年一季度，网络通信设备市场中华为、爱立信、诺基亚和中兴通讯四家企业累计市场份额一直保持在 70%，四强争霸的格局或将持续下去。

　　5G 时代，华为在技术和产品等多个维度实现全面领先。如图 14-9 所示，全球 ICT 行业权威咨询公司 GlobalData 发布的《5G接入网 (RAN) 竞争力分析报告》指出：前五大设备商中华为在 5GRAN 竞争力综合排名第一，而其他设备商各有优劣并列处于第二梯队。华为在基带容量、射频产品组合、部署简易度及技术演进能力这四个运营商看重的关键维度均保持第一。基带容量方面，华为 5GRAN 产品基带容量最大，能更好地帮助运营商应对 5G 海量的连接需求；射频产品覆盖频谱最多、体积小、重量轻，从而让运营商在各种场景中能够灵活部署；在技术演进方面，华为产品能够支持运营商平滑地向 5G 过渡，节约 5G 网络建设成本。

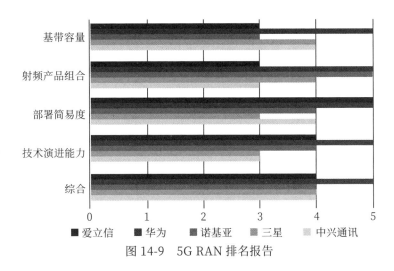

图 14-9　5G RAN 排名报告

资料来源：GlobalData，泽平宏观。

华为设备市占率受到考验但仍然领先，2022 年 5G 手机重新发行。
2013 ～ 2021 年第一季度，华为市场份额由 20% 上升到 27%；中兴
通讯除 2018 年受到美国制裁市占率小幅下降外，市占率由 7% 稳步
提升至 9%；与此同时，近两年爱立信和诺基亚份额都有所回升，均
为 16%。华为自 2020 年以来市场份额下降，主要是由两方面原因造
成，一方面自 2019 年 5 月美国将华为及其旗下 70 多家子公司列入
了"黑名单"，限制美企对华为 5G 相关核心射频芯片的出口，2020
年 9 月台积电也停止对华为供给芯片，导致华为被迫停止 5G 手机的
销售。目前，全球 80% 以上的射频芯片市场被美国和日本控制；另
一方面，受到中美贸易摩擦影响，美国以数据安全为由让欧洲和亚洲
部分国家重新考虑与华为的 5G 技术合作，最终德国、挪威、法国、
新加坡等国家都选择了取消与华为的订单。值得关注的是，目前美国
的步步紧逼，反而促使我们加快射频芯片自主研发进程。2022 年 3
月，上市公司富满微表示，公司 5G 射频芯片已经开始批量供货，主
要客户包括国内主流手机及 ODM 厂商，其 5G 射频芯片（含滤波器）
完全基于自主开发，具有完整的自主知识产权。华为也重启 5G 手机
销售，搭载 5G 芯片麒麟 9000 L。

第四节 展望：数字经济、新基建加速 推动新一轮 5G 发展

未来我国 5G 市场发展前景广阔。用户规模方面，5G 移动电
话用户达到 3.55 亿。据市场调研机构 Dell'Oro Group 统计，中
国 5G 网络将迎来爆发式增长，预计到 2024 年中国 5G 用户规模达

10.1 亿，市场规模达 3.3 万亿元。投资规模方面，我国 2021 年 5G 投资额为 1849 亿元，占电信固定资产投资比达 45.6%。据中国信息通信研究院预测，到 2025 年我国 5G 网络建设投资累计将达到 1.2 万亿元。此外，5G 网络建设还将带动产业链上下游以及各行业应用投资，预计到 2025 年将累计带动超过 3.5 万亿元投资。5G 潜力持续增长，应用场景广阔。工信部、中央网信办、国家发改委等 10 部门发布的《5G 应用"扬帆"行动计划（2021–2023 年)》提出，到 2023 年，每个重点行业打造 100 个以上 5G 应用标杆。

5G 产业融合发展将会进一步加快。5G 是社会进步的基础设施，目前我国自上而下都在共同参与产业生态建设。5G 技术是未来人工智能、物联网、车联网、"东数西算"等其他技术的基础，以 5G 为平台的全方位信息生态系统将为通信、制造业、汽车、市政建设等各行各业的融合铺路。5G 技术的发展与创新不仅事关电信业，更需要科研机构、高校、行业企业等多元主体的积极参与合作。因此我们认为，未来继续加强产业政策的扶持与引导，建立多主体共同参与、平等对话的窗口，同时联合产学研各方力量与产业链各方资源参与，引导资金链、人才链和创新链的深度融合，对完善创新网络、培育 5G 创新生态具有重要意义。在以上背景下，5G 工业互联网、车联网、智能交通、智慧医疗、超高清视频等垂直行业应用的融合发展，都会加速推进。

第十五章

区块链 3.0：呼之欲出的产业前沿

第一节　区块链如何创造信任？

"1" 句话概括区块链：可信的分布式数据库

　　狭义的区块链是一种将数据区块以时间顺序相连的方式组合成的，并以密码学方式保证不可篡改和不可伪造的分布式数据库（或者叫分布式账本技术，distributed ledger technology，DLT)。分布式数据库中的数据由系统的所有节点共同记录，所有节点既不需要属于同一组织，也不需要彼此相互信任（见图 15-1）。

　　区块链可以视作一个账本，每个区块可以视作一页账，其通过记录时间的先后顺序链接起来就形成了"账本"。通常系统会定期更新交易记录，其间的数据信息、交易记录被放在一个新产生的区块中。如果所有节点都认可了这个区块的合法性，这个区块将被各节点添加。

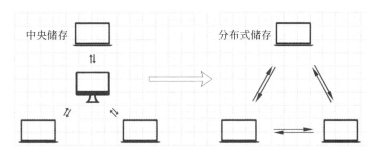

图 15-1　数据库从传统的中央储存转向分布式储存

资料来源：Wind，泽平宏观。

如图 15-2 所示，区块可以大体分为块头（header）和块身（body）两部分。块头一般包括前一个区块的哈希值（父哈希）、时间戳以及其他信息。哈希是一类密码算法，将信息加密成哈希值。如图 15-3 所示，父哈希指向上一个区块的地址（头哈希），如此递推可以回溯到区块链的第一个头部区块，也就是创世区块（genesis block）。

图 15-2　区块的构成

资料来源：blockexplorer，泽平宏观。

图 15-3 区块 + 链

资料来源：blockexplorer，泽平宏观。

每个特定区块的块头都由头哈希值作为识别符。节点可以对区块头进行哈希计算，独立地获取该区块的哈希值。区块高度是另一个标识符，作用与区块头哈希类似。创世区块高度为 0，然后依次类推。

块身包含经过验证的、块在创建过程中发生的所有价值交换的数据记录，通过默克尔树（Merkle Tree）结构存储起来。所有数据都记录在这棵树的"叶子"节点里，一级一级往上追溯，归结到一个树根，反之通过树根就追溯到每一笔交易详情。

区块链三大关键机制

第一，密码学原理：哈希算法、非对称加密。

哈希算法是一类加密算法的统称，是信息领域中非常基础也非常重要的技术。输入任意长度的字符串，哈希算法可以产生固定大小的输出。我们可以用哈希标识一个区块，但我们无法用哈希值反推出区块的具体内容（哈希函数的隐秘性）。

非对称加密是指加密和解密使用不同密钥的加密算法，也称为公私钥加密（见图 15-4）。区块链网络中，每个节点都拥有一对私钥和公钥。使用这个密钥对时，如果用其中一个密钥加密一段数据，则必须用另一个密钥解密。在比特币区块链中，私钥代表了对比特币的控制权。交易发起方用私钥对交易（包括转账金额和转账地址）签名并将签名后的交易和公钥广播，各节点接收到交易后可以用公钥验证交易是否合法。

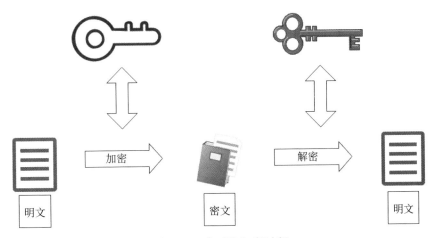

图 15-4　非对称加密过程

资料来源：泽平宏观。

第二，数据存储结构：默克尔树。

默克尔树实际上是一种数据结构。这种树状数据结构在快速归纳和检验大规模数据完整性方面效率很高。在比特币网络中，其树根就是整个交易集合的哈希值，层的叶子节点是数据块的哈希值（见图 15-5）。我们只需要记住根节点哈希，只要树中的任何一个节点被篡改，根节点哈希就不会匹配，从而可以达到校验目的。

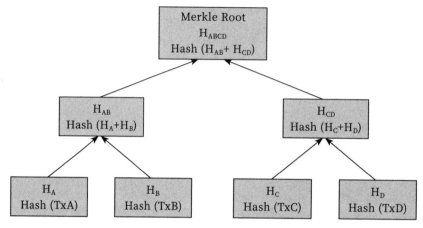

图 15-5　默克尔树

资料来源：《精通比特币（第二版）》，泽平宏观。

第三，共识机制。

共识机制是区块链网络核心的秘密（见图 15-6）。简单来说，共识机制是区块链节点就区块信息达成全网一致的共识机制，可以保证区块被准确添加至区块链、节点存储的区块链信息一致不分叉，甚至可以抵御恶意攻击。实践中要达到这样的效果需要满足两方面条件：一是选择一个独特的节点来产生一个区块，二是使分布式数据记录不可逆。

当前主流的共识机制包括：工作量证明（Proof of Work，POW）、权益证明（Proof of Stake，POS）、工作量证明与权益证明混合（POS+POW）、股份授权证明（Delegated Proof-of-Stake，DPOS）、实用拜占庭容错（PBFT）、瑞波共识协议等。

图 15-6　区块链的共识机制

资料来源：kpmg，泽平宏观。

区块链两大核心性质：分布式、不可篡改

第一，分布式记账与存储。在记账方面，区块链不需要依赖一个中心机构来负责记账，节点之间通过算力或者权益公平地争夺记账权。通过"全网见证"，所有交易信息都会被"如实地记录"，而且这个账本将不可更改。在传统复式记账中，每个机构仅保存与自己相关的账目，但往往花费大量的中后台成本进行对账与清算。

在存储方面，由于网络中的每一个节点都有一份区块链的完整副本，即使部分节点被攻击或者出错，也不会影响整个网络的正常运转。这使得区块链有更高的容错性和更低的服务器崩溃风险，同时也意味着所有的账目和信息都是公开透明、可追溯的。所有参与者都可以查看历史账本，追溯每一笔交易，也有权公平竞争下一个区块的记账权。

第二，不可篡改。在区块链中伪造、篡改账目基本是不可能的，不可篡改也意味着数据的高度一致性和安全性，这是区块链与传统数据库的另一主要区别。首先，合法的交易需要私钥签名，否则无法被其他节点验证；其次，每一笔交易都是可回溯的，也就杜绝了无中生有的可能。

如图 15-7 所示，假如我们要篡改区块链中第 k 个区块的数据，那么当前区块的头哈希就会发生改变，由于哈希函数具有碰撞阻力，改变后的头哈希将无法与 $k+1$ 区块的父哈希相匹配。这要求篡改者在同一时间同时入侵全球所有参与记录的节点并篡改数据，只有重新计算被更改区块后续的所有区块，并且追上合法区块链的记录速度才有可能被认可，这通常需要拥有至少全网 51% 的算力基础。由于区块链是一个分布式系统，大部分节点都是相互独立的，"51% 攻击"在现实中很难发生。

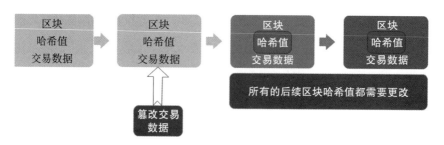

图 15-7　篡改数据的难度

资料来源：泽平宏观。

第二节　区块链进入 3.0 阶段

如图 15-8 所示，区块链产业结构已逐步成型，呈现较为明显的上中下游关系。区块链产业主要分为底层技术、平台服务、产业应用三部分，其中，底层技术部分提供区块链核心技术产品和组件，平台服务部分基于底层技术搭建出可运行相应行业应用的区块链平台，产业应用部分主要根据各行业实际场景，利用区块链技术开发行业应用。

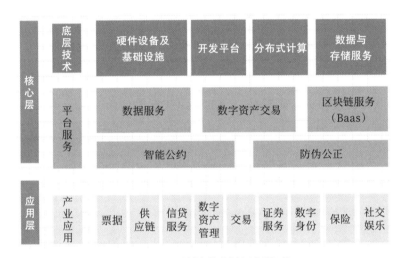

图 15-8　区块链供应链逐渐清晰

资料来源：Wind，泽平宏观。

上游基础层：底层技术及基础设施

区块链产业上游主要提供底层技术及基础设施，包含：共识算法、加密算法、分布式数据存储、智能合约等。随着纵向发展成为共识，相关企业纷纷开始布局区块链底层技术研发，提升产品性能和场景适应能力。

中游服务层：平台服务

区块链平台与技术开发服务是上层应用的重要支撑。其中可分为公有链、联盟链、私有链三种。

公有链是任何人都能读取区块链的信息、发送交易和参与共识过程的一种区块链，优点是协议公开，信息透明度高，全部数据均可以被公开访问，缺点是很难在满足去中心化和安全性的同时支持很高的交易量。

私有链是写入权限在一个组织手里，读取权限被限制的一种区块链，一般适用于特定机构的内部数据管理与审计。其优点是能更好保护隐私、降低交易成本、交易速度非常快，但存在被操纵价格，被修改代码等风险。

联盟链是根据一定特征设定的节点才能参与和交易，其共识过程受预选节点控制的一种区块链。联盟链是半公开性质的区块链网络，需预先指定节点作为记账人，区块的生成由所有记账人协同决定。联盟链的优点是网络性能高，运作成本较低，但其透明度较公有链低。

企业提供区块链技术的主要服务形式之一为区块链即服务（BaaS）平台。BaaS是指将区块链框架嵌入云计算平台，通过云为开发者提供区块链生态服务的区块链开放平台。区块链即服务（BaaS）集合了区块链和云计算两者优势，以云作为基础资源，配合区块链网络的创建、管理、运行、组件维护，降低了区块链应用的开发和部署成本。

下游应用层：产业应用

"＋区块链"商业模式将传统场景与区块链技术相结合，发挥区块链在促进数据共享、建设可信体系、降低运营成本等方面的作用。

区块链已经从最初的数字金融，逐步向供应链金融、产品溯源等领域拓展，现在已在政务、民生、工业管理等行业探索应用（见图 15-9）。整体看，区块链应用的发展可以总结成三种类型应用模式（见表 15-1）。

第一是链上存证类，链上存证类是区块链成为链上存证的信任账本，主要应用于全网数据一致性要求较高的业务，如供应链金融、溯源、审计、票据等。

第二是链上协作类，链上协作类是区块链提供多方协作的信任机器，在去中心化的大规模多方协作业务中，发挥出数据共享、数据互联互通的重要作用。

第三是链上价值转移类，链上价值转移类是区块链构建价值传递的智能互联信任基础设施，以资产的映射、记账、流通为主要业务特点，主要应用于 DCEP[⊖]、跨境贸易等。

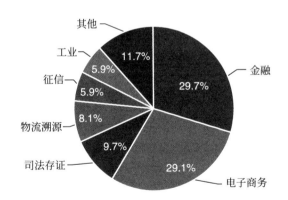

图 15-9　区块链目前的应用领域

注：由于四舍五入的原因，最终总计不一定等于 100%。
资料来源：赛迪区块链研究院，泽平宏观。

⊖　即数字货币和电子支付。

表 15-1　区块链应用场景分类

类型	实体经济				公共服务			
	金融	农业	工业	医疗	政府	司法	公共资源
链上价值转移	数字票据、跨境支付	农业信贷、农业保险	能源交易、碳交易汇	医疗保险			
链上协作	证券开户信息管理	农业供应链管理	能源分布式生产、智能制造	医疗数据共享	政务数据共享	电子证据流转	工程建设管理
链上存证	供应链金融	农产品溯源、土地登记等	工业品防伪、绿电标识认证等	电子病历、药品溯源	电子发票、电子护照等	公证、电子存证、版权确认等	招投标

资料来源：中国信通院，泽平宏观。

投融资回暖，政策红利开启

产业已经度过了最初的过热期和冷静期，进入了稳定发展初期。从整体规模来看，区块链项目的相关投融资规模经过2019年的冷静阶段后，于近年不断逐渐扩大。

从全球区块链相关公司融资轮次分布情况来看，约77%的融资事件处于种子轮、天使轮或A轮，B轮占比约为5%，C轮占比1.7%。在经历了2014～2015年的爆发式增长后，行业投融资规模在2016～2020年间逐步向下，投融资次数逐步降低。然而2021年资本风险偏好上升，区块链相关投资回暖，区块链相关行业也向成熟期更进一步。

商业模式相对更明晰的金融领域等行业更受青睐。从行业角度来看，2021年区块链融资金额排名前三的行业是金融服务、基础设施建设和NFT[⊖]，占比分别为49%、23.62%和12.07%。区块链可以提高金融机构间数据传递效率和价值，从而获得执行时间、成本上的优势，因此在金融行业应用的潜力巨大。

虽然金融行业仍是发展重点，但其他行业也快速发展，逐渐从"1到N"。区块链已经从最初的数字货币和去中心化金融等单一领域逐步向社会各领域渗透，包括政府政务、民生、工业管理等领域，其相关产业链也进一步完善。其中基础设施建设投资占比略有上升，NFT相关投资意愿明显提高。未来随着区块链行业逐步进入稳定发展阶段，基础设施建设投资占比预计将进一步上升。而元宇宙等产业数字化的发展也预示着未来下游行业将逐步实现多元化发展。

⊖ NFT，英文Non-Fungible Token的缩写，即非同质化货币，用于表示数字资产的唯一加密货币令牌。

在政策方面，国家"十四五"规划和 2035 年远景目标纲要中区块链被列为数字经济重点产业之一。中央政府在不断加大支持力度，地方政府对区块链的重视程度逐渐提升，政府部门区块链技术应用正积极落地。广东省、山东省、河北省、北京市等地出台了区块链专项政策，浙江省、陕西省、上海市等地将区块链技术写入地方"十四五"规划，着力推进当地区块链产业体系健康发展。2020 ～ 2021 年间，全国启动区块链项目超过 90 个，其中政务服务项目超过 40 个，政务领域将成为区块链应用的突破口和主战场。

第三节　区块链赋能数字经济，以五大场景为例

作为数字经济时代重要的连接环节，未来区块链将广泛应用于监管、治理与线上交易等场景。区块链通过数学原理而非第三方中介来创造信任，可以降低系统的维护成本。在产业数字化进程中，区块链将用于优化传统的第三方担保信用交易，赋能产业数字化转型过程。在数字产业化进程中，区块链将作为线上交易的底层应用，填补数字产业化的缺失。

贸易数字化转型

全球贸易涉及主体多，手续复杂，沟通烦琐。主体之间信息离散程度高，大量的纸质作业使供应链缺乏透明度，协同效率低下，导致资源利用率降低、运输时间长、成本提高。2014 年，马士基从非洲运输货物至荷兰，耗时 1 个月，涉及超过 30 个主体 200 多次沟通交

互，整体流程结束签署文件厚度高达 25 厘米。

区块链的去中心化、可追溯、信息对称、安全可视等特点天然地适用于全球贸易的物流环节（见图 15-10）。在 IBM 开放物流平台上可以通过双方以及多方数字签名和凭证（Token）对物流信息进行全网验证。五大管理系统包括物流、港口、海关、供应链、运输交通，这些管理系统可以实现协作管理。对进口商、出口商、制造商来说，端到端的信息透明可以实时监管物流全流程；对港口和集装箱集中地管理来说，可以提高空箱利用率和降低资源错配率；对海关等机构来说，信息正确可以提高审批效率；对运输管理商来说，可以优化货物运输路线和日程安排。对于 IBM 与马士基合作的项目，在从鹿特丹港到新泽西纽瓦克港的运输中，时间上节省超过 40%，成本降低超过 20%。

服务业数字化转型

金融服务业中小微型企业存在融资难、信用成本高的问题。以供应链金融为例，在传统供应链金融模式下，信息不够透明导致中小企业融资难，成本高。首先，银行出于风控考虑往往仅愿意对上下游中的一级供应商提供相关服务，导致二三级供应商和经销商巨大的融资需求无法得到满足，使供应链上的中小企业因为融资受限影响生产进度和产品质量，从而伤害了整个供应链。其次，现阶段商业汇票、银行汇票作为供应链金融的主要融资工具，使用场景受限且转让难度较大。银行对于签署类似应收账款债权"转让通知"的具有法律效力的文件往往非常谨慎，要求核心企业的法人代表去银行当面签署，操作难度大。

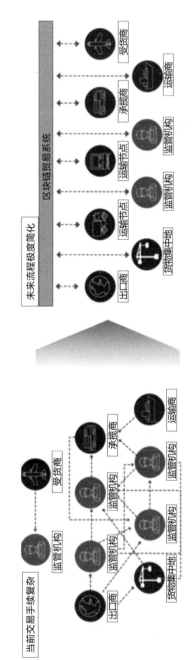

图 15-10　区块链极大地简化了国际贸易流程

资料来源：IBM，泽平宏观。

区块链则使供应链金融变得更加高效、成本更低（见图 15-11）。2017 年 3 月，区块链金融平台"Chained Finance"出现。Chained Finance 首先将核心企业的应付账款转化为区块链上的线上资产 eAP。当核心企业与一级供应商 L1 形成应付账款并写入区块链后，L1 可以任意分拆 eAP 并用于支付自己的供应商 L2，以此类推至 L3、L4 等。eAP 最终成为区块链平台上的"商票、银票"。区块链的介入使得供应链上的中小企业融资成本下降了约 15%。

政务数字化转型

征信是依法收集、加工自然人及其他组织的信用信息，并对外提供信用报告、信用评估、信用信息咨询等服务。早在 2014 年，清华大学课题组发布的报告中就曾测算，2012 年征信系统改善了 4986 亿元的消费贷款质量，为银行带来了 801.6 亿元的收益，拉动了约 0.33% 的 GDP 增长。

随着数据量和征信维度的增加，各个征信机构只能在某一方面做到专业，公共部门的数据也略显不足。严重的"信息孤岛"问题导致片面的决策和风险。

通过系统各节点的信息共享，区块链可以构建一个完整的"信用分评价体系"，根据个人行为对信用的影响程度高低来评估个人的整体信用水平，并根据联盟机构对信用评价的贡献分配信用使用方查询数据产生的收益，解决"信息孤岛"问题。

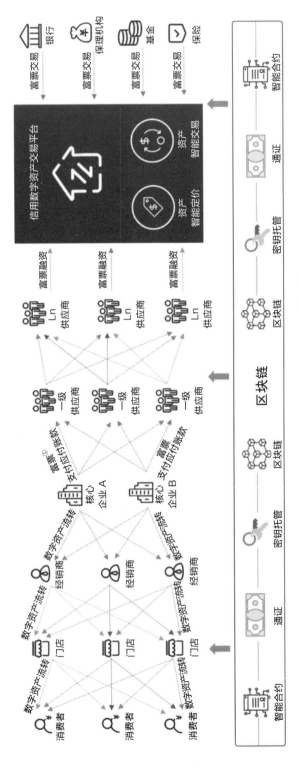

图 15-11 数据上链后极大简化了融资过程

① 富票（FP token）是以核心企业信用背书发行的区块链数字化债权凭证（信用资产通证）。

资料来源：IBM，泽平宏观。

　　区块链技术的应用有助于进一步厘清征信数据的归属问题（见图 15-12）。当前征信体系的数据归属错位带来数据安全和隐私问题。而在区块链模式下，个人所产生的信用行为记录由机构向区块链进行反馈，并在个人的"账簿"上进行记录，向全网广播，通过共识机制进行记录，在信用查询时，则需要经用户许可才能查询个人信息。

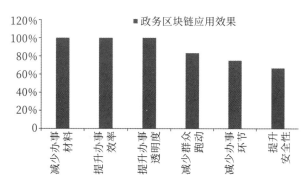

图 15-12　应用区块链后大幅改善了政务效率

资料来源：中国信通院，泽平宏观。

赋能元宇宙基础建设

　　2021 年 Facebook[⊖]正式更名为 Meta，开启了元宇宙时代。而区块链作为元宇宙的技术应用，搭建了数字世界的底层互信框架（见图 15-13）。单一公司难以支撑元宇宙的流量，未来元宇宙将会是跨国家或跨文明的。元宇宙系统中庞大的交易量、复杂的交易模式以及对效率的要求使得流量大、效率高以及难统一成为其特点。

　　区块链的去中心化以及高效等特点较契合元宇宙的。应用区块链的 DeFi[⊜]可以做到去中心化管理，将数据分散保存于各个节点，

　　⊖　本书中出现时仍然沿用 Facebook 的名称。

　　⊜　DeFi，英文 Decentralized Finance 的简写，即去中心化金融，也被称为"开放式金融"。

在避免中心节点垄断式管理的同时还保证了数据难以被篡改。同时，NFT 的应用则保证了用户在元宇宙中的权益。

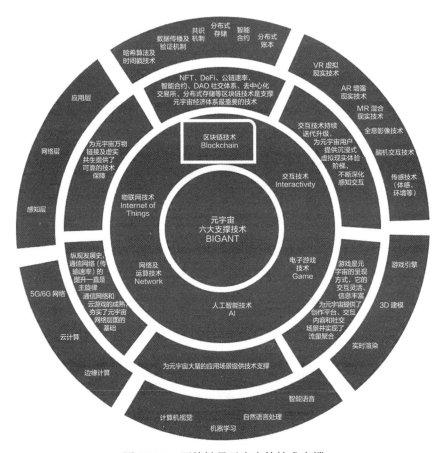

图 15-13　区块链是元宇宙的技术支撑

资料来源：Wind，泽平宏观。

完善大数据时代的信息安全

在数字经济时代，数据作为重要的生产要素之一，其安全性至关重要。传统的数据储存方式易受攻击，数据安全问题形势严峻。根据国家工信安全中心的数据，2020 年受到网络攻击所导致的数据安全事件占所有数据安全事件的 15%，平均数据泄露成本约为 443 万美元。而区块链的优势则是在非信任网络条件下创造出不可篡改的数据，保护数据安全。

区块链主要有以下两个特性能够降低风险：

第一，数据中心形式的集中储存环境加剧了数据安全风险，而区块链天然的去中心化将数据同步分散储存于多个服务器节点，增加了攻击的难度与成本。正如本章第一节所述，区块链具有不可篡改性。在区块链中，每当数据写入或篡改时，修改者必须向所有节点广播。因此，攻击者需要拥有全链至少 51% 的算力才有机会成功。

第二，区块链中的非对称加密算法、默克尔树存储结构和哈希算法等加密算法能够有效降低数据被攻击、篡改的风险。区块链中的非对称加密算法将小数据进行加密编译，最终形成长数据串，用于验证数据来源。哈希算法能够穷举对应无数明文的特性也使得其不可逆，能够保证数据隐私。而默克尔树存储结构能够使区块链在短时间内验证大量数据的一致性，由此提升了区块链的数据安全性。

第十六章

元宇宙：开启"第二人生"的多元世界

第一节　认识元宇宙

元宇宙的概念和发展

元宇宙是一个相对崭新的概念，拥有多元的定义。经济学者朱嘉明这样描述元宇宙：元宇宙是一个平行于现实世界又独立于现实世界的虚拟空间，是映射现实世界的在线虚拟世界，是越来越真实的数字虚拟世界。

到目前为止，元宇宙的发展大致经过萌芽期、发展期和爆发期（见图 16-1），我们正处在元宇宙的风口上：①元宇宙的萌芽期从

1992 年开始。科幻小说作家尼尔·史蒂芬森在出版的《雪崩》一书中提及元宇宙（Metaverse）的概念。② 21 世纪初，各类元宇宙概念的初级产品出现，元宇宙进入发展期。2003 年，美国互联网公司 Linden Lab 推出游戏《第二人生》（*Second Life*），人们可以在这款游戏中社交、娱乐。游戏没有"刻意制造的冲突"和玩家必须达成的目标。③ 2020 年开始，随着网络、计算技术的迅速发展，元宇宙概念进入爆发期。这个阶段的元宇宙不仅仅存在于游戏制作之中，还更像是虚拟的交互平台。

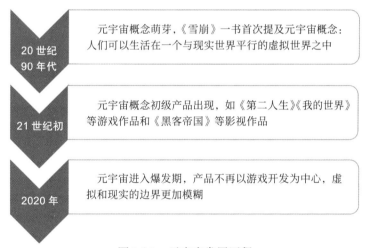

图 16-1　元宇宙发展历程

资料来源：泽平宏观。

元宇宙兴起的基础是科学技术的爆发式发展。在区块链方面，DeFi、NFT 等概念势头正猛；在游戏方面，虚拟的开放世界逐渐走上舞台中央；在网络和算力方面，5G 和云计算技术为顺畅的通信和服务提供了技术支持；在显示技术上，VR 和 3D 技术为用户带来了全新的体验。

民众对新型生活方式的需求成为元宇宙的助力。移动互联网给民众生活带来的新变化有限，单纯的广域互联发展显露疲态。基础的网络服务增速同比放缓，狭义移动互联市场逐渐达到饱和。

元宇宙：六大支持技术

图 16-2 为元宇宙的六大支持技术。

图 16-2　元宇宙六大支持技术

资料来源：泽平宏观。

区块链技术：搭建元宇宙底层经济系统

区块链的特点是不可篡改、安全性强以及去中心化等，非常符合交易介质的需求。目前该技术衍生出了 DeFi 以及 NFT 等。

去中心化金融搭建元宇宙中的金融系统。在流量大、难统一的背景下，以区块链为技术基础的 DeFi 将成为元宇宙货币系统合理的选择。首先，DeFi 的去中心化管理可以避免垄断。其次，DeFi 交易信息不可篡改。最后，DeFi 交易规则透明，不存在人为风险。

交互技术：从键盘鼠标演变为 VR 头盔

广义上的人机交互技术是指包括键盘、鼠标、显示器等在内的，连接人与机器之间的介质。受制于技术，直到 2012 年 Oculus 才开发出了第一代 VR 产品 Oculus Gift，而 2019 年的光追技术才真正激活了 VR 市场。

电子游戏技术：提供内容

元宇宙不只是游戏，但作为搭建虚拟场景的鼻祖，电子游戏技术是不可或缺的。这里的电子游戏技术主要是指游戏引擎技术、为元宇宙的搭建提供高速模型材质的建模技术，以及为元宇宙提供实时环境渲染的实时渲染技术等。

人工智能技术：更智能化的体验

人工智能是计算机科学的一个分支，可以为元宇宙的大量应用场景提供技术支持。

目前能为"元宇宙"提供支持的人工智能技术大致有计算机视觉、机器学习、自然语言处理、智能语音等。计算机视觉能让元宇宙的视觉效果更加真实。机器学习为元宇宙系统的智能程度提供了支持。自然语言处理让元宇宙中人与系统的沟通更加高效。智能语音为元宇宙系统中个体之间的交互行为提供技术支持。

网络及运算技术：流畅及延展

网络将分散的信息进行整合、处理，使得人们能够高效利用原本碎片化的内容，实现资源共享和协作，而运算技术提供了处理数据的方法。

为元宇宙提供支持的网络及运算技术大致有 5G 网络技术、云计算技术及边缘计算技术。5G 网络是指在移动通信网络中发展出的第五代网络。云计算技术可以在极短的时间内完成庞大的数据处理。边缘计算技术提高了响应速度和效率。

物联网技术：人、机、物的联系

物联网是"万物相连的互联网"。它通过红外感应、温度传感等手段，在实物与虚拟网络之间建立联系。1995 年，比尔·盖茨首次在他的著作《未来之路》中提及"物物相连"的概念。如今，全球物联网连接数持续攀升，中国物联网连接数全球占比超过 30%（见图 16-3）。

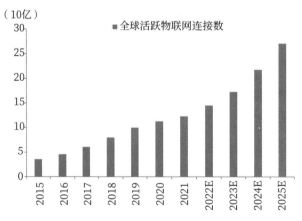

图 16-3 全球活跃物联网连接数持续攀升

资料来源：IoT Analytics，泽平宏观。

物联网技术在感知层、网络层和应用层都为元宇宙提供了虚实结合的保障。感知层是物联网技术的基础和核心；网络层是物联网系统的"大脑"；应用层是物联网技术中的最高层级。

第二节　元宇宙的投资机会

元宇宙概念相关产品大致可分为五类，分别是：①社交类产品，②娱乐类产品，③金融类产品，④集成类产品，⑤支持和工具类产品（见图 16-4）。根据 Crunchbase 的数据，与元宇宙相关的公司 2021 年共进行了 612 笔融资交易，共筹集了约 104 亿美元。元宇宙的投资机会主要是技术支持以及内容场景。其中，与元宇宙技术支持相关的产业链包括三大要素、十二个领域。

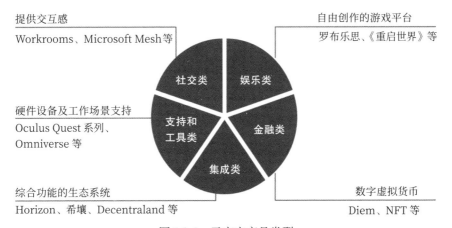

图 16-4　元宇宙产品类型

资料来源：公开资料整理，泽平宏观。

社交类产品：虚拟形象和交互

在社交类产品中，元宇宙概念的"交互感"尤其重要。已更名为 Meta 的 Facebook 近期推出一款线上元宇宙会议软件 Workrooms（见图 16-5）。与会者能感受到他人的位置与声音的方向，也能与其他与会者进行眼神互动、更改会场布置等。

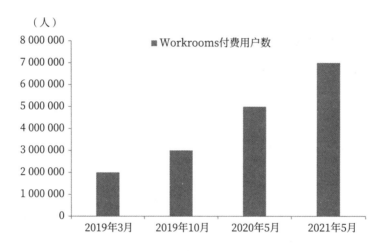

图 16-5　Workrooms 付费用户数量变化

资料来源：新闻整理，泽平宏观。

娱乐类产品：开放的游戏创作

元宇宙为用户提供创作的"云平台"。罗布乐思（Roblox）是世界上最大的多人在线创作沙盒游戏社区；《重启世界》是北京代码乾坤公司开发的移动创作平台。两者的编辑器均是 3D 物理引擎，允许创作者随意创作游戏。

金融类产品：电子货币

经济系统是元宇宙体系中非常重要的组成部分，现存的各类虚拟货币产品将共同构成元宇宙的经济体系。Diem 是 Facebook 推出的稳定币项目，其币值锚定美元。NFT 则是可以买卖的、具有唯一性的数字资产令牌。

集成类产品：生态系统

集成类产品是完整的元宇宙系统雏形，已初步形成社交、娱乐等功能一体化的生态体系。集成类产品的代表之一是 Facebook 推出的产品 Horizon，这是一款社群服务应用。"希壤"是百度打造的一款虚拟互动空间。Decentraland 是以太坊 2017 年推出的虚拟现实平台。用户使用键盘操作自己的虚拟角色开展不同的活动，开发者也可以在 Decentraland 中进行创作。

支持和工具类产品：设备与平台

支持类产品提升用户的"沉浸感"。Oculus 公司主要生产 VR 一体机。其产品 Oculus Quest 主要通过配套头盔、手柄等为用户呈现逼真的虚拟世界。Pico 与 Oculus 类似，是国内一家致力于打造移动 VR 和内容平台的公司。Omniverse 是英伟达公司出品的一款图形和仿真模拟平台，是一款办公协助类产品。这款产品可以实现虚拟的 3D 线上办公协作，员工可以随时访问功能齐备的虚拟工作站，提高了用户的工作效率。

第三节　元宇宙的前景

个人层面：新的生活体验

从个人层面上看，未来我们的生活模式将发生很大的变化。以消费为例，沉浸式虚拟购物可能成为全新的发展领域。消费方式的发展方向是在尽量满足用户需求的同时不断缩短用户的购物路径。进入元宇宙时代后，虚拟逛街、虚拟购物或将取代直播带货成为主要的消费模式。

企业层面：新的产品和营销手段

未来随着元宇宙的出现，企业将面临全新的机遇。未来随着虚拟世界不断替代现实世界的需求，虚拟物品的需求量将逐步增加。内容生产商并不会受太大的影响。部分内容生产行业如服装设计、室内设计等或将逐步转变服务对象，从设计实体物品转变为设计虚拟时装或虚拟室内装潢等。

政府层面：新的挑战与合作

未来元宇宙将不断渗透我们生活的方方面面，监管将面临巨大的挑战。首先，元宇宙崇尚去中心化，反对权力中心，政府在其中难以起到有效作用。以目前元宇宙相关游戏中的 NFT 为例，政府难以有效监控 NFT 的流动和去向。其次，在元宇宙中没有国别的存在，政府或只能与元宇宙平台企业寻求合作进行治理。元宇宙更类似于一个沉浸式的互联网，在互联网中主要靠平台管理员进行管理。同样地，未来元宇宙可能大多依靠平台管理员对违规行为进行管理，政府仅起到引导平台制定规则的作用。

|第十七章|

新国潮：引领潮流的新国货消费

第一节　国货正当"潮"

什么是国潮？国潮就是新时代下，"制造业高质量发展"与"人们追求美好生活"碰撞出的火花。国潮在过去十年关注度上涨528%，手机、服饰、汽车、美妆、食品、家电依次成为国货关注度增长最快的六大品类。

现象一：国货消费中，快消品国货品牌实现突破

国产快消品引领国潮经济强势崛起，传统老牌通过品牌创新，后起品牌通过差异化定位快速涌入市场。本土快消品对国外品牌的替代能力逐渐增强，在服饰、美妆、食品领域表现尤为明显。

在国潮服饰中，代表健康生活的运动鞋服备受追捧。国内市场前5的企业分别是耐克、阿迪达斯、安踏、李宁、特步，近年也不乏后起之秀，如鸿星尔克、361度、匹克、回力等。据 Euromonitor 数据，2015～2020年运动鞋服年均复合增速达13.5%，远高于中国服装行业的整体增速2.7%，预计2025年中国运动鞋服市场规模接近6000亿元。在市场格局方面，中国企业CR3为26.8%（安踏、李宁和特步），前5的品牌依次为耐克、阿迪达斯、安踏、李宁和斐乐[⊖]，市场份额分别为19.8%、17.2%、9.0%、6.7%和6.4%（见图17-1）。

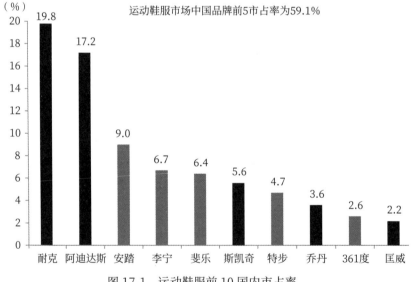

图 17-1　运动鞋服前 10 国内市占率

资料来源：Euromonitor，泽平宏观。

国产美妆在 2021 年国潮话题榜排名第三，2016 ～ 2021 年国产

⊖　安踏收购了斐乐在中国市场的商标运营权，在统计国内市场前 5 的企业时，将斐乐的销售额计入安踏。

美妆热度上升 45%，其中，国产彩妆、功能性护肤品备受关注。据 Euromonitor 数据，2015 ～ 2020 年中国美妆市场年均复合增长 10.3%，预计 2025 年中国美妆市场规模将突破 9000 亿元。

2016 ～ 2021 年国产食品饮料热度上升 38%，2021 年国产食品饮料热度是海外品牌的 3 倍，超七成国货品牌在自己的产品领域跻身国内市场份额前十。传统品牌占据市场龙头位置，新品牌在细分赛道发力。据《2021 胡润品牌榜》，食品饮料行业中海天、农夫山泉、伊利、飞鹤、蒙牛等中国品牌排名前五。主打"轻降运动"的健康饮食，以及迎合新社交功能的新茶饮，成为竞相追捧的新赛道。

现象二：科技自信，科技出海与进口替代并行

国潮与科技碰撞出新的火花。伴随着中国科技力量的提升，带有质量保证和价格优势的产品，如手机、汽车、家电，正走出国门并得到国际认可。

2016 ～ 2021 年国产手机热度上升 62%，2021 年国产手机热度是海外品牌的 5 倍（见图 17-2）。国内市场，据 Counterpoint 数据，2021 年第三季度占国内市场份额前 5 的分别是 vivo、OPPO、荣耀、小米、苹果。国际市场，2021 年第三季度占全球市场份额前 5 的分别是三星、苹果、小米、OPPO 和 vivo。我国在光学、摄像头、声学等各个领域的产业链日趋完善，5G、自主芯片、AI 摄影、全面屏、快充等话题被热议。

2016 ～ 2021 年国产汽车关注度上升 52%，自主品牌关注度是海外品牌的 3 倍。新能源汽车发展空间巨大，2021 年 9 月国内销售渗透率为 20.4%，提前实现《新能源汽车产业发展规划（2021—2035 年）》

中提及的到 2025 年 "新能源汽车新车销售量达到汽车新车销售总量
的 20% 左右" 的目标，并朝着 50% 的销售渗透率加速发展。

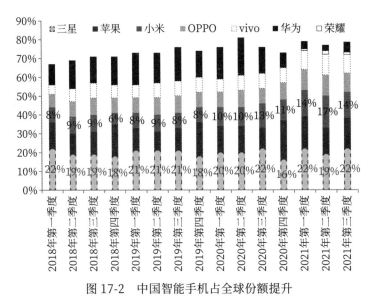

图 17-2 中国智能手机占全球份额提升

资料来源：Counterpoint，泽平宏观。

自动驾驶、充电技术、动力电池成为最受热议的智能汽车话题。
我国充电桩的车桩比为 3∶1，是全球最高，动力电池处于全球第一阵
营。全球动力电池市场呈现中、日、韩三足鼎立格局，我国动力电
池装机量 8 年增长 80 倍，2020 年中国的锂电池产能已经占到全球
60% 以上。据 SNE Research，2021 年上半年，宁德时代全球市场
份额高达 30%，动力电池装机量更是连续四年蝉联全球第一。

大件家电市场基本饱和，格局稳定，"宅经济" 引发国产小家电
在细分市场实现突破（见图 17-3）。如图 17-4 所示，2020 年家电传
统四大件，洗衣机、电冰箱、彩电和空调的百户家庭拥有量分别为
99.73 台、103.13 台、122.97 台、149.56 台，美的、格力、海尔等

头部企业格局稳定。小家电成为居家新宠，市场竞争激烈，近一年国产小家电热度上涨 147%。如图 17-3 所示，小家电国产品牌 CR4 为 34.8%（美的、飞科、九阳、格力），2006 年成立的小熊发展迅速，2020 年市场份额为 2.8%，跻身小家电品牌第七的席位。

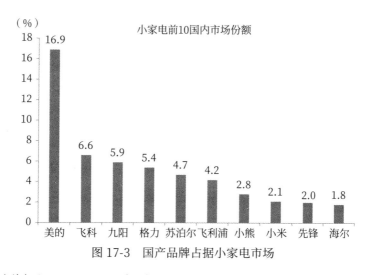

图 17-3　国产品牌占据小家电市场

资料来源：Euromonitor，泽平宏观。

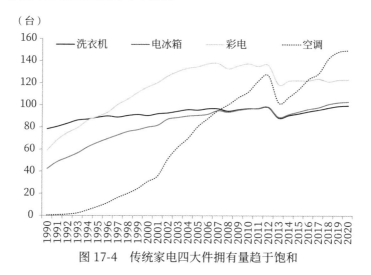

图 17-4　传统家电四大件拥有量趋于饱和

资料来源：Wind，泽平宏观。

现象三：文化自信，国风文化再创作诞生爆款

《哪吒之魔童降世》票房突破 50 亿元，《舌尖上的中国》《中国诗词大会》《大鱼海棠》《国家宝藏》等相继成为"爆款"。故宫 IP 无疑是最成功的历史创新，2014 年，故宫发布雍正 IP，一改帝王的严肃形象，意外的反差引起消费者兴趣。2016 年《我在故宫修文物》展示了故宫不为人知的一面，促进了历史文化走进生活，展示了故宫的多重魅力。2018 年《国家宝藏》打破传统叙事方式，展现文物的"前世今生"激发了观众强烈的文化和民族认同感。

"00 后"是"国潮文化"关注的主力，直播、短视频、影视综艺、文创、文旅构建起后浪与国潮文化的沟通桥梁。Z 世代[⊖]群体用更多元的方式来亲近国潮、感受国潮：身着汉服逛历史文化街，感受拆盲盒时的惊喜，拿着天坛样式的雪糕与天坛合照，体验老字号的新创意，寻访红色故事。这些已经成为新生代年轻群体喜闻乐见的生活方式。

现象四：资本青睐

国潮，作为新兴崛起的赛道，正在迎来资本的青睐。快消品方面，据亿欧智库数据，最受融资方关注的前 3 赛道分别是食品饮料、美妆、服装服饰。新能源汽车方面，据企查查数据，十年间新能源汽车行业进行了约 900 起融资，累计金额将近 4000 亿元。十年来，获得融资次数最多的有蔚来汽车、小鹏汽车、宁德时代、亿华通和理想汽车，融资次数在 10 次以上。当前动力电池龙头宁德时代市值接近 1.5 万亿元。

　⊖　Z 世代是指 1995 ～ 2009 年出生的一代人。

第二节 国货为何"潮"

国潮的兴起并非偶然，而是中国经济发展到一定阶段，民众消费意识转变，大国崛起背景下文化自信提升、制造创新能力提高、产品质量提升等原因共同引发的，大背景是中国经济实力与人均消费水平的提升。

品质提升、价格优势、差异创新提升产品竞争力

中国完善的产业链和科技创新给国货带来品质提升和价格优势。中国自改革开放以来不断发展制造业，从最初婴儿潮带来的单一劳动力优势到逐渐发展的产业聚集、多行业合作共赢并尝试技术创新，中国制造早已具备速度、质量和价格上的优势。完善的产业链为国货的发展提供了坚实的后盾，国货品牌能够自主完成设计、开发与制造等一系列活动，给予国货性价比上的优势。

差异化创新迎合个性化消费时代。在品质和价格优势的基础上，本土品牌在品牌文化、外形设计、使用功能、技术创新等方面别出心裁，吸引消费者目光。相比海外品牌，本土品牌对国人风俗、文化、喜好等把握更加精准、更具优势。

Z 世代、单身经济、懒人经济引发新消费模式

如图 17-5 所示，中国 Z 世代消费群体崛起。Z 世代出生时恰逢中国经济实力腾飞，民族热情促使他们对国货品牌的认可度更高。其又经历了互联网的高速发展期，在信息多样化、物质条件相对充足的环境下，不过分追求奢侈品所代表的社会地位，更注重性价比、黑科

技、新鲜感和社交性。《百度 2021 国潮骄傲搜索大数据》显示，"90
后""00 后"是关注国潮的主力，占比接近 3/4。据库润数据对 1190
个 Z 世代用户的调研显示，注重性价比、质量和实用性的群体分别占
40.2%、39.6% 和 36.9%。

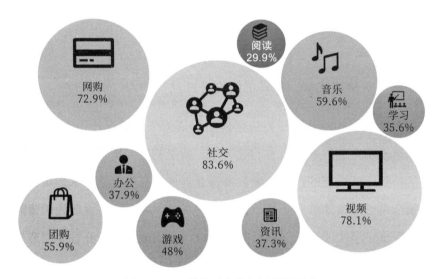

图 17-5　Z 世代用户偏好活跃渗透率

注：活跃渗透率 TGI=Z 世代用户某个标签属性的月活跃度 / 全网具有该标签属性的
　　月活跃度 ×100%。
资料来源：QuestMobile，泽平宏观。

单身经济、懒人经济引发消费新业态，衍生出宠物、"一人份"、
迷你家电、智能家居等新赛道。快节奏、高成本的生活压力，以及
婚恋观的转变，催生出单身经济、懒人经济，他们"买便捷、买快
乐、买享受"。一方面，宠物喂养成为单身人群消费新趋势。根据
Euromonitor 统计，2015 ～ 2020 年中国宠物市场规模从 248 亿元
升至 704 亿元，预计 2025 年将突破 1600 亿元。另一方面，"一人份"
餐食、迷你家电、智能家电迎来发展。以半成品养生汤、自嗨锅为代

表的方便食品成为满足"懒"需求的新选择。在不降低生活质量和消费体验的同时，一人使用的迷你电饭煲、小水壶、小洗衣机等受到推崇。扫地机器人、电动牙刷、洗碗机等解放体力劳动的家居产品需求量大幅提升。

电商渠道挖掘消费潜力，营销媒介提高品牌认知

电商渠道助力挖掘下沉市场消费潜力。中国网络销售连续八年全球第一，互联网普及率的提升减少了一二线与其他城市的信息差，逐渐完善的物流基础设施也进一步促进了小镇青年的消费升级。

营销媒介和方式多样化，传统营销模式以硬广为主，低效、高成本、商业味道浓，现在"新营销"包含了 KOL 和 KOC[⊖]的背书、跨界联名、社群营销等，利用互联网直达目标客户群体，是更高效、便捷、低成本的营销方式。这种新营销方式的背后是各种社交平台的兴起，新消费群体是社交平台的主力。

逆全球化催发爱国热情

外部环境不稳定，而海外品牌频繁表现出错误的政治立场，国人爱国情绪空前高涨，支持民族企业的呼声助力国货发展。2018 年以来，中美贸易摩擦不断升级，极大地激发了国人的民族和文化认同感。对国货品牌的"野性消费"，印证了消费者对民族品牌的认同感在提升。

⊖ KOL，key opinion leader，关键意见领袖；KOC，key opinion consumer，关键意见消费者。

第三节 国货怎么"潮"

国潮三要素：品牌、文化、新消费

国潮，"国"指国货，即中国厂商自主设计研发和生产的产品，"潮"是潮流，是指顺应时代发展趋势。国潮可以简单理解为以品牌为载体，顺应时代趋势向外输出文化。因此，国潮需要具备三个要素，即品牌、文化和新消费。

品牌是载体，承载了品牌文化、质量、技术等要素。品牌建设长期向消费者输出产品定位、消费理念以及人群定位等观念，从而达到品牌升级、价值延续的目的。

文化是共情力，国潮顺应消费需求从物质转向精神追求的新趋势，通过融入童年记忆、中国符号、个性化创新等方式引起消费者的共鸣，从而达到商品认同、品牌认同的目的。

新消费是趋势，在消费实力提升（人均 GDP 突破 1 万美元）、新一代消费人群出现（Z 世代、单身人群）、科技变革（数字经济、新能源）的大背景下，消费进入新的篇章。

国潮成功的四大路径

路径一：新品牌深耕细分市场，借助大单品引爆市场。传统消费领域头部效应已经形成，市场格局基本稳定，新品牌更应关注潜在市场空间和核心技术两大要素，聚焦差异化定位，在细分领域深耕。打造大单品是最高效的成功手段，大单品最能代表品牌文化，打造大单品有助于提升品牌知名度和该品类在消费者心中的心理份额。

　　路径二：品牌创新最终要回归到原料、设计和科技三方面。在拥有品牌知名度和客户群体后，国货品牌需要通过不断地升级原料、优化外观设计、增加科技研发投入等方式，与时俱进，实现品牌的长久发展。

　　路径三：新营销通过 KOL 和 KOC 背书、社群营销、跨界营销等方式，快速打响品牌知名度。KOL 和 KOC 助力挖掘消费潜力；社群营销有利于保证客户黏性；跨界营销有利于增加客户好感度。

　　路径四："线上 + 线下"打通，数字化转型，降低渠道和库存成本。利用大数据精准定位目标人群及其需求偏好，促进销售转化率的提升；利用数字化方案对库存实施即时监测，降低库存成本；DTC（直接面向消费者）模式在降低渠道成本的同时，增加了与消费者的互动，能够提升客户黏性。

|第十八章|

新生代独角兽：
商业模式和科技创新的领跑者

第一节　全球独角兽企业发展趋势

数量与估值双增长，中美领先

全球独角兽企业数量创新高，中美保持领先。总量方面，CB Insights 统计数据显示，截至 2022 年 2 月，全球估值在 10 亿美元以上的独角兽企业总数超过 1000 家。按地域划分，独角兽企业数量排名前五的国家依次为美国、中国、印度、英国和韩国，其中，中美两国独角兽企业数量占比高达 70% 以上。

全球独角兽企业估值跨越新台阶，头部效应显现。全球超过 200

亿美元的"超级独角兽"总估值占全部独角兽企业估值的23%，100亿美元以上独角兽企业的总体估值规模占比达35%以上。从分布地域来看，在头部独角兽企业中仍是美国和中国的数量最多（见图18-1）。2021年在全球估值最高的40家独角兽企业中，美国和中国分别有20家和10家，英国有3家，印度有2家，澳大利亚、巴西、德国、新加坡和瑞典各有1家。

图 18-1　全球"超级独角兽"

资料来源：Wind，泽平宏观。

行业新增长点和新科技前沿不断拓展

全球独角兽公司行业分布广泛，新细分领域和行业新增长点涌现。全球独角兽公司行业分布涉及金融科技、互联网软件与服务、电子商务、人工智能、医疗健康、供应链与物流、移动通信、汽车与交通、网络安全、数据管理与分析、硬件、教育科技、消费零售、旅游等众多领域。独角兽公司数量分布前五的行业为金融科技、互联网软件与服务、电子商务、人工智能和医疗健康（见图18-2）。

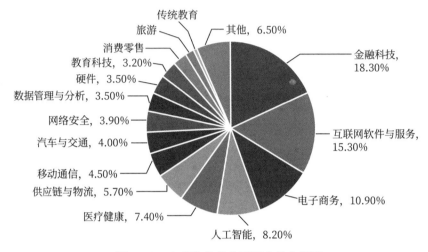

图 18-2 全球独角兽公司行业分布情况

注：消费零售、旅游和传统教育合计 5.10%。

资料来源：CB Insights，泽平宏观。

在所有细分领域中，金融科技、人工智能和供应链与物流类独角兽公司增量最大，行业新增长点涌现。金融科技类独角兽公司占比较高，涉及移动支付、跨境支付、在线券商、数字银行、区块链技术和加密货币等众多领域。数字经济时代，人工智能类独角兽公司继续保持较高的年化复合增速。新冠肺炎疫情发生之后，消费者对新型物流建设和"最后一公里"用户交付提出新需求，新型供应链与物流类独角兽公司提供了更多解决方案，在提高供应链弹性的同时，满足了日益增长的线上订单的需求，成为颇具潜力的新增长点之一。

发展应用前景值得期待

农业类、能源类和宇宙探索类等新细分领域和新科技前沿独角兽公司的出现，既内在探索了人类生存之根本，又向外探寻了宇宙广义之奥义。

农业科技独角兽公司 Bowery Farming，致力于通过农业革命来种植农作物，使用人工智能的视觉系统，通过自动化技术和机器学习来监视和驱动植物生长，其在农药控制和水资源使用方面颇具优势，比传统农业的生产力高出 100 倍以上。

宇宙探索类独角兽公司蓬勃涌现，SpaceX 通过星链宽带、专网通信、卫星发射、卫星代工、商业载人航天和运载等多模块业务开展航天商业化，截至 2021 年末，SpaceX 整体市值已超 1000 亿美元。Relativity Space 和 ABL Space Systems 作为小型发射提供商，通过 3D 打印、人工智能和自主机器人技术完成火箭制造和发射运输服务。作为商业航天业全服务国际空间站任务供应商，Axiom Space 建造并运营了世界第一个私人空间站。

更多新细分科技领域独角兽公司的出现，将逐步开拓世界科技应用前沿，改写全球高科技市场格局。

第二节　中国独角兽公司行业和地域分布

根据综合梳理，截至 2021 年，中国独角兽公司共 356 家，总估值高达 9.4 万亿元人民币。本节将中国独角兽公司分为十一大类，分别是：高端硬件、新汽车、医疗健康、数字经济、企业服务、软件服务、供应链物流、电子商务、金融科技、新媒体、新消费，其中每一大类又包含多个细分领域，如表 18-1 所示。

表 18-1　行业分类说明

行业分类	细分领域
高端硬件	半导体、机器人、新材料、新能源硬件、智能硬件、无人机、航天通信等
新汽车	新能源汽车、动力电池、充电设备、智能座舱、自动驾驶、汽车服务
医疗健康	互联网医疗、生物制药、医美、人工智能药物发现等
数字经济	大数据、云计算、人工智能、智能物联网、数字科技、量子科技等
企业服务	主要针对 to B 领域，为企业客户提供各领域细分解决方案
软件服务	主要针对 to C 领域服务，包括共享经济、房产服务、出行服务等
供应链物流	长途货运、城市短途、搬家、快送、物流仓储等
电子商务	汽车、房屋、服饰、外卖、生鲜、酒品、大宗商品交易平台等
金融科技	传统金融、互联网银行保险券商、金融风险管理等
新媒体	内容平台、文化传媒、社交媒体、娱乐游戏、新闻、教育、直播等
新消费	新型零售、新品牌、智能家居、食品饮料、旅行消费、其他消费品等

资料来源：泽平宏观。

独角兽行业分布

在独角兽企业行业分布上，电子商务、医疗健康、硬件领域独角兽企业数量位列前三。新媒体、金融科技、电子商务、新汽车领域独角兽企业估值位居前四（见图 18-3 至图 18-5）。

电子商务领域代表性独角兽企业有 SHEIN、**车好多、美菜网**，分别代表了服饰出海、汽车全周期交易、生鲜移动电商等领域。

医疗健康领域代表性企业有**平安医保科技、微医**和**联影医疗**等。**平安医保科技**基于大数据、云计算、人工智能等核心科技，为医保、商保及医院、医生、医药提供系统、服务和数据赋能，成为智慧城市建设、医疗生态圈的重要一环。**微医**通过数字医疗服务平台，为多省市地区医院提供医疗信息化智能云解决方案。**联影医疗**拥有高端医学影像诊断产品、精准放疗产品等，利用海量诊疗级大数据，提供医疗信息化、智能化解决方案。

　　硬件领域代表性独角兽企业有大疆、远景能源、柔宇科技、地平线机器人等，代表了无人机、绿色能源储能、电子柔性屏、机器人等高端智能制造硬件领域，代表了新经济、新基建先进的发展方向。

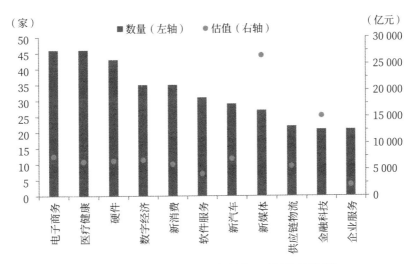

图 18-3　中国独角兽行业分布情况（行业总估值）

资料来源：泽平宏观。

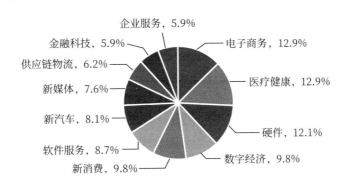

图 18-4　独角兽企业数量分布

注：由于四舍五入的原因，最终总计不一定等于100%。

资料来源：泽平宏观。

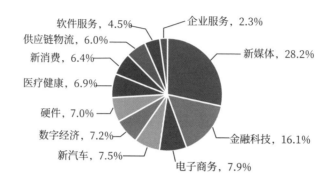

图 18-5　独角兽企业估值分布

资料来源：泽平宏观。

新媒体领域以字节跳动、小红书等超大型独角兽为代表，是新型公域流量社交和内容传播的载体，是独角兽企业中的"巨兽"，对新媒体领域整体估值形成支撑。

金融科技领域独角兽企业有蚂蚁集团、微众银行等"巨兽"，也有众多在细分领域提供金融科技服务的新兴独角兽企业，如 PingPong 公司用金融结算为跨境贸易赋能，为中国跨境卖家提供了更快捷、更安全的跨境收款服务。

新汽车领域估值较高的独角兽有纵目科技、中航锂电、极氪汽车、蜂巢能源等。近年来在汽车电动化、智能化、网联化、共享化浪潮下，汽车行业创业与融资活跃度提升，独角兽企业广泛分布在电动汽车整车、电池、自动驾驶、车载操作系统等细分领域。

独角兽企业地域分布：北上深杭领先，产业集群发展

独角兽企业集中于北京、上海、深圳、杭州。独角兽企业已形成以区域中心城市为依托的产业集群（见图 18-6 与图 18-7）。从分布

来看，苏州、常州、上海等长三角区域城市已形成新能源、半导体产业集群（见图18-8），有代表性的独角兽企业有阿特斯、中航锂电、远景能源等；在长沙、重庆、成都等西南区域城市，新消费、新零售和电子商务品牌等产业大力发展；广州、深圳、香港等大湾区的城市已形成金融科技、电子商务、高科技制造、医疗健康等产业集群。

例如，常州市在新能源汽车领域处于领先位置。在常州，新能源车企呈现多点开花、链式发展的特征，目前已完成包含整车、动力电池等配套齐全的新能源汽车产业布局。常州市现拥有以蜂巢能源、中创新航、理想汽车常州制造基地、北汽新能源常州工厂等为代表的一批新能源汽车企业，宁德时代、比亚迪等动力电池企业也均在常州新增项目布局。仅金坛区拥有的产业链生产企业就超过110家，产值接近千亿元规模。

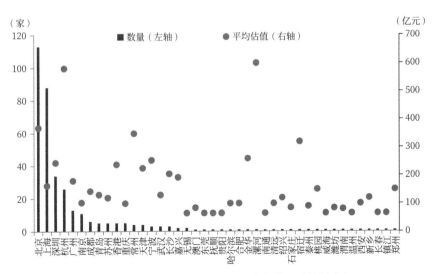

图18-6 中国独角兽企业地区分布情况（按城市）

资料来源：泽平宏观。

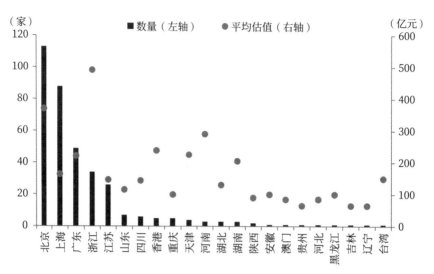

图 18-7　中国独角兽企业地区分布情况（按省级行政区）

资料来源：泽平宏观。

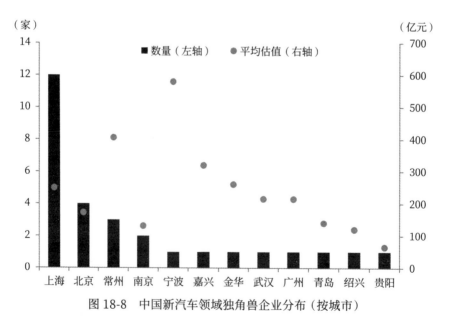

图 18-8　中国新汽车领域独角兽企业分布（按城市）

资料来源：泽平宏观。

第三节　发展方向：科技赋能、数字赋能、文化赋能

近年来，我国独角兽企业快速发展，各种新技术、新模式、新产业领域的独角兽不断涌现，"专精特新"、硬科技属性更加凸显，这代表了新经济发展方向。独角兽企业在创立方向和项目选择上更加偏向实现对产业链上下游环节和终端客户进行科技赋能、数字赋能、文化赋能，推动经济结构优化升级。

科技赋能创新机制，推动战略新兴产业高质量发展

在高端硬件、新汽车、医疗健康等高新技术产业和战略新兴产业，独角兽企业蓬勃发展，各企业利用自身前沿技术，不断赋能推动产业结构升级。

在新汽车领域，各类型新汽车独角兽不断推动汽车产业向"电动化、智能化、网联化、共享化"升级转型。独角兽企业星星充电作为民营电动汽车充电运营商，在大功率充电技术、智能运维平台等方面优势显著。自动驾驶领域有纵目科技、初速度Momenta、亿咖通科技等独角兽企业，负责汽车高级驾驶辅助软硬件系统、有深度学习的环境感知、高精度地图和路径规划算法等技术的开发。

在新能源材料领域，光伏风电、储能等领域组件设备企业高速发展，众多独角兽企业助推能源行业转型升级。独角兽阿特斯作为全球光伏组件龙头供应商，每年光伏组件出货量排名位居全球前五，使苏州在全球光伏产业领先地区中占据一席之地。独角兽远景能源利用智能风电和储能技术，推动全球绿色能源转型，通过技术创新让风电和储能成为"新煤炭"，让电池和氢燃料成为"新石油"，构建能源转型

整体解决方案，成为全球企业、政府与机构的"零碳技术伙伴"。

在智能机器人等高端制造领域，以机械化、智能化助力经济转型，以科技助力服务业升级，构建应对老龄化社会新模式。独角兽极智嘉，在全球部署超过 10 000 台 AMR 自主移动机器人，服务耐克、迪卡侬、沃尔玛、丰田、西门子等全球超过 300 家大客户，开创服务业新模式。独角兽旷视科技的机器人可提供点到点搬运、货到人、货到机器人拣选等综合多场景解决方案，这在新就业模式冲击的当下，解决了工厂和仓库普遍存在的招工难问题，用机器人执行重复性高的体力劳动，提高搬运拣选效率，助力仓库实现自动化管理。

数字赋能经营生产，产业数字化、数字产业化转型增长

在数字经济、企业服务、电子商务、供应链物流等领域，独角兽企业也蓬勃发展，利用大数据、云计算、人工智能、物联网等数字化技术手段，为各行业产业发展赋能。

一是独角兽面向 to B 市场发展，提供适用于行业的解决方案，助推中国企业数字化转型。《"十四五"数字经济发展规划》指出，鼓励和支持互联网平台、行业龙头企业等立足自身优势开放数字化资源和能力，帮助传统企业和中小企业实现数字化转型。企业服务是数字经济的重要内核，数字经济、企业服务、金融科技等领域的独角兽企业帮助传统行业进行数字化转型，能够助力其在降本增效、获客增长、内部管理、风险防控等各领域升级发展。

独角兽企业小鹅通在微信生态基础上，为企业组织打造专属的知识付费平台，赋能企业用知识和服务影响客户、伙伴和员工，赋能教育行业企业实现数字化发展。

独角兽企业能链集团作为能源行业数字化转型服务商，一方面以 AI、SaaS 等产品，以及可视化的物流运输、直供采购等方式，帮助加油站、充电站实现数字化转型，以更低的成本采购，更高效地运营；另一方面为顺丰速运、货拉拉等物流公司、城配平台、出行平台等企业客户提供加油、充电等能源数字化解决方案。从销售和购买两端帮助企业实现数字化油电管理，助力交通领域的碳中和。

二是数据驱动、万物互联，推进新型智慧城市建设发展。"十四五"规划和 2035 年远景目标中明确指出，分级分类推进新型智慧城市建设，建设智慧城市和数字乡村。

独角兽企业平安智慧城市运用大数据、云计算、区块链、人工智能等前沿技术推动城市管理手段、管理模式、管理理念创新，助推新时代数字政府、数字经济、数字社会、数字生态发展，提供智慧政务、智慧教育、智慧医疗、智慧农业、智慧环保、企业数字化经营等各类解决方案，形成了 Askbob 医生站、知鸟教育、智慧环责险等平台应用。

独角兽企业数梦工厂以"数据智能助力治理现代化，助力产业数字化"为使命，数链为基，数脑为用，构建一体化智能化数据平台，聚焦大数据、人工智能、区块链等核心技术，研发了数据服务链平台、一体化公共数据平台、指标系统、数字驾驶舱等，在政务、城市、产业领域，为客户提供行业大数据产品及行业数据智能综合解决方案。

三是人工智能将大数据应用赋能至各种生活场景，建设智慧共享的新型数字生活。

独角兽企业深兰科技开发了智能驾驶系统，开发出熊猫智能公交、智能扫路车。依托计算机视觉、导航技术、路径规划、人机交互、生物识别等领域的 AI 技术积累，研发出清洁、消毒、送餐等多款行业领先的智能机器人。拓展数字在出行、购物餐饮、生活服务等领域的应用，促进生活消费品质升级。

文化赋能内容传播，助力新媒体、新消费、新国潮

文化赋能是传播升级和消费模式变革的关键和灵魂。基于文化内容创作和品牌影响力建设的新媒体、新消费等领域的独角兽企业大有发展。

基于社群文化，构建内容平台，助力线上线下消费场景融合。正如"抖音，记录美好生活""小红书，标记我的生活"等口号所示，字节跳动、小红书等独角兽"巨兽"，基于内容创作传播新形式，利用核心 AI 技术为客户推送定制化、标签化、社区化内容，优化消费者体验，为新消费品牌的成长提供基础设施。以"视频、直播、垂类"三元一体社区运营模式，以"素人测评""沉浸式生活"等热播流量形式，以人工智能、算法等新技术推送模式，不断加强与用户之间的情感联结，形成深度互动，精准触达消费者，对当下新文化、新型生活方式、新型内容创作传播进行综合性文化赋能。

基于新一代消费观和互联网内容的传播，文化赋能 Z 世代消费者。消费饮品元气森林、喜茶成为行业领先的独角兽企业。元气森林精准定位用户诉求，抓住用户喜欢喝饮料但怕长胖的心理，主打健康、低糖、零卡概念，产品口味丰富、包装清新、富有个性，通过娱乐营销、社交媒体内容裂变，快速完成品牌建设和影响力传播。喜茶重新定义新细分赛道，"真奶真茶"品牌定位脱颖而出，摆脱大众对

传统奶茶低质低端的印象，联动社交平台构建品牌渠道力，形成"自有渠道、便利店零售、互联网新零售"三元渠道。

基于文化品牌建立和供应链整合，打通国潮出海各个环节。跨境电商平台 SHEIN 超越了以往通过爆款获取流量的粗放式发展模式，通过技术赋能、精准营销、对时尚潮流的快速响应，利用本土优势对供应链效率极致追求，不断扩大国潮品牌出海影响力，实现了较高客单价、高复购率。国内文化品牌出海，催生了跨境电商收款服务新模式，独角兽企业 PingPong 致力于为中国跨境电商卖家提供低成本、快捷、安全的海外收款服务，打破了海外支付巨头 PayPal 的高费率垄断。

第四节　投资机会：投资主体类型日趋广泛

独角兽企业各投资主体类型日趋广泛，主要有三种渠道

第一，产业龙头企业纵向延伸投资独角兽企业，对上下游资源和产业布局进行拓展。 以海尔为例，海尔基于三十多年制造经验，十余年用户全流程参与经验，搭建了具备中国自主知识产权的工业互联网平台卡奥斯。卡奥斯业务主要涵盖工业互联网平台建设运营、工业智能技术研究应用、智能工厂建设及软硬件集成服务等。一是实现了上下游企业服务，赋能实体产业、降本增效，二是实现了龙头企业自身业务拓展、增厚经营利润。

第二，互联网平台孵化独角兽企业，实现其战略版图的扩大。 孵化的独角兽企业受互联网平台战略业务布局影响较深。以百度为例，

2021 年，百度智能芯片部门独立融资，成立昆仑芯科技，成长为新一代独角兽。算力是智能社会的基石，百度孵化 AI 芯片独角兽，利用内部累积的业务场景、深度学习框架优势进行验证和迭代，完善在芯片研发领域的战略布局，成为迈向新商业领域的重要基点。互联网平台通过剥离内部孵化战略业务，创造关联独角兽企业，在上下游相关领域创造更多新经济价值。

　　第三，政府主导产业投资，放大国有资本功能，培育发展新技术、新产业、新业态。以国投集团的全资子公司中国国投高新产业投资为例，其投资寒武纪、宁德时代、联影医疗、纳恩博、诺禾致源、信达生物、青云等曾经的独角兽企业，涉及新能源汽车、医疗健康、交通出行、云服务、人工智能等多个新兴产业领域。政府主导的资金主要投资于国家战略重点行业，带动其他民间资本投资，共同推进重点行业领域的独角兽企业发展（见图 18-9）。

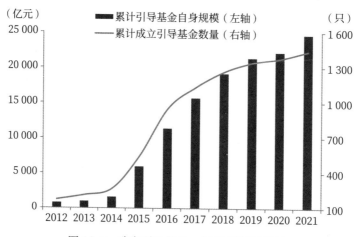

图 18-9　政府引导基金，数量规模双增长

资料来源：投中数据，泽平宏观。

独角兽变现上市：二次上市、双重上市是未来趋势

2021 年，我国众多选择在海外市场上市的独角兽企业在上市后表现并非十分乐观，大多数企业市值低于上市前估值。国际金融市场不确定性增加，我国独角兽企业海外上市面临的风险日益加大。企业投资者希望能寻求更稳定、安全的资本市场上市。随着我国资本市场深化发展，未来二次上市、双重上市或许会成为更多企业的选择。

第一，国内多层次资本市场、多元化资本退出渠道大力发展，为独角兽企业提供了更友好的资本市场环境。随着北交所成立，以及未来证券市场发行注册制由试点到全面实行，我国企业上市门槛有效降低，资本市场更加开放多元，企业融资渠道更加丰富。未来将更好发挥资本市场服务实体经济的重大职责使命，支持以独角兽企业为代表的各类新经济企业发展（见图 18-10）。

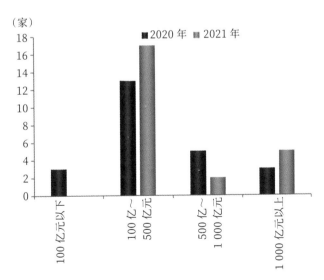

图 18-10　2020 ～ 2021 年我国上市独角兽公司首日总市值普遍在 100 亿元以上

资料来源：Wind，泽平宏观。

第二，海外上市独角兽企业二次上市、双重上市成为新趋势。 2018 年，《关于开展创新企业境内发行股票或存托凭证试点的若干意见》明确境外注册红筹企业可在境内发行股票，并对部分创新企业的 VIE 架构、投票权差异等特殊问题做出针对性安排。

2021 年，港交所发布《优化海外发行人上市制度的咨询总结》，对二次上市和双重上市条件进一步放宽，一是不再将创新产业公司作为限定范围，二是将在海外交易所的上市时间和市值要求降低，三是可直接选择双重上市。

部分独角兽企业业务数据与国家安全等领域相关，从资本市场稳定性、安全性角度来说，A 股、港股未来不失为独角兽企业上市的更好选择。2020 年以来，京东、网易、百度等公司陆续完成二次上市，小鹏汽车、理想汽车完成双重上市。